U0000879

經濟殺手的告白

約翰・柏金斯 著
John Perkins

戴綺薇、黃亦安 譯

The New Confessions of an Economic Hit Man

前言

經濟殺手（Economic Hit Man，ＥＨＭ）是一群領高薪的專業人士，專門向全球各國詐騙數以兆計的錢財。他們透過世界銀行、美國國際開發署（ＵＳＡＩＤ）及其他國際「援助」組織，將錢匯入大企業的金庫，或少數掌握地球天然資源的家族口袋。他們的手段包括不實的經濟報告、操弄選舉、以回扣收買、勒索、性，甚至謀殺。他們玩弄的把戲就和帝國的歷史一樣古老，然而在全球化的時代，這把戲已進入另一種更新、更駭人聽聞的規模。

我知道；因為我就是一名經濟殺手。

這是我在一九八二年開始撰寫《一位經濟殺手的良知》（*Conscience of an Economic Hit Man*）時所寫下的文字。那本書原本要獻給兩位曾是我客戶的國家元首，他們都是我所尊敬的人，且與我志趣相投：厄瓜多爾總統海梅・羅爾多斯（Jaime Roldós）與巴拿馬總統奧瑪・杜里荷（Omar Torrijos）。兩位都在飛機失事的熊熊烈火中喪生。他們的身亡另有文章。這兩位因為拒絕向企圖建立全球化帝國的企業、政府及銀行頭子靠攏，而慘遭暗殺。我們這批經濟殺手一旦無法勸使羅爾多斯和杜里荷改變想法，另一類殺手，美國中情局（ＣＩＡ）如影隨形的豺狼立刻出動，接手行動。

該書的寫作計畫因為遭人勸阻而停止。然而，往後的二十年間，我曾經四度想重新執筆。每一回都因為當時發生的事件讓我心有所感，決心重來，例如一九八九年美國入侵巴拿馬、第一次波斯灣戰爭、美軍入侵索馬利亞、賓拉登崛起。然而，在種種的威脅利誘之下，我一再輟筆。

二〇〇三年，有間出版公司的老闆讀了這本現名為《經濟殺手的告白》的書稿，該公司隸屬於頗有影響力的跨國企業。他看了以後，將書的內容形容為「動人心魄的故事，應該公諸於世。」然而他慘然一笑，搖搖頭，又告訴我，世界總部的公司大老可能會反彈，他無法承擔出版這本書的風險。他勸我改寫成小說。「我們可以將你塑造成像約翰・勒卡雷（John Le Carré）或格雷安・葛林（Graham Greene）一樣的小說家來打知名度。」

可是，這並不是小說，這是我生命中的真實故事，述說了一個辜負我們所有人的系統是如何誕生的故事。另一家更有勇氣、背後沒有國際企業大老闆支持的出版社決定幫我出書。

究竟是什麼原因，讓我不在乎那些威脅利誘了？

簡單說來，是因為我的孩子潔西卡。她大學畢業後獨自到社會闖蕩。最近我告訴她，我有意出版這本書，並向她吐露我內心的隱憂。她說：「爸，別擔心！如果他們對付你，我會接手替你完成。我們要為你未來的子孫而做。」這是簡短版本的回答。

更詳細的理由是，這關係到我對這生於斯、長於斯的國家的情感與奉獻，對開國先賢當年建國理念的熱愛，對美國今日向全人類允諾「生命、自由與幸福的追求」的誓言由衷奉行，以及在九一一事件之後所下的決心，當我目睹經濟殺手將這合眾國轉變成全球帝國，我再也不願坐以待斃。這是長篇回答的骨幹，其中的血肉將分別在書中各章節鋪陳。

為什麼出版這本書沒有為我招來殺身之禍？我會在書中詳細解釋，正是這本書保全了我的性命。

這是一個真實的故事，每一分、每一秒都是我的親身經歷。書中所描述的人、事、物、對話和感受都是我過去生活的一部分。這是我個人的故事，然而它發生在大時代之下，發生在那些形塑我們歷史、造就我們今日、構成子孫未來的各項國際事件。我盡一切所能將這些經歷、人物和對話完整無誤地呈現出來。當我回溯歷史事件或重建過去的對話，我會藉助一些工具，例如已出版的文獻、個人檔案和筆記、（包括我個人及其他參與者的）回憶、先前寫過的五份手稿，還有其他作者所做的歷史紀錄，特別是一些過去被列為機密而現已公諸於世的最新出版資料。這些參考資料列在書末的註釋，供有興趣的讀者進一步研究。在某些記述中，我會將與同一人的多個對話合併為一次對話，以確保敘事的流暢度。

出版社問到，我們是否真的自稱「經濟殺手」，我向他們保證，我們的確是如此稱呼，只不過大多時候用的是縮寫。事實上，一九七一年我開始跟著克勞汀老師學習的時候，她是這麼告訴我：「我的任務是要將你塑造成一個經濟殺手。不能有任何人知道你的底細——包括你太太在內。」接著，她很嚴肅地說：「一旦你加入了，那便是一條終身的不歸路。」

克勞汀氣定神閒地向我解釋未來的工作。她說，我的任務是「慫恿世界領袖加入這個促進美國商業利益的巨大網絡，成為其中一分子。到最後，這些領導人會陷入負債的天羅地網，不得不低頭效忠。如此一來，我們就能隨心所欲地擺布他們，以滿足美國政治、經濟或軍事上的需求。另一方面，這些領袖會因為帶給人民工業園區、發電廠、機場等建設而鞏固政治地位。至於美國工程建設公司的老闆，也會因此發大財。」

萬一我們踉蹌敗退，另一批更邪惡的殺手、豺狼隨即上場。如果這些豺狼也告失敗，這任務就落到軍事行動了。

現在，距離《經濟殺手的告白》的初版問世已近十二年，我和原出版社都認為現在是時候推出新的版本了。讀過二〇〇四年版本的讀者寄了數以千計的電子郵件給我，想知道此書的出版究竟對我的生活產生了何種影響，我要如何贖罪、如何改變EHM系統，還有他們可以採取什麼行動來改變這一切？這本增訂版就是我對這些問題的答覆。

推出增訂版的時機成熟，也是因為這個世界發生了極為劇烈的改變。以債務與恐懼為主要運作基礎的經濟殺手體系，現在已經變得比二〇〇四年時來得更為奸詐狡猾。經濟殺手的人數規模劇烈成長，還使用了新的偽裝和工具，而我們美國人被「殺」得死傷慘重。整個世界都在遭受攻擊。我們知道，這個世界正瀕臨災難邊緣，不論是在經濟、政治、社會和環境層面都是。我們一定要做出改變。

這個故事非揭露給大眾知曉不可。我們正處在面臨駭人危機的時代——但同時也是擁有絕佳機會的時代。這位經濟殺手的故事講述了我們是如何走到這一步，以及為何我們現在會面臨許多看似無法解決的危機。

這本書是一個男人的告白——當時我還是個經濟殺手，而那時我身處的組織還規模尚小。如今扮演同樣角色的人到處都是。他們頂著更委婉的頭銜，走在全美五百大企業的辦公室走廊上：埃克森美孚石油公司（Exxon）、沃爾瑪（Walmart）、通用汽車（General Motors）、孟山都（Monsanto）。他們利用ＥＨＭ系統來滿足個人利益。

實際上，這本《經濟殺手的告白（全新暢銷增訂版）》講述的也正是這個新品種經濟殺手的故事。

這也是你的故事，是你我世界的故事。我們所有人都是共犯。我們一定要為我們的世界負起責任。經濟殺手之所以會成功，正是因為我們和他們合作。他們對我們甜言蜜語、威脅利誘，但若我們不去理會，或是就這樣屈服於他們的技倆，那他們就贏了。

當你讀到這裡時，世界上已經發生了我此刻寫下這些文字時尚無法想像的事。請各位將這本書看作為這些事件以及未來發生的事提供新的視角。找出解決辦法的第一步，就是承認問題所在。懺悔是救贖的開始。那麼，就讓此書成為我們解脫的開端罷！讓它啟發我們，帶領我們走向奉獻的新境界，引導我們實現和諧、高尚社會的理想。

約翰・柏金斯，二〇一五年十月

序曲　新的告白

我身為經濟殺手時的所做所為，每一天都纏繞在我心頭，揮之不去。我過去所說的關於世界銀行的謊言糾纏著我，還有在世界銀行、其關係組織與我合力之下，讓美國企業得以在全球伸出癌細胞般的觸手。糾纏著我的還有那些付給貧困國家領導者的賄賂、勒索和威脅，如果他們膽敢反抗、拒絕接受會讓整個國家慘遭奴役的巨額貸款，中情局的豺狼就會推翻他們的政權，或直接下手暗殺。

有時我會從夢中驚醒，看見那些國家領導者——他們也是我的朋友——慘死的景象，因為他們拒絕背叛人民。就像莎士比亞的馬克白夫人一樣，我試圖洗去手上的鮮血。

但鮮血不過是個徵兆。

上一版《經濟殺手的告白》所揭露的潛藏在表層底下的狡詐癌細胞，已經從發展中國家轉移到美國和世界其他地方，對民主的基石和這星球的生態圈發動攻擊。

時至今日，經濟殺手和中情局豺狼在全世界不擇手段，包括造假的經濟數據、虛假的承諾、威脅利誘、敲詐勒索、債務、欺瞞、政變、暗殺、毫無節制的軍事力量——他們現在的伎倆甚至比我十多年前所揭露的那個時代還更多。雖然這個癌症擴散得既深又遠，大多數人卻仍渾然不覺，可是，我們所有人都會被它引發的崩壞影響。它已然成為主導今日經濟、政府和社會的系統。

恐懼和債務是驅動這個系統的力量。我們被灌輸了各種恐懼的訊息，要我們相信一定要不計代價、要接受任何債務、要阻止那些據稱潛伏在自家門口的敵人。所有的問題都不是我們造成的，是那些叛亂分子、恐怖分子，那些「他們」。而解決方案就是耗費大量的金錢在我稱之為「金權政體」（由企業、銀行和與其共謀的政府，還有依附其中的有錢有勢之人所構成的巨大網絡）所提供的商品和服務上。我們背負了巨大的債務，我們的國家和來自世界銀行與關係組織的金融黨羽迫使其他國家也負債龐大。債務奴役了我們，也奴役了那些國家。

這些手段創造出了「死亡經濟體」（Death Economy），奠基在戰爭、開戰的威脅，以及對地球資源的強取豪奪之上。這是種無法永續發展的經濟，以不斷加劇的速度耗盡自身賴以維生的資源，同時汙染了每個人呼吸的空氣、飲用水和食物。雖然死亡經濟是建立在一種資本主義的形式上，但我們必須要認知到，「資本主義」這個詞彙所指涉的經濟與政治系統，是將貿易與工業私有化，而非由國家掌握。不論是在地的農夫市集或由金權政體控制、極度危險的全球化企業資本主義，都屬於這種以掠奪為本質的系統，進而創造出了死亡經濟，最終將走向自我毀滅。

我之所以決定寫下《經濟殺手的告白（全新暢銷增訂版）》，是因為過去十年間發生了劇烈的變化。癌症蔓延了整個美國和世上其他地方。有錢人變得更有錢，其他人則變得更窮困（以實際價值而言）。

由金權政體擁有或控制的強大宣傳機器編織出各種故事，說服我們接受符合他們利益的故事，而非我們的利益。這些故事設法要我們相信，我們非得擁抱這個以恐懼和債務為驅動力的系統不可——不斷囤積資源，分化、征服每個不是「我們」一分子的人。這些故事向我們兜售謊言，要我們相信經濟殺手系統能保護我們的安全，讓我們幸福快樂。

有些人會將現在的問題歸咎到某個系統性的全球陰謀上。如果事情有那麼簡單就好了。我在後面的章節會指出，雖然有數百個影響每個人的陰謀（conspiracy）存在（而不只是單一一個大陰謀〔grand conspiracy〕），經濟殺手系統卻是以遠比全球陰謀還危險的東西為燃料。而在背後驅動這個系統的觀念，已經被世人視為真理。我們相信經濟成長對人類發展有所助益，成長幅度愈大，就有愈多人受惠。我們也同樣相信，那些促進經濟成長的人理當受到讚揚和獎賞，而那些生於社會邊緣的人則供作剝削的對象。我們還相信，任何有助於經濟成長的方法都有其正當性，包括現今的經濟殺手和豺狼所使用的手段；只要能繼續享受安逸富裕的西式生活，我們就有理由不擇手段，並向威脅到我們的經濟、舒適生活和安全的人宣戰（例如伊斯蘭恐怖分子）。

針對讀者的要求，我在本書添加了許多新的細節和說明，描述我是怎麼執行經濟殺手的工作，也釐清了舊版內容中的部分要點。更重要的是，我在本書加入了全新的第五部內容，解釋經濟殺手當今的遊戲規則、現在的經濟殺手和豺狼究竟是什麼人，而他們使用的欺瞞與伎倆，已變得影響更為深遠、使更多人成為奴隸。

同樣也是回應讀者的要求，第五部的章節將會揭露推翻經濟殺手體系所需的代價及具體策略。

若讀者想要更多與本書內容相關的證明，或欲更深入了解這些主題，我在本書結尾的「二〇〇四至二〇一五年經濟殺手活動文件檔案」中提供了詳細的資訊，作為我個人經歷的補充。

儘管這世界充斥著壞消息和各種現代「強盜貴族」（robber barons），想要偷走我們的民主、奪取我們的星球，我仍然滿懷希望。我十分明白，當有夠多人知道經濟殺手體系的真相，我們每個人就會採取必要的行動，並發揮集體的力量，將這個癌症控制住，並恢復健康。《經濟殺手的告白（全新暢銷增訂版）》將要揭露這個體系的運作方式，並說明你和我——每一個人——可以怎麼做，改變這一切。

湯瑪斯．潘恩（Thomas Paine）曾寫道：「倘若紛亂無法避免，請終結於我的時代，使我的後代永享和平。」一七七六年，這段話啟迪了美國革命家，而在今日的世界，這些文字仍同樣重要。這本新書所欲達成的目標與潘恩沒什麼不同，就是要啟發我們，盡一切所能為下一代帶來和平。

目次

第二部　一九七一年～一九七五年

第三部　一九七五年～一九八一年

第四部　一九八一年～迄今

第五部 二〇〇四年～迄今

第一部

一九六三年～一九七一年

第一章——骯髒活

一九六八年，當我從商學院畢業時，我便下定決心不要加入越戰。當時我剛與安（Ann）結婚，她同樣反對戰爭，也有足夠的冒險精神，同意和我一起加入和平工作團（Peace Corps）。

我們在同年初訪厄瓜多的首都基多（Quito）。當時我還是個二十三歲的志工，負責在位於亞馬遜雨林深處的部落社群內發展信用與儲蓄合作社。而安的工作則是教導原住民婦女如何保持衛生和照顧孩童。

安以前曾去過歐洲，但那是我第一次踏上離開北美洲的旅程。我知道我們將要搭機飛往基多，它是世界上海拔最高、也是最窮困的首都之一。我原先就預期那裡的一切會與我所知的截然不同，但我對實際的情況根本毫無心理準備。

我們搭乘從邁阿密出發的飛機在機場降落時，我震驚地看到跑道旁座落著一棟棟簡陋小屋。我俯身越過坐在中間座位的安，一邊指著窗戶，向她隔壁靠走道座位上的厄瓜多生意人問道：「真的有人住在那裡嗎？」

「我們是個窮困的國家。」他嚴肅地點點頭。

從機場到市區的巴士上，眼前的光景變得愈加怵目驚心。衣衫襤褸的乞丐倚著自製拐杖，在充滿垃圾的街道上蹣跚而行；孩童的腹部鼓脹，路邊野狗骨瘦如柴，貧民窟到處都是用紙箱搭建的小屋，權充住房。

巴士帶我們來到基多的五星級洲際飯店（Inter Continental Hotel），這裡就像貧困海洋中的奢華之島。接下來的幾天，我和其他約三十名和平工作團志工會在這裡參加國內簡報會議。

在眾多演講的第一場裡，我們學到厄瓜多是歐洲封建時代與美國大西部時代的綜合體。老師要我們準備好面對諸多危險：毒蛇、瘧疾、蟒蛇、致命的寄生蟲和不友善的原住民獵頭戰士。但他也告訴了我們好消息：德士古（Texaco）石油公司發現了大片的油田，離我們在雨林中駐紮的據點不遠。他們向我們保證，石油會讓厄瓜多從南半球最貧困的國家搖身一變，成為最富裕的國家之一。

一天下午，在等待飯店電梯時，我和一位操著德州口音的高大金髮男子聊起天來，他是德士古聘來做顧問的地震學家。他得知我和安是和平工作團的窮光蛋志工後，便邀請我們到飯店頂層的高級餐廳共進晚餐。我簡直不敢相信自己的好運。我曾看過那間餐廳的菜單，知道一頓飯就會花掉超過我們一個月的生活費。

那天晚上，我從餐廳的窗戶望向外頭，看著巨大的皮欽查（Pinchincha）火山巍然聳立在厄瓜多首都上方，一邊啜飲著瑪格麗特雞尾酒，沉浸在這個男人的故事中無法自拔。

他告訴我們，他有時會搭乘企業的私人噴射機，直接從休士頓飛到叢林間劈出的臨時機場。「我們不必忍受海關檢查那些麻煩事。」他誇口道，「厄瓜多政府給我們特別許可。」他的雨林生活經驗包括配備冷氣的拖車、香檳美酒和盛在精緻瓷盤上的菲力牛排晚餐。「我猜你們大概不會有這樣的待遇吧。」他笑了一聲。

他接著談起手頭上正在寫的報告，描述「叢林底下的石油之海」。他說，這份報告會用來讓世界銀行借給厄瓜多巨額貸款，並說服華爾街資本家投資德士古石油公司，和其他能從這股石油熱潮中獲益的企業。當我對整個過程的進展如此迅速表示驚奇時，他奇怪地看了我一眼。「他們到底在商學院教了你什麼呀？」他問。

我不知道該怎麼回答。

「聽著。」他說，「這遊戲已經不新奇了，我在亞洲、中東和非洲都見識過，現在這裡也要展開新局了。地震學報告加上一口好油井，就像我們剛挖到的那口自噴井……」他露出微笑，「新興城市就誕生啦！」

安說起大家都對石油會讓厄瓜多人致富抱著興奮之情。

「只有那些夠聰明、懂得玩這個遊戲的人才會致富。」他說。

我在新罕布夏的一座小鎮長大，鎮的名字取自一位在一八四九年向淘金者販售鐵鍬和毯子而致富的男人，後來他用那筆財富在山丘上建了一棟豪宅，俯視底下城鎮的每一個人。「那些商人。」我說，「生意人和銀行家。」

「沒錯。在當今這個時代，還有大型企業也會致富。」他將椅子往後傾。「我們擁有這個國家。我們的特權不光只有不透過海關就讓飛機降落。」

「像是什麼？」

「我的天，你還有很多東西要學，對不對？」他向底下的城市舉起手上的馬丁尼，「第一個，我們控制了軍隊。我們付他們薪水，替他們買裝備，他們則要保護我們，不受那些不想要鑽油塔出現在他們土地上的原住民侵擾。在拉丁美洲，掌握軍隊的人，就能掌握總統和法院。我們能制定法律，包括漏油事件的罰金標準、工資率，還有一切我們覺得重要的法律。」

「德士古會付這些錢嗎？」安問道。

「嗯，不全然是……」他伸出手，越過桌子拍拍她的手臂。「錢是妳付的，或妳老爸付的，也就是美國的納稅人。這些錢透過美國國際開發署、世界銀行、中情局和五角大廈流通，但這裡的每一個人——」他的手朝窗戶和底下的城市一揮，「都知道德士古才是老大。記好了，這種國家都有悠久的政變歷史。仔細觀察，你就會發現大多數被推翻的人，剛好就是那些不肯一起玩我們的遊戲的國家領導者。」[1]

「你是說德士古會推翻政權嗎？」我問道。

他笑出聲來。「我們這麼說好了，不肯合作的政權就會被視為蘇聯的傀儡。他們威脅到了美國的利益和民主，中情局可不喜歡這樣。」

那天晚上，我的學習之旅就此展開，最終我將會學到後來我稱之為經濟殺手系統的一切。

接下來的幾個月，我和安都駐紮在亞馬遜雨林。接著我們轉移到安第斯山脈地區，我在那裡負責協助一群務農的原住民製磚工人，安則是訓練殘障人士在當地公司工作。

他們告訴我，我得讓製磚工人使用的舊式磚窯提高生產效率。但後來這些工人一個接一個來向我抱怨城市裡那些擁有卡車和倉庫的人。

厄瓜多的社會流動率很低。少數幾個富有的家族掌控了國家的一切，包括地方商業和政治。這些家族的代理人用極為低廉的價格向製磚工人購買磚頭，再以約十倍的價錢賣出。一位製磚工人跑去找市長投訴，幾天之後，他被一輛卡車撞上，不治身亡。

當地居民陷入極大的恐懼，許多人篤定地告訴我，那位工人是被謀殺的。一位警長宣布死者參與了古巴政府的陰謀，要將厄瓜多變成共產國家（不到三年前，切．格瓦拉才在玻利維亞的一次中情局行動中被處決），這讓我更加相信當地居民的懷疑是對的。警長拐彎抹角地指出，要是哪個製磚工人惹出麻煩，就會被當作叛亂分子逮捕。

製磚工人懇求我去找那些有錢家族談談，導正這一切。他們願意做任何事讓他們畏懼的人平息怒氣，甚至包括說服自己：只要屈服，那些有錢人就會願意保護他們。

我不知道該怎麼做。我沒有任何籌碼可以跟市長談判，而一個二十五歲的外國小夥子出手干預，大概也只會讓事情火上添油。因此我只是聽他們訴說，表達我的同情。

最後，我發現這些有錢家族是某種策略的一部分，那是自西班牙人征服阿茲特克帝國後，運用恐懼來壓制安地斯人的手段。我明白過來，對他們表達同情，反而會讓這些人什麼都不做。他們需要學習面對恐懼，承認心中壓抑的憤怒，並對他們遭受的不公義感到不滿。他們也不能再期待我撥亂反正，他們需要自己起身對抗。

一天傍晚，我和當地居民談話，要他們採取行動。他們得不擇手段，包括冒著被殺害的風險，他們的孩子才能享有和平和更好的生活。

理解到憐憫這些人並無法引發任何行動，對我來說是極為寶貴的一課。我了解到，這些人自己也是這場陰謀的共謀者，唯一的解方，就是說服他們起身行動。這個辦法奏效了。

製磚工人共同建立了一間合作社，每個家庭都捐出磚頭，而合作社則用這些磚頭的收益租了一輛卡車，還有城裡的一間倉庫。有錢家族聯合抵制合作社，直到一個路德宗（Lutheran）傳教團找上合作社簽約，為他們正在建造的一所學校提供磚頭，總金額比有錢家族付給製磚工人的高五倍，但比那些家族向傳教團收的錢便宜一半。除了有錢家族之外，這對所有人來說都是雙贏。從那之後，合作社的生意愈來愈好。

不到一年後，安和我完成了和平工作團賦予的任務。我當時二十六歲，已經過了徵兵的年紀，我於是成為了經濟殺手。

剛進入這一行時，我說服自己正在做對的事。當時共產北越擊敗了越南，全世界正受到蘇聯和中國的威脅。我在商學院的教授曾教過，透過世界銀行的巨額貸款投入基礎建設，就能讓這些國家脫離貧困，免於落入共產主義的魔爪。世界銀行和美國國際開發署的專家也替這種心態背書。

等到我發現這個故事的虛假之處時，我覺得被這個系統困住了。我在新罕布夏的寄宿學校成長時，一直覺得自己很窮，但突然間我開始賺進金山銀山，坐在頭等艙飛往夢想已久的各個國度，住在最高級的飯店，享用最好的餐廳料理，和各個國家領導者見面。我是個成功人士，怎能想要脫離這一切？

接著，噩夢找上了我。

我常常在黑暗的飯店房間驚醒，汗如雨下，過去曾實際見過的景象在我眼前揮之不去：失去雙腿的痲瘋病人綁在有輪子的木箱上，沿著雅加達的街道滾動；男男女女在濁綠的運河洗澡，旁邊同時有人在排泄；一具人類屍體被丟在垃圾堆，爬滿了蒼蠅和蛆；睡在紙箱的孩子和流浪狗群爭搶一點點的垃圾。我發現到，自己一直對這種事情保持情感上的疏離。就像其他美國人一樣，我並沒有把這些人視為人類，他們只不是「乞丐」、「邊緣人」，只是「他們」。

有一天，我搭乘的印尼政府禮車在紅燈前停下。一個痲瘋病人將血肉模糊的殘肢猛然塞進我的窗戶。司機對他大吼，而他露出歪斜的無牙笑容，把手收了回去。我們繼續往前行駛，但他的鬼魂仍縈繞不去。他彷彿是從人群中找出我來，血淋淋的斷肢就像是一種警告，微笑則要傳達一則訊息。「悔改吧。」他似乎這麼說道，「悔改吧。」

我開始更仔細觀察周遭的世界及我自己。我開始理解到，雖然表面看似成功，但我活得十分痛苦。每晚我都要吃抗焦慮藥，也會喝很多酒。每天早上起來，我都會強迫自己吞下咖啡和藥丸，搖搖晃晃地前去談判價值幾十億的合約。

我早已將那種生活視為正常，而我也信了他們灌輸給我的那些故事。我用借貸來支持我奢華的生活，而我所有的行動都是出於恐懼——恐懼共產主義、失去工作、失敗和失去每個人都說我需要的物質享受。

一天晚上，一個不同的夢讓我驚醒。

我在夢中走進一位國家領導者的辦公室，他的國家剛被發現有大量的石油。「我們的建設公司，」我告訴他，「會向你兄弟擁有的強鹿（John Deere）經銷商租借設備。我們會付兩倍的錢，你的兄弟可以跟你分享獲利。」我在夢中繼續解釋，我們已經和他朋友的可口可樂裝瓶工廠談好了類似的交易，以及其他食品飲料供應商和人力仲介公司。他只要簽署同意向世界銀行貸款，以雇用美國公司在他的國家進行基礎建設就好。

接著我若無其事地提起，要是他拒絕，豺狼就會出動。「別忘了，」我說，「那些人發生了什麼事……」我滔滔不絕地羅列了一大堆名字：伊朗的莫沙德（Mohammad Mossadegh）、瓜地馬拉的阿本斯（Jacobo Arbenz）、智利的阿葉德（Salvador Allende，智利的左派民選總統）、剛果的盧蒙巴（Patrice Lumumba），以及越南的吳廷琰（Ngo Dinh Diem）。「這些人啊，」我說，「不是被推翻，就是被……」我用手指畫過喉嚨，「因為他們不願配合玩我們的遊戲。」

我躺在飯店床上，全身冒著冷汗，發現這場夢恰恰正是我的現實。這些事情我都幹過。

為夢裡出現的那種政府官員提供無懈可擊的資料，好讓他們向人民解釋借貸的原因，對我來說一直都輕而易舉。我的下屬包括經濟學家、金融專家、統計學家和數學家，他們精於提出複雜的計量經濟模型，能證明只要投資電力系統、高速公路、港口、機場和工業園區，就可以促進經濟發展。

多年來，我都仰賴這些經濟模型來說服自己做的事是有益的。事實上，在基礎建設完成後，國內生產毛額（GDP）也確實有所增長，而我也利用這一點來合理化我的工作。但我現在必須面對數字背後的真實故事。這些統計數字都十分偏頗，傾向於為企業、銀行、大型商場、超市、飯店和各式生意的擁有者服務，而這些人則靠著我們建造的基礎建設而致富。

他們欣欣向榮。

其他人則受苦受難。

原本分配給健保、教育和其他社會福利的預算，都被拿去支付貸款的利息，到了最後，本金永遠還不完，整個國家都被債務困住。接著，國際貨幣組織（IMF）的「殺手」出現，要求政府用低價提供石油或其他資源給美國企業，而該國便將電力、水、下水道和其他公共設施私有化，販售給金權政體。大企業成了大贏家。

每個案例所牽涉到的貸款中都有個關鍵條件，就是這些建設計畫必須由美國的工程與建設公司來承包。大多數錢從來就不會離開美國，僅只是從華盛頓的銀行辦公室轉到紐約、休士頓或舊金山的工程公司辦公室。我們經濟殺手也確保借款的國家同意購買美國企業的飛機、藥物、拖拉機、電腦科技和其他商品與服務。

儘管那些錢幾乎是立刻就回到金權政體的企業成員手中，借款國（債務人）卻被要求要連本帶利全額還款。如果經濟殺手的招數全部成功，那麼債務人將會在幾年後不得不要求拖欠還款。一旦事情發展至此，我們經濟殺手就會像義大利黑手黨一樣，索討我們應得的那塊肉，這通常包含了下列其中一項或更多項目：掌控該國在聯合國的投票權、建立軍事基地，或是獲得使用珍貴資源（例如石油）的權利。當然了，債務人還是欠我們那些錢——如此一來，又多了一個國家加入我們的全球帝國了。

這些噩夢讓我看得更清楚，我的人生並不是我想要過的人生。我開始明白，我必須像那些安地斯製磚工人一樣，對自己的人生負起責任，也對我對自己、對這些人民和國家的所作所為負起責任。但在我能掌握這份逐漸明朗的領悟中更深的意義之前，我必須回答一個重要的問題：一個從新罕布夏市郊來的好孩子，怎麼會捲入這種骯髒活呢？

第二章——一名經濟殺手的誕生

話說從頭，一開始真是無心插柳。

我是獨生子，一九四五年出生在一個中產家庭，雙親都來自有三百年歷史的新英格蘭人後裔。他們的嚴格態度、道德勸說和死忠的共和黨立場，十足是世世代代清教徒祖先的縮影。他們都是家族中第一個上大學的人，也都領取獎學金。母親後來成為高中拉丁文教師。父親則加入二次世界大戰，官拜海軍上尉，掌管太平洋軍區一個武裝守衛彈藥隊，看管具有高度易燃性的商船油槽。我在新罕布夏州漢諾威市出生的時候，父親因髖骨骨折，在德州一所醫院治療休養。我滿一歲以後才見到父親。

父親在堤爾頓中學找到一份語文教學工作，那是一所位於新罕布夏市郊的男子寄宿學校。校園高踞山頂，自豪地（有人則說是自傲地）俯瞰同名的小鎮。這所貴族學校有九到十二年級，每個年級只招收五十名學生。學生多半是來自布宜諾斯艾利斯、卡拉卡斯、波士頓、紐約等地的富家子弟。

我們家的現金匱乏，但我們當然並不因此而自認是窮人。雖然學校教師薪水微薄，基本生活所需倒是免費供應：食物、宿舍、暖氣、水，還有工人來除草、鏟雪。從四歲開始，我就在這所預科中學的餐廳吃飯，在爸爸當教練的足球隊幫忙撿球，在更衣室裡遞遞毛巾。

如果說，學校的老師和師母總是自認為比當地人優越，這麼說並非言過其實。以前，我常聽到父母之間開玩笑，自喻為莊園地主，使喚低下的農民——就是那些鎮上百姓。我心裡很明白，這不只是句玩笑話而已。

我的國小和國中同學都屬於鄉下人階層，家境清寒。他們的父母都是農夫、伐木工人或磨坊工人。他們很討厭「山上私立高中的預科學生」，而我爸媽也不希望我跟鎮上的女生交往，他們稱這些女生是「小騷貨」或「小蕩婦」。我從小學一年級開始就和這些女生共用課本和蠟筆，隨著時間推移，我還愛上其中三人：安、派翠西亞和茱蒂。雖然我一直無法理解父母親的觀念，不過，我還是順從他們的意思。

每年父親放暑假的時候，我們會到湖邊一間小木屋住上三個月，那間木屋是祖父在一九二一年建造的。木屋四周環繞著森林，晚上還聽得見貓頭鷹和山獅的叫聲。我們沒有鄰居，步行所及的範圍，就我一個小孩。我就這麼消磨童年時光，把森林裡的樹木當成圓桌武士和遇難的少女，一一將這些少女命名為安、派翠西亞和茱蒂（端看當時年紀）。我相信我的熱情絕對不亞於蘭斯洛和關妮薇（Lancelot and Guinevere），也同樣私密。

十四歲，我獲得堤爾頓中學的免費入學許可。在雙親慫恿之下，我斷絕與鎮上的所有往來，再也不跟老朋友碰面了。每逢假期，新同學都各自回到他們的豪宅公寓度假，獨留我一人在山上。他們的女友全是名媛淑女，而我一個女友也沒有。所有我認識的女孩都是「小騷貨」；我把她們全拋棄了，她們也忘了我。我獨自一人——而且非常欲求不滿。

我父母特別擅長巧言轉圜，他們向我保證，我這機會是很難得的，將來我會感激不盡。我會找到一位理想的妻子，一個適合我們高道德標準的老婆。其實我內心慾火中燒。我十分渴望女性的陪伴——性愛的念頭則最強烈吸引著我。

然而與其反抗，我選擇了壓抑內心的強烈慾望，將挫折感轉化成勝過他人的競爭心。我是模範學生、學校兩個代表隊的隊長、校刊編輯。我決心要在這些有錢同學面前出人頭地，然後永遠拋開堤爾頓。高中最後一年，我獲得布朗大學全額獎學金。雖然長春藤盟校並沒有正式提供體育獎學金，但這份獎學金無庸置疑是要我以後好好踢足球。明德大學（Middlebury College）則是給了我學科獎學金。我選擇布朗大學，主要是因為我寧可成為一名運動員，而且學校是位在大城市裡。母親畢業自明德大學，父親也在那兒拿到碩士學位，雖然布朗大學是長春藤盟校之一，他們還是比較中意明德大學。

「萬一你摔斷腿怎麼辦？」父親問道。「還是拿學科獎學金比較好。」我屈服了。

就我看來，明德大學不過是提爾頓中學的放大版，只不過一個在佛蒙特州郊區，另一個在新罕布夏州郊區。沒錯，學校是男女兼收，可是只有我家境貧窮，其他人幾乎全是有錢子弟。我已經待了四年沒有女生的光棍學校，我沒有自信，覺得自己低人一等，內心痛苦極了。我懇求父親讓我輟學或休學一年，我想搬到波士頓去體會生活和女人。他根本不聽。「如果我自己的兒子都不肯留在學校，我怎麼去教其他人的孩子如何準備大學？」他反問。

我逐漸了解到，生命乃是一連串的巧合所構成。我們回應巧合的方式，即我們怎麼運用所謂的「自由意志」，決定了一切。在命運的範圍內做出的選擇，決定了我們是誰。有兩件形塑我日後生活的重要巧合，都發生在明德大學。一件和伊朗人有關，我結識了一位將軍之子，他父親曾經擔任伊朗國王的私人顧問。另一位則是個美麗的年輕女子，名叫安，與我童年的小情人同名。

第一位，我在本書中稱他為法哈德（Farhad），他曾在羅馬踢過職業足球，一副天生的運動員身材。他有黑色鬈髮，柔和的核桃色眼睛，還有讓女人無法抗拒的家世背景和魅力。他在很多方面都跟我相反。我費盡工夫才贏得他的友誼，而他則教我許多事情，對我日後幫助很大。另外，我遇見了安。雖然那時她和一位外校的男孩認真交往，不過她還是把我放在她的保護羽翼之下。我們柏拉圖式的關係，是我第一次體會到真正的愛情。

法哈德鼓勵我喝酒玩樂，不要去理會我父母。我刻意不再讀書，決意要摔斷學科這條腿來跟父親扯平。我的成績直線往下掉，獎學金也飛了。學校貸款給我，而這是我人生第一次有了債務。畢業之後，我得要連本帶利還給校長——這個念頭讓我覺得很髒。

大二唸到一半，我決定輟學。父親威脅要跟我斷絕關係；法哈德則繼續慫恿我。我衝進教務長辦公室，辦了休學。這是我生命中的重要轉折。

法哈德和我一起到當地酒吧，慶祝我在鎮上的最後一晚。有位個頭高大的農人喝醉酒，說我調戲他太太，一把就把我揪起離地，往牆壁摔過去。法哈德竄進我們兩人中間，抽出一把刀，猛然往這農夫臉上劃開一道。接著他把我拖出房間，從一個窗戶推出去，落在水獺溪高處一塊岩石上。我們往下跳，沿著溪水走回宿舍。第二天早上，校警過來查問，我撒謊，否認對一切知情。然而法哈德還是被開除了。我們一起搬到波士頓，合住一間公寓。我在赫斯特（Hearst）報系的《紀錄美國人／星期日廣告報》（*Record American/Sunday Advertiser*）找到一份工作，擔任《星期日廣告報》總編輯的個人助理。

那年年底，一九六五年，幾個報社的朋友被徵召入伍。為了避免同樣的命運，我進入波士頓大學商學院就讀。那時，安已經和男友分手，經常從明德大學過來探望我。我很喜歡她對我的關注。她為人幽默風趣，助我緩和了我對越戰的憤怒。她主修英文，啟發了我，讓我開始創作短篇故事。一九六七年她從學校畢業，但我在波士頓大學還有一年。她抵死不肯搬來跟我同住，除非我們結婚。雖然我開玩笑說是被她威脅，也痛恨那套古板的道德標準，在我看來簡直是我父母的翻版，不過我很喜歡兩人在一起的時光，也想更進一步。於是我們結婚了。

安的父親是一位傑出的工程師，他曾經策畫一項重要的飛彈導航系統，並因此在海軍榮任高官。他有位最要好的友人，安稱他為法蘭克叔叔（假名），在國家安全局（NSA）的最高曾任職。國家安全局是國內最不為人所知，也是最大的間諜組織。

新婚不久，軍隊就通知我去體檢。我體檢合格，面臨畢業後即得遠赴越南的可能。雖然我一直很嚮往戰爭，然而想到要去東南亞打仗，我就感到痛苦不堪。從小到大我聽了許多殖民時期祖先的故事，如湯瑪斯．潘恩和伊森．艾倫＊。我參觀過新英格蘭和紐約州北部每一處歷經法國和印地安人戰役及獨立戰爭的古戰場，幾乎遍讀所有找得到的歷史小說。事實上，美國陸軍特種兵第一次登陸東南亞的時候，我便渴望能登記參軍。誰知媒體後來披露了美國的暴行與前後不一致的政策，使得我心境大為轉變。我不禁疑惑，潘恩究竟會支持哪一邊。我想他一定會支持美國的越共敵人。

法蘭克叔叔適時替我解圍。他告訴我，如果在國安局工作便可以緩徵。於是，他在單位內部安排了一連串會談，其中包括一整天以測謊器監控的疲勞轟炸式面談。據說，這些測試可以決定我是不是國安局要招攬及培訓的人才，如果是的話，這些資料還能看出我的優點和弱點，可以用來規畫未來的職業走向。就我對越戰的看法，我認為自己一定通不過測試。

測試當中，我坦承身為一位忠誠的美國人，我反對越戰，然而令人訝異的是，面試官並沒有繼續追問這個話題。他們反而將重點擺在我的教育過程、我對父母的態度，還有像我這樣一位窮清教徒夾雜在眾多私校紈絝子弟中成長，心態為何。他們還探討我因為生活中缺少女人、性愛和金錢所產生的挫折感，以及因此而產生的遐想世界。對於我和法哈德的關係，還有我為了保護他寧願向校警撒謊，他們極感興趣，這讓我十分驚訝。

起初，我認為這些似乎很負面的事情一定會被國安局打回票，可是面談持續進行，看來是有希望的。幾年以後我才恍然大悟，從國安局的角度來看，這些負面的事情其實是有幫助的。他們評估的重點不在於我是否對國家忠誠，而在於我生命中的挫折感。對父母不滿，對女人著迷，還有想過好日子的野心，都成為他們眼中的好把柄。我容易受到誘惑。我決心在學校、運動場上超越同儕，最終反抗父親、善於和外國人打交道、寧願向校警撒謊等等，正是他們要找的特質。我後來還發現，法哈德的父親替美國在伊朗的情報機關工作，我和法哈德的關係絕對是關鍵加分。

國安局測試之後幾個星期，我被錄用了，工作先從間諜訓練開始。等我拿到波大學位，幾個月內就要開始受訓。然而，在我正式接受該份工作之前，一時興起參加了和平工作團在波士頓大學舉行的招募座談會。吸引我參加的原因和國安局一樣：在和平工作

＊譯註：伊森．艾倫（Ethan Allen, 1738-1789），獨立戰爭時期，伊森．艾倫率領佛蒙特民兵組織格林山兄弟會（Green Mountain Boys）協助奪回泰孔德羅加（Ticonderoga）要塞。

團工作，就可以緩徵。

決定參加這場座談會，是當時看似無足輕重，日後卻成了人生轉捩點的諸多巧合之一。招募者介紹世界上幾個特別需要志願工作者的地方。其中一處便是亞馬遜河流域的熱帶雨林，他指出，當地原住民的生活方式和歐洲人到來之前的美洲原住民很類似。

我一直夢想能過著像艾布納基人（Abnaki）一樣的日子，我的祖先最早移民到新罕布夏州的時候，艾布納基就是當地的原住民。我知道自己身上流著艾布納基的血液，希望能認識他們瞭如指掌的森林。招募者談話結束後，我便過去找他，問他被分派到亞馬遜河的可能性有多少。他要我放心，那些地區需要大量的志工，被分到那兒的機會很大。我打了通電話給法蘭克叔叔。

出乎意料之外，法蘭克叔叔鼓勵我考慮參加和平工作團。他透露，河內垮台之後──這是當年身處那個位階的人必然有的想法──亞馬遜河是下一個搶手的地方。

「石油蘊藏量豐富，」他說：「我們需要在那裡部署優秀又了解原住民的幹員。」他認為和平工作團是絕佳的訓練基礎，他還鼓勵我學會流利的西班牙語及當地土著方言。他咯咯地笑起來，「你搞不好到最後是替私人公司做事，而不是政府了。」

當時我還不了解他話中意涵。我已經從間諜晉級到經濟殺手了，我從來沒聽過這個名稱，還要再過幾年才會接觸到。我根本不曉得，已經有數百位男女分散在世界各地的顧問公司及私人機構裡，這些人沒有領取任何政府單位的一分錢，卻同時在為帝國的利益服務。我也完全沒有料到，一種頂著更委婉頭銜的新興模式，到了千禧年末人數已達上千，而我會去扮演一個重要角色，塑造這支成長中的部隊。

安和我一起申請和平工作團，並要求分發到亞馬遜河流域。當錄取通知寄來時，我第一個反應簡直是失望透頂。信上說，我們被分發到厄瓜多。

天哪，我心想，我要求到亞馬遜河，不是非洲。

我跑去翻地圖，想要找看看厄瓜多在哪裡，結果在非洲大陸上遍尋不著，沮喪透了。後來透過索引，我才發現它真的是位於拉丁美洲。地圖上可以看見，從安地斯山脈冰河流下來的河川流域，形成了壯闊的亞馬遜河上流。進一步研究讓我確認了厄瓜多森林是全世界幾個最多樣化、最令人生畏的廣大森林之一，當地的原住民還過著數千年不變的生活。我們接受了。

安和我完成南加州的和平工作團訓練，在一九六八年九月出發前往厄瓜多。我們在亞馬遜河與舒阿爾部落一起生活，他們的生活方式確實和英國殖民之前的北美原住民很類似。接著我們來到安地斯山脈地區，在那裡和印加人的後代——一群磚頭工人——一起工作。我作夢也想不到這樣的世界竟然還存在。在這之前，我唯一見過的拉丁美洲人就是父親所教的學生，那些富有的紈絝子弟。我對這些仰賴農耕、打獵、燒製磚頭維生的原住民產生了同情，內心有種特殊的親切感。不知怎地，他們讓我想起被我遺忘的家鄉小鎮。

有一天，一位身著西裝的男人艾納．葛利夫（Einar Greve）搭乘飛機，降落在部落狹長的飛機跑道。他是財思提緬恩公司（Chas. T. Main, Inc.，簡稱ＭＡＩＮ）的副總裁。ＭＡＩＮ是一家國際顧問公司，行事低調，它們所做的經濟研究結果，決定了世界銀行是否提供數十億的貸款給厄瓜多及其鄰國，用來建造水力發電水壩及其他基礎建設。葛利夫也是美國陸軍後備部隊上校。

他開始跟我談在ＭＡＩＮ這類公司做事的好處。我提到在我加入和平工作團之前，已經接受了國安局的工作，現在正考慮回去上班。他告訴我，有時他也替國安局做聯繫工作，他看了我一眼，那眼神讓人懷疑他的任務之一是要來評估我的能力。而現在我認為，他是來了解我的近況，特別是打量我在這個多數北美人認為最艱困的環境下，生存能力如何。

我們在厄瓜多相處了一、兩天，之後便以郵件通訊往來。他要我寄給他一些報告，評估厄瓜多的經濟前景。我有一台小型攜帶式打字機，喜歡寫作，能替他完成這份工作讓我覺得很高興。大約有一年的時間，我寫了至少十五封信給葛利夫。我在信中推測厄瓜多的經濟和政治前景，談到各原住民部落與日俱增的挫折感，在面對石油公司、國際發展組織，及強迫他們走向現代化的各種企圖時所產生的掙扎。

和平工作團巡迴工作結束時，葛利夫邀請我到波士頓ＭＡＩＮ總部面談。在兩人的私下會談裡，他強調ＭＡＩＮ最主要的生意是工程，然而最近他們最大的客戶世界銀行，開始堅持要他們雇用經濟學家來做關鍵性的經濟預測，用以決定工程計畫的可行性和規模。他透露，之前他雇用了三位非常優秀的經濟學家，學歷條件無懈可擊——兩位有碩士學位，一位有博士學位。但是他們卻表現得非常差。葛利夫說：「他們都沒辦法在缺乏可靠統計資料的國家做經濟預測。」除此之外，他們都認為要完全履行合約工作是不可能的，因為合約要求他們必須前往厄瓜多、印尼、伊朗、埃及等遙遠的窮鄉僻壤工作，和當地領袖會談，並評估該地區經濟發展前景，呈報公司。其中有一人還在一個孤立的巴拿馬村落裡崩潰了。他被巴拿馬警察護送到機場，送上飛機，回到美國。

「從你寄給我的信看得出來，你是不畏冒險的，即使沒有確實的資料給你，你都能做得很好。以你在厄瓜多的生活環境，我有信心你在任何地方幾乎都能生存。」他告訴我，他已經開除其中一位經濟學家，如果我接受這份工作，另外兩位也要準備走路了。

就這樣，一九七一年一月，MAIN以經濟學家的職位錄用我。我剛滿二十六歲——這個奇妙的年齡，兵役委員正好不再需要我了。我和安的家人商量，他們鼓勵我接受這個工作。我想，這不也是法蘭克叔叔的想法，記得他曾經提到，我到最後可能會替一家私人公司做事。雖然大家都沒有明說，但是毫無疑問，我在MAIN的工作是法蘭克叔叔三年前就安排好的，另外就是我的厄瓜多經驗，以及願意去寫有關厄國的政經情勢報告。

有好幾個星期我簡直樂昏了頭，自負得不得了。我不過只有波士頓大學的學士學位，似乎還不夠資格頂著經濟學家的身分，在這麼高級的顧問公司工作。就我所知，許多我在波士頓大學被徵兵打回票的同學都去唸了企管碩士或其他學位，他們一定嫉妒死了。我想像自己是個衝勁十足的情報員，出發前往充滿異國情調的國度，躺在飯店游泳池旁的躺椅上，四周圍繞著身著比基尼泳裝的美女，手上一杯馬丁尼。

雖然這只是幻想，但後來我發現，事實還果真如此。葛利夫雇用我做一名經濟學家，沒多久我便體認到，我的工作內容遠不止於此，事實上，遠比我想像的更像詹姆士・龐德。

第三章——踏上不歸路

從法律面來看，ＭＡＩＮ應該被稱作閉鎖性公司（Closely Held Corporation），在兩千名員工當中，約有五％的人擁有公司。

這些人被稱作「合夥人」（Partner或Associate），他們的職位令人垂涎。合夥人的權力不但高於其他人，賺的錢也很多。他們的特徵是謹言慎行；他們和國家領導人及政府高官打交道，這些高官政要期望他們的顧問像律師或心理醫師一樣恪守保密原則。跟媒體交談是禁忌，絕對不容許。正因如此，外界人士幾乎從來不曾聽過ＭＡＩＮ，卻對我們的競爭對手耳熟能詳，如亞瑟里托（Arthur D. Little）、石威（Stone & Webster）、布朗－魯特（Brown & Root）、哈利波頓（Halliburton），還有貝泰（Bechtel）。

「競爭對手」一詞我用得不很嚴謹，因為事實上，ＭＡＩＮ在這些公司裡面自成一格。公司內部大多數的專業人才為工程師，然而我們沒有任何設備，除了一個儲藏庫房之外，什麼工程都沒做過。

許多MAIN的員工來自軍方，可是我們跟國防部或任何軍事單位都沒有合約。我們的生財工具和一般公司很不一樣，以致於我剛開始上班的頭幾個月，根本搞不清楚我們在做什麼。我只知道我第一個真正的任務在印尼，我是派遣到爪哇開發大型能源計畫的十一人小組成員。我也曉得，葛利夫和其他和我商討工作的人費盡唇舌要說服我，說是爪哇經濟會起飛，如果我想做一名脫穎而出的經濟預測專家（並可因此得到升遷），我就要做出能夠顯示大量經濟成長的預測報告。

「曲線起飛，」葛利夫喜歡這麼說，手指一路往上滑動，指到頭頂上，「像鳥一樣猛然高飛的經濟！」

葛利夫經常出差兩、三天。很少人談到這些，似乎也不知道他去哪裡。他在公司的時候，通常會邀我和他小坐幾分鐘，喝杯咖啡。他問起安，我們的新公寓，還有我們從厄瓜多帶回來的貓。和他熟稔一點以後，我的膽子也大了些，我想多認識他，多了解我的工作內容。然而，我從來沒有得到滿意的答覆，因為他很會轉移話題。有一次，他意味深長地看了我一眼。

「你不用擔心，」他說道。「我們對你期望很高。我最近去了華盛頓……」他音量壓低，露出神祕的微笑。「總之，你知道我們在科威特有個很大的計畫。你還有一陣子才去印尼。我想你應該利用一些時間，看些科威特方面的資料。波士頓公共圖書館資料很豐富，我們還可以幫你弄到麻省理工學院和哈佛大學圖書館的閱覽證。」

那次談話之後，我便經常待在圖書館，尤其是波士頓圖書館，離辦公室只有幾條街，距離我住的貝克灣公寓也很近。我對科威特的了解逐漸深入，也逐漸熟稔由聯合國、國際貨幣基金組織（IMF）與世界銀行出版的經濟統計相關書籍。我知道之後要替印尼和爪哇建立經濟模型，於是我決定，何不著手先替科威特做一份。

然而，我的企管學士學位還不足以讓我當一個計量經濟學家，所以我花了很多時間尋找彌補這個缺憾的方法。我甚至還去進修幾堂這方面的課程。過程中，我發現你可以操作統計資料、達成各種不同的結論，包括替分析師依自己偏好所做出的那些結論背書。

MAIN是一間重男輕女的公司。

一九七一年，從事專業職務的女性只有四位，卻有兩百多位女性分散在各部門，擔任核心幹部的私人祕書（每位副總裁和部門經理各有一位），或是充當其他員工的速記員。我已經習慣了這種性別歧視，因此，有一天在波士頓圖書館參考室發生的事情，讓我驚訝萬分。

有一位舉手投足充滿自信的女子走過來，坐在我對面。她身穿深綠色套裝，看起來很世故，我判斷她可能大我幾歲。我試著裝出不在意的樣子，專心不去注意她。過了幾分鐘，她不出一言，將一本攤開的書往我這邊推來。書上有我找了很久的科威特資料表——還有一張她的名片，上面印著克勞汀．馬丁（Claudine Martin），職稱是ＭＡＩＮ的特別顧問。我抬頭看著她柔和的綠色眼睛，她伸出手來。

「他們請我協助你的訓練工作。」她說道。我簡直不敢相信這種事會發生在我身上。

從第二天開始，我們便在克勞汀位於畢康街的公寓碰面，距離保德信中心（Prudential Center）的ＭＡＩＮ總部只有幾條街而已。在我們會面的第一個鐘頭，她說明我的職位是很特殊的，一切要保持高度機密。接著她有點難為情地笑了，告訴我她的任務是要將我塑造成一名經濟殺手。

這個稱呼喚醒我沉睡已久的情報員美夢。我為自己神經兮兮的笑聲感到尷尬。她露著微笑，要我放心，他們使用這個稱呼的原因之一就是這幽默感。

「誰會當真呢？」她說。
我承認自己對經濟殺手這個角色完全陌生。
「不是只有你不知道。」她笑道。有一瞬間，我想我瞥見了她的自信產生了裂縫。
「我們是一種稀有動物，身在一個齷齪的行業。絕不能讓任何人知道你的底細——包括你太太在內。」接著，她嚴肅起來。「在接下來的幾個星期，我會向你坦白一切，盡我所能傾囊相授。之後你自己必須做出選擇。你的抉擇才是最終的決定。一旦你加入了，那便是一條終身的不歸路。」
從此以後，她便很少再用全名稱呼，我們只簡稱ＥＨＭ。
我到現在才了解，克勞汀充分利用了我在國安局測驗中暴露的性格弱點。我不知道究竟是誰提供她資料，是葛利夫、國安局、ＭＡＩＮ人事部抑或其他人，我只曉得她可是將這些資料運用得恰到好處。她用的方式，無論是色誘或花言巧語，全都針對我的個性量身設計，卻又完全合乎標準作業程序。從那刻起，我經常在各行各業的交易當中目睹同樣的手腕，特別是賭注已經很高，面臨收網拿下肥美交易的壓力時刻。
打從一開始克勞汀和她的上司就很清楚，我不會洩露我們的祕密情事來傷害自己的婚姻。在談到我的任務時，她也毫不保留地坦述工作所涉及的陰險面。

我不清楚究竟是誰付她薪水，而我也沒有理由去懷疑她的雇主並非名片上所寫的MAIN公司。當時我實在太天真、太害怕，被她兜得眼花撩亂，連這些現在看似再明顯不過的問題，都不敢提出來。

克勞汀告訴我，我的工作有兩項主要目標。

第一，對於那些透過工程建設案回流到MAIN或其他美國公司（如貝泰、哈利波頓、石威、布朗－魯特等）的巨額國際貸款，我必須提出具有說服力的解釋。

第二，我要做到讓那些接受貸款的國家破產（當然，要等他們付錢給MAIN和其他美國承包商之後），好讓這些國家永遠虧欠債權人，如此一來，在美國有所需求的時候（像是軍事基地，聯合國表決案，取得石油或天然資源等），他們就如同囊中之物，讓我們予取予求。

我的任務，她說道，就是預估在某國投資數十億資金的成效。明確地說，我必須做出研究報告，預測未來二十至二十五年的經濟成長，並評估各種投資方案的影響。舉例來說，如果決定要貸款一百億資金給某國，藉此說服該國領導人不與蘇俄結盟，這時我就要分析這筆資金用來投資發電廠、新型國家鐵路系統或電子通訊系統的利益各為何。或者，我可能被告知，某國有可能接受現代化的電力系統，那就由我來說明，這樣的系統如何可以讓該國經濟得到長足的發展，並藉此證明貸款是值得的。

無論哪種情況，關鍵在於國民生產毛額（GNP）。能夠造就最高年平均GNP的計畫勝出。如果只有一項計畫列入考慮，我就必須說明該案將會促進GNP大幅成長。

每項計畫案背後的目的，是讓建商從中賺取暴利，並讓貸款國的一小撮既富有又有影響力的家族高興，同時確保這些政府長期維持對美國的經濟依賴與政治效忠。貸款額度愈高愈好。真相是，這些國家的貸款負擔，會剝奪國內最窮困的民眾未來數十年在衛生、教育或其他方面的社會福利。然而，這些後果並不列入考慮。

克勞汀和我直率地討論GNP的弔詭本質。比方說，即使某開發案只有一人受惠（如擁有公共事業公司的個人），且即使大部分人口會受到國債拖累，GNP可能還是顯示成長。富者愈富，窮者愈窮。然而從統計學的觀點，紀錄還是會顯示經濟成長。

MAIN的大多數員工就和一般美國民眾一樣，認為我們設立發電廠，開闢高速公路和港口等行為是在幫助這些國家。美國的學校教育及新聞媒體一致灌輸一個觀念：我們所有行動的出發點皆為利他主義。多年下來，我不斷聽到類似的批評：「如果他們要焚燒美國國旗，在美國使館前面示威，我們為什麼不乾脆放棄那些鬼地方，一走了之，讓他們在窮困中自生自滅？」

會說這些話的人通常都擁有文憑，證明他們受過良好教育。可是，這些人完全不了解，美國之所以在世界各地設立領事館，主要是為了一己之私，特別從二十世紀後半期開始，美國意圖打造史上第一個真正的全球帝國。這些人儘管有學識，卻和十八世紀的移民一樣無知，認為那些為了保衛鄉土而奮勇作戰的印地安人都是惡魔的奴僕。

再過幾個月，我即將前往印尼爪哇島。當年，爪哇被形容為世界上人口最密集之地。印尼也正巧是石油蘊藏豐富的伊斯蘭國家，共產黨活動的溫床。

「這是繼越南之後的另一張骨牌。」克勞汀是這麼說的。「我們必須贏得印尼。萬一他們加入共產集團，那就……」克勞汀以手指作勢，在喉嚨劃過一道，然後露出一個甜美的微笑。「我們這麼說好了。你必須弄出一個極其樂觀的經濟預測，說明這些新型發電廠、輸送電纜等建設完畢之後，經濟就會蓬勃起飛。如此一來，無論美國國際開發署或國際銀行貸款，都可以名正言順了。當然，你會得到非常優渥的酬勞，再到下一個充滿異國情調之處，執行另一項計畫。就如探囊取物，世界都是你的了。」

她接著警告，我的角色並不輕鬆。「銀行專家會緊跟在你後頭。他們的工作就是要戳穿你的經濟預測。他們拿錢辦事，做的就是這些。把你貶低了，才能凸顯他們的價值。」

有一天我提醒克勞汀，被MAIN派往爪哇的小組成員另外還有十人。我問她，這些人是否接受和我一樣的訓練。她向我保證這些人並沒有。

「他們是工程師。」她說：「他們設計發電廠、發射台和輸送電纜，還有引進燃料的海港與道路。你是預測未來的人。你的預測會決定他們建設與設計的規模——以及貸款額度。你看，你是關鍵人物。」

每次我步行離開克勞汀的公寓，總是疑惑著自己在做的事情是否正當。在我內心某個角落，我懷疑自己是錯的。然而，過去的挫折感不斷困擾著我。

MAIN似乎提供了過去我所欠缺的一切。

到最後，我說服自己：只要知道更多並親身經歷，日後要揭發就更容易——我用這種老套的「臥底」想法來自我安慰。

我把這想法告訴克勞汀，她以狐疑的眼神看著我。「別開玩笑了。一旦你加入，就甭想再脫身。你自己要拿定主意，到底要不要繼續涉入。」我明白她的意思，這番話讓我害怕。

我離開她之後，漫步在聯邦大街上，又轉到達特茅斯街，我安慰自己，我會是個例外。

數個月後一天下午，克勞汀和我坐在窗前長椅上，望著畢肯街上的落雪紛飛。「我們是一個獨特的小團體。」她說道：「別人付給我們高薪，讓我們去騙取世界各國上億元的財富。你的工作多半是去慫恿世界領袖，加入這個促進美國商業利益的大集團。到最後，這些領導人會陷入債務的天羅地網，不得不低頭效忠。如此一來，我們就能隨心所欲地擺布他們，以滿足美國政治、經濟或軍事上的需求。另一方面，這些領袖會因為帶給人民工業園區、電力發電廠、機場等建設而鞏固政治地位。至於美國工程建設公司的老闆，也會因此發大財。」

那天下午在克勞汀的公寓裡，窗外白雪紛飛，我輕鬆地坐在窗前聆聽這個行業的由來。克勞汀娓娓道來，綜觀歷史，大部分帝國建立版圖的方式，是藉由軍事力量或訴諸威脅。然而隨著二次世界大戰結束，蘇聯崛起，對於核子毀滅的恐懼等，訴諸武力變得太過冒險了。

決定性的一刻發生在一九五一年，伊朗起而反抗英國一間剝削天然資源及百姓的石油公司。該公司即為英國石油公司（British Petroleum，今日稱ＢＰ）的前身。當時伊朗極受歡迎、由民主程序產生的總理默罕默德・莫沙德（獲選《時代雜誌》一九五一年的年度風雲人物）響應民意，將伊朗的石油產業國營化。憤怒的英國為此尋求二次大戰的盟友美國協助。然而，這兩國都害怕軍事報復會引來蘇聯藉伊朗之名採取行動。

因此，華府放棄派遣陸戰隊的戰略，改派中情局的特情人員科密特・羅斯福（Kermit Roosevelt Jr.，老羅斯福總統〔Theodore Roosevelt〕的孫子）。

柯密特・羅斯福漂亮出擊，用威脅利誘的手段贏得伊朗人心。隨後又聚眾策畫一連串的街頭示威、暴力抗議，製造出莫沙德不受歡迎又無能的形象。到最後，莫沙德終於垮台，被終身軟禁。親美的默罕默德・巴勒維（Mohammad Reza Pahlavi）上台，成了沒有對手的獨裁者。

柯密特・羅斯福開創了這門新興行業，而我行將加入。[1]

科密特・羅斯福的高明一著，重新塑造了中東歷史，也淘汰了帝國以往所使用的老舊伎倆。此時也開始嘗試「有限度非核武軍事行動」，最終造成美國在韓戰及越戰的恥辱。到了一九六八年，也就是我到國安局面談的那年，情勢已經明朗——如果美國想實現全球帝國的夢想（一如詹森及尼克森總統等人的願景），勢必運用科密特・羅斯福在伊朗的那套策略模式。這是免去核戰威脅而能擊敗蘇聯的唯一途徑。

不過這中間存在一個問題，科密特・羅斯福是中情局幹員，萬一他失手被捕，後果將不堪設想。他精心策畫了第一個由美國操作、推翻外國政府的行動，以後可能還會有更多的類似行動，不過，必須找出一個不會直接牽涉華府的方式。

戰略家十分幸運，一九六〇年代正是另一波革命的時代，國際企業與跨國組織的勢力相繼崛起，包括世界銀行及國際貨幣基金組織等。後者的資金來源，主要來自美國及其歐洲盟友。一種存在於政府、企業體與跨國組織之間的共生關係，於焉產生。

到了我就讀波士頓大學商學院時，「科密特．羅斯福為中情局幹員」的問題已經解決。美國情治單位，包括國安局在內，負責物色經濟殺手人選，這些人隨後受到國際企業任用。經濟殺手不從政府單位支取一分一毫，他們的薪餉全數由私人機構給付。透過這種安排，萬一其齷齪行動敗露，一切便可推卸到企業體系的貪婪，而不會牽連到政府戰略。除此之外，這些雇用經濟殺手的公司，雖然背後出錢的是政府單位或相關的國際金融組織，用的是納稅人的錢，他們卻可以完全避掉國會監督及公共輿論的檢視，並受到愈來愈多的法律條款保護，如商標、國際貿易或新聞自由等法規。[2]

「所以，你看，」克勞汀下結論道：「在你小學一年級的時候，這項傲人的傳統就已經開始，我們只不過是第二代罷了！」

第四章　印尼：經濟殺手的一課

我除了要了解這個陌生的行業，還得花時間閱讀與印尼相關的書籍。

「你愈是了解行將前往的國家，工作就會愈順利。」克勞汀這麼建議。我將她的話牢記在心。

一四九二年哥倫布出海航行，原本是為了尋找當年號稱「香料群島」的印尼。印尼在殖民時期一向被視為瑰寶，遠比美洲來得有價值。爪哇有華麗的布匹、聞名遐邇的香料和豐饒的沃土，一直是兵家必爭之地。來自西班牙、荷蘭、葡萄牙和英國的冒險家，競相爭奪這塊土地。荷蘭在一七五〇年脫穎而出，成為最後的勝利者，雖然控制了爪哇，卻花了超過一百五十年的時間陸續征服其他島嶼。

二次大戰期間日本入侵印尼，荷蘭勢力幾乎毫無抵抗，因而造成印尼慘痛的苦難，特別是爪哇百姓。日本投降之後，深具魅力的領袖蘇卡諾（Sukarno）上台，宣布獨立。歷時四年的戰亂終於在一九四九年十二月二十七日結束，荷蘭降下國旗，將主權交還三百多年來掙扎求生的百姓。蘇卡諾成了新共和政權的第一位總統。

然而，統治印尼遠比擊敗荷蘭更具挑戰。一萬七千五百多個島嶼孕育出多元的文化、語言和方言，部落意識強烈，種族之間的宿怨由來已久。激烈的衝突經常發生，蘇卡諾執行嚴厲鎮壓。他在一九六〇年解散國會，並於一九六三年自命為終身總統。他與各國共產政府結盟，以交換軍事設備和訓練。他派遣由蘇聯武裝的印尼部隊入侵鄰國馬來西亞，藉此在東南亞擴展共產勢力，博得世界各地社會主義領袖的認同。

反對勢力累增，一九六五年發動了政變。蘇卡諾靠著情婦的機智，幸運地躲過暗殺。然而，他的許多高級軍事將領和親信就沒有如此幸運。整起事件令人聯想到一九五三年的伊朗政變。最後，政變歸責於共產黨，特別是親中國的派系。繼之，由軍隊主導的大屠殺造成約三十至五十萬人民慘死。軍事領袖蘇哈托將軍（General Suharto）在一九六八年奪得政權，當上總統。[1]

到了一九七一年，美國決定誘使印尼脫離共產黨的決心昇高，因為越戰的情勢愈來愈不穩定。一九六九年夏天，尼克森總統開始一連串的撤軍行動，美國戰略轉向全球化的角度，策略焦點在於防止骨牌效應，避免各國一一落入共產黨統治。有幾個國家被列為重點，印尼便是其中關鍵。MAIN的電氣化計畫便是此綜合性計畫的一部分，確保美國在東南亞的主導優勢。

美國外交策略的前提是，蘇哈托會和伊朗國王一樣效忠華府。美國希望印尼可以成為東南亞地區其他國家仿效的模式。華府的策略也假設，在印尼取得勝利可以引起伊斯蘭世界的正面響應，特別是具爆炸性的中東。如果這些還不足以構成動機，印尼還有石油。雖然沒有人能確定蘊藏量和品質如何，石油公司的地震學家卻對印尼的潛力興奮不已。

隨著我在波士頓圖書館的鑽研，興奮之情與日俱增，我開始想像未來的冒險之旅。相較於和平工作團的艱難困苦，替MAIN工作的確能換得更豪華、更吸引人的生活方式。和克勞汀在一起的時光，已經是我諸多幻想之一的實現。一切似乎太過美好，讓人不敢相信。我覺得至少讓我在和尚學校服刑的挫折扳回一城。

生活中的其他事情也起了變化：安和我的相處出了狀況。我們爭吵不休。她抱怨我變了，我不再是她當初嫁的那個男人，也不是和她在和平工作團共度那些年的那個人。現在回過頭來看，她當時一定察覺到我正逐漸走向兩面的生活。

我將此歸咎到安身上，怪她當初不該逼我結婚，造成我對她的忿恨，才會導致這必然的結果。我根本不念當初我們在厄瓜多所經歷的挑戰中，她曾一路照顧、支持我；我當時依然將她視為我對父母屈從的行為模式的延續。

現在，我敢肯定安在某種程度上知道我有了另外一個女人。總之，我們決定分居，搬進不同的公寓。

一九七一年某天，就在我前往印尼的前一星期，我到了克勞汀的住處，發現小餐桌上擺著形形色色的起司和麵包，還有一瓶上好的薄酒萊新酒。她舉杯向我祝賀。

「你成功了！」她微笑著，然而不知怎地，笑容中似乎少了真誠。「你現在正式成為我們的一員了。」

我們隨意聊了半個鐘頭左右，就在美酒將盡的時刻，她露出一個我從來沒見過的表情。

「不可以向任何人承認我們的會見。」她的語調轉為強硬：「只要你透露半點訊息，我都不會原諒你，我絕對會否認曾經和你見過面。」她怒目瞪視著我，或許那是我唯一一次感到被她威脅，隨後，她發出一聲冷笑。「把我們的事情洩露，會讓你的生活陷入危險。」

我心中一驚，突然感到恐怖。

然而，隨後在我獨自走回保德信中心的路上，我不得不承認這手法之高妙。實際上，我們在一起的所有時間，全都待在她的公寓裡。我們兩人的關係完全不著痕跡，沒有任何MAIN的人員涉入。

我心裡有一部分反而感謝她的誠實：她並沒有像我父母對我矇騙提爾頓和明德大學一樣欺騙我。

第五章 免於淪陷共產統治

我對印尼充滿浪漫的遐想，即將在那兒住上三個月。我看過很多書上的照片，有身著鮮豔紗龍的美麗女郎，充滿異國情調的峇里舞蹈，吐著火焰的巫醫，還有武士們在冒著煙霧的火山山腳下划著長獨木舟，航行在碧綠海水上。令人印象特別深刻的是橫行四處、惡名昭彰的海盜大帆船，這些海盜至今仍出沒在許多群島之間，他們讓當年的歐洲水手聞之喪膽，回到家鄉後還不忘警告孩子：「不乖的話，海盜就把你抓走。」啊，這一切情景讓人如何不動心呢！

這個國家的歷史和傳奇，都呈現極為豐饒、氣勢宏偉的形象：憤怒的神祇，科摩多巨蜥，蘇丹部落，還有早在耶穌誕生之前的就有的古老傳奇，翻山越嶺經過亞洲山脈，穿越波斯沙漠，渡過地中海，深植在人類集體心靈的最深處。這些神話中的島嶼名字——爪哇、蘇門答臘、婆羅門、蘇拉威西——蠱惑著人心。這充滿神祕、神話和異國情調的大地，是哥倫布企圖追尋卻徒勞而返的寶藏；是西班牙、荷蘭、葡萄牙和日本殷勤追求卻無法擁有的公主；是幻境，也是美夢。

我滿懷憧憬，我想，這心情應該如同當年那些偉大的探險家一樣。然而，和哥倫布一樣，我也早該知道要收斂自己的幻想。或許我早該想到，遠在終點照耀的那盞明燈，未必便是憧憬已久的美景。印尼或許藏有許多寶藏，但未必是我期待中的萬靈丹。

事實上，在印尼熱氣蒸騰的首都雅加達頭幾天，我的印象惡劣透了，那是一九七一年的夏天。

美景確實當前。美麗的女郎身穿豔麗的紗龍服；花團錦簇的庭園盛開著熱帶花卉；異國風情的峇里舞女郎；三輪車高高的座椅兩側繪有繽紛圖案，乘客斜躺在座椅裡，車伕在前面踩著踏板；荷蘭殖民時期的豪宅、洋蔥尖塔式的清真寺。

然而，這個城市也有它醜陋悲慘的一面。痲瘋病人伸著血跡斑斑的殘肢，少女們為了幾枚銅錢獻身。一度輝煌的荷蘭運河變成臭氣沖天的汙水道，處處垃圾的汙濁岸邊是一間間紙板茅屋，一家人就這麼住在裡頭。刺耳的喇叭聲和嗆人的排煙，美麗與醜陋、高雅與粗俗、靈性與褻瀆。這就是雅加達：香氣迷人的丁香和蘭花與腐臭的汙水相互競爭。

我見識過貧窮。在新罕布夏州，有些同學住在只有冷水的紙板屋裡，在零下溫度的冬天只穿一件薄夾克、一雙磨損不堪的球鞋到學校，沒洗澡的身體發出陣陣汗臭和牛糞味。我也曾經和安地斯山的農人住在泥屋裡，乾玉米和馬鈴薯幾乎是他們唯一的糧食，新生兒在生與死的邊緣掙扎。我見識過貧窮，卻沒有心理準備接受眼前的雅加達。

我們這個小組當然是進駐該國最高級的印尼洲際飯店。這家由泛美航空擁有的旅館，和分布在全球各地的連鎖飯店一樣，專門招待有錢的外國人，迎合他們各種古怪的要求，特別是石油公司的高級主管和家人。我們抵達的第一天晚上，MAIN的專案經理查理．依林沃斯（Charlie Illingworth）在飯店頂樓的高級餐廳設宴款待。

查理對戰爭特別喜好。閒暇時間全用來閱讀有關偉大將領或戰役的史籍和歷史小說。他是標準的贊成越戰、紙上談兵的人。當晚他照例身穿一條卡其長褲，短袖卡其上衣，配上軍服式樣的肩章。

致完歡迎詞後，他點起一根雪茄。「為好日子乾杯！」他舉起一杯香檳，詠嘆道。

我們也跟著他說：「為好日子乾杯！」頓時杯觥交錯，玻璃酒杯發出鏗鏘清脆的聲響。

雪茄煙霧瀰漫在查理四周，他一面掃視大廳。「我們在這裡會被當作上賓招待。」

他說道，讚賞地點點頭。「印尼人會好好照顧我們，就像招待美國使節一樣。但是不要忘記，我們還有任務要完成。」他低頭看著手中一把記事卡。「是的。我們此行的目的，是要為爪哇這塊人口最稠密的土地，發展電氣化的總計畫。不過，這只是冰山一角。」

隨後，他的表情嚴肅起來；他讓我想起飾演巴頓將軍的喬治．史考特*巴頓將軍也是查理心目中的英雄人物。「我們在此，可以說是為了拯救這國家，使其免於淪落共產主義的魔掌。你們都知道，印尼有一段悲慘的歷史。如今，在它準備邁向二十世紀之際，再次面臨考驗。我們的責任，是確保印尼不會步上其北方鄰國的後塵，像越南、柬埔寨及寮國一樣。一個整合的電力系統就是關鍵。這比任何單一因素都來得重要（可能除了石油之外），會確保資本主義和民主制度凌駕一切。」

「談到石油，」他說道，又吸了幾口雪茄，翻閱幾張記事卡，「我們都知道，美國

---

*譯註：巴頓將軍（George Patton）為二次大戰盟軍著名將領，在北非和西西里島立下戰功，後來率領第三軍團對抗德軍。一九七〇年喬治．史考特（George C. Scott）主演的《巴頓將軍》（*General Patton*）榮獲奧斯卡最佳影片、導演、男主角等七項大獎。

對石油的仰賴很深。在這方面，印尼會是我們強有力的盟國。所以，你們在發展總計畫的時候，務必盡其所能，確保石油工業及其相關的一切措施——港口、油管、建設公司——在二十五年的計畫中，都要盡可能由電力的方式滿足這些設施的需求。」

他的視線從手上的記事卡移到我身上。「寧可錯誤高估也不要低估。不要讓我們的雙手沾染了印尼或我們孩童的鮮血。不要讓他們活在刀斧或中國紅旗之下！」

那晚我躺在床上，凌駕城市上空舒適豪華的頭等套房裡，克勞汀的影子浮上心頭。她對於外債的論述在我腦海中徘徊不去。我試著回想商學院教的總體經濟學，藉此安慰自己。畢竟，我告訴自己，我到這裡是為了協助印尼，幫助它脫離老舊的經濟體制，在現代工業化的世界掙得一席之地。然而，我內心十分清楚，到了早上，我會望出窗外，視線越過旅館華美的庭院、游泳池，飛到萬里外的簡陋茅舍。我知道，那裡有年幼的孩子因缺乏糧食、飲水而垂危，有嬰孩和成人同遭可怕疾病的侵襲，生活在鄙陋不堪的環境中。

我輾轉反側，發現自己難以抵賴一個事實：查理和我們組裡的每個成員都是為了自私的理由來到此地。我們來，是為了推展美國的外交政策和企業利益。我們是被貪婪所驅使，而不是為了印尼廣大人民的任何福祉。我的腦海閃過一個名詞：「金權政體」。

我不太確定這名詞究竟是從前聽過，還是我一時自創的，不管怎樣，拿它來形容這些決心統御世界的新菁英分子，正是再恰當不過了。

這是一個緊密結合、由一群有共同目標的人所組成的同盟，其成員經常在公司董事會和政府職位之間頻繁調動。我突然想到，世界銀行的總裁羅勃・麥納瑪拉（Robert S. McNamara）就是一個很好的例子。他在甘迺迪和詹森總統時期，從福特汽車的總裁躍升為國防部長，現在則位居最有權勢的金融組織——世界銀行——的最高職位。[1]

我還發現，我大學裡的教授並不了解總體經濟的真正本質：許多例子都顯示，扶植經濟成長只有讓金字塔頂端的少數人更加富裕，對於金字塔底部的人不但沒有幫助，反而推波助瀾地將他們逼往更貧賤的困境。

的確，提倡資本主義的結果，往往造成類似中世紀的封建制度。就算有任何教授了解這些情況，也從來沒有人承認。或許是因為贊助學院的就是大公司及公司的經營者，披露真相只會讓他們丟掉飯碗——這情形就和我一樣。

我住在印尼洲際飯店的那段日子，如斯的想法夜夜困擾著我，使我無法成眠。

我最終的辯護竟然是極其個人的理由：我一路掙扎著擺脫新罕布夏小鎮、預科中學和徵兵。因為一連串的巧合和努力，才讓我掙得一份可以過好日子的好職位。我也自我安慰地認定，從我的文化角度來看，我的選擇是對的。我朝向成功又備受景仰的經濟學家之路邁進。我做的正是商學院所教的。我是在協助開發由世界最頂尖的智囊團所認可的發展模式。

然而，每當午夜夢迴之際，我總得自我安慰一番，誓言總有一天我會揭發真相。然後，我讀著路易斯．拉慕爾（Louis L'Amour）的古代西部槍手小說進入夢鄉。

第六章——出賣靈魂

我們的十一人小組在雅加達花了六天時間到美國大使館登記、拜會官員、籌備規畫，也不忘在泳池邊輕鬆。住在洲際飯店的美國人多得出乎人意料。我樂得欣賞一些美姿少婦，她們是美國石油和建築公司高級主管的夫人們，白天在游泳池畔消磨時間，晚上就在旅館內外的幾家高級餐館交際。

查理接著將小組遷到山城萬隆（Bandung）。那裡的天氣較溫和，貧困跡象較不明顯，會分心的事情也比較少。我們住在政府的接待會館，俗稱「威仕馬」（Wisma），配有管家、廚子、園丁和一組僕役。這棟建於荷蘭殖民時期的威仕馬跟天堂一樣，寬敞的迴廊面對著爪哇火山山麓的茶園。除了住的地方，每人還分配一輛豐田越野車，各有一位司機和口譯員。最後，每人還拿到萬隆高爾夫球場和回力球俱樂部的會員證，辦公室則設在印尼國營電力公司（PLN）位在當地總部的辦公套房。

我到萬隆的頭幾天，連續跟查理及霍華德・派克（Howard Parker）會談。派克七十多歲，是新英格蘭電力公司的前首席電力負荷預測員。他現在負責預測爪哇未來二十五年所需的能源和發電能力（電力負荷），再進一步列出各城市、區域所需的電力預估。因為電力需求和經濟成長密切相關，他的預估必須根據我的經濟預測才行。小組其他成員則根據這些預測來發展總體開發計畫，選定電廠位置，設計電廠、傳輸及分配用的纜線、燃料運送系統，還要盡量符合我們預測的效益。

查理在會談的時候，不斷強調我的工作有多麼重要，喋喋不休地叮嚀我的預測必須做得非常樂觀。克勞汀說得沒錯，我是整個總體計畫的關鍵人物。

「在這裡的前幾個星期，」查理解釋道：「都和資料蒐集有關。」

派克和我坐在查理豪華辦公室的大藤椅上。牆面掛著蠟染壁毯，上面繪有印度史詩《羅摩衍那》（*Ramayana*）的神話。查理吞雲吐霧，抽著一根肥胖的雪茄。

「工程師正在將目前的電力系統、港口容量、公路、鐵路等所有詳細資料兜在一塊兒。」他拿雪茄指著我：「你的動作要快。第一個月底之前，派克必須知道新電力系統上線運作以後，帶動的經濟奇蹟整體規模有多大。等到下個月底，他必須知道更多細節，分區列出數據。最後一個月，就是將剩下的缺口補滿。這很重要，所有人都得湊在一起集思廣益。所以，在我們打道回府之前，務必確定所有需要的資料都齊全了才行。回家過感恩節是我的座右銘。不要再回來了。」

派克外表看來是一位和藹可親、祖父型的人物，實際上，他是個滿腹牢騷的老頭子，認為一輩子都遭受了不公的待遇。他一直沒有升到新英格蘭電力公司的最高職位，對此深感忿忿不平。「他們略過我，」他反覆地告訴我：「因為我拒絕買公司的帳。」他被迫退休，然後又無法忍受在家和太太一起生活，所以便接了MAIN的顧問工作。這是他第二個任務。

葛利夫和查理事先都警告過，要我小心派克。他們用「頑固、卑鄙、有報復心」這些字眼來形容他。

不過到最後，派克卻是我所有老師中最有智慧的一人，雖然當時我還不這麼認為。他並沒有受過克勞汀給我的那種訓練，或許他們認為他太老或太頑固了。要不然就是認定他只會在這行業待一陣子，直到他們能引誘到像我這樣比較順從的全職人員。

不管怎麼樣，從他們的角度來看，派克到後來成了燙手山芋。派克對情勢以及MAIN要他扮演的角色一清二楚，但他決心不做應聲蟲。葛利夫和查理對他的形容非常貼切，不過至少派克所表現的固執，有部分乃出於他打定主意不做奴僕的決心。我想他可能沒聽過經濟殺手這個名稱，不過他很清楚，MAIN打算利用他去推展一個他無法接受的帝國主義。

有次我們和查理開完會，派克把我拉到一旁。他帶著助聽器，不經意地玩弄襯衫上調整音量的小盒子。

「這事就你跟我知道。」派克低聲說道。我們站在兩人共用的辦公室窗前，望著窗外蜿蜒流經國營電力公司大樓的汙濁運河。一位年輕女子在惡臭的河水裡洗澡。「他們想要你相信，這個經濟體會一飛沖天。」他說。「查理根本冷酷無情。不要被他唬了。」

他的話頓時讓我心情下沉，也激起我說服他的念頭，想告訴他查理沒錯，畢竟，我的職業生涯全靠討好MAIN老闆的歡心。

「這經濟體當然會起飛，」我說道，視線被運河的女子吸引過去。「看看周圍的情況就知道了。」

「你看看你，」他咕噥道，顯然對我們眼前的景象毫不知情。「你已經被他們收買了，是不是？」

運河上游另一個舉動引起了我的注意。一位老翁走到河邊，脫下褲子，在水邊蹲下解決內急。年輕女子看見他了，可是沒有反應，她繼續洗澡。我的視線從窗外轉回，直視派克。

「我見過世面，」我說道。「我或許年輕，可是我才剛從南美洲住了三年回來。我親眼見到發現石油以後可能發生的一切。事情的轉變很快。」

「喔，我也見過不少世面，」他語帶嘲弄地說道。「太多年了。小伙子，我告訴你。我不吃你發現石油那一套。我做了一輩子的電力負荷量預測，不管是在經濟蕭條、二次大戰，破產或蓬勃的時期。我親眼看見一二八公路，所謂的麻省奇蹟對波士頓造成的衝擊。我可以肯定地講，不論在哪一段時期，沒有任何電力負荷的年成長率會超過七到九個百分比。這還是在最榮景的時期。六個百分比才是合理的預估。」[1]

我凝視著他，有一部分的我認為他言之有理，然而我很想辯駁。我一定得說服他，因為我的良心正在吶喊，呼求正義。

「派克，這裡不是波士頓。這個國家到現在都沒有人擁有電力。這裡的情況不同。」

他轉過身去，手一揮，好像可以把我揮走似的。

「隨你便。」他咆哮道，「出賣自己。別想我會理你弄的什麼東西。」他猛然拉開辦公座椅，一屁股坐下。「我會用自己相信的那套來預測電力，而不是用什麼天方夜譚的經濟研究。」他拿起鉛筆，開始在筆記紙上亂畫。

這種挑釁我可不能不管。

我站到他的書桌前面。「如果我弄出的東西是大家都期望的，可以媲美加州淘金熱的蓬勃景氣，你那種相當於六〇年代波士頓電力成長速率的預估，會讓你死得很難看。」

他將鉛筆砰然放下，兩眼瞪著我：「無恥！就這麼簡單。你——你們全部人！」他朝著辦公室另一頭的牆壁揮動雙臂，「你們將自己的靈魂賣給魔鬼。你們是為了錢才到這裡。現在，」他裝出一副笑臉，伸手到襯衫裡，「我要關掉助聽器，專心工作了。」

這一擊正中要害。我跺著重步走出房間，往查理辦公室方向走去。走到一半，我停下來，不確定自己究竟想做什麼。我改變主意，下樓走出戶外，站在午後的陽光下。那位年輕女子正從運河裡走上來，身上緊緊裹著紗龍。老翁已經不見人影。幾個小男孩在運河裡玩耍，相互嘻笑著潑水。一位老婦人站在深及膝蓋的水裡刷牙；另一位在洗衣服。

我的喉嚨彷彿哽著東西。我坐在一塊破水泥板上，盡量不去想那運河刺鼻的臭味，強忍淚水；我要好好想想，為什麼我會這麼難過。

你們是為了錢才到這裡。派克的話在我耳邊一遍又一遍迴響。他擊中最敏感的地方了。

小男孩依舊相互潑水嘻鬧著，空氣中洋溢著開心的笑聲。我心想，我到底該怎麼做。要怎麼做，才能讓自己和他們一樣無憂無慮？我坐在那裡被這問題折磨著，一面看著他們雀躍在無憂的純真裡，顯然不了解在臭水中嬉戲的危險。一位駝背老翁拄著節節疤疤的枴杖，蹣跚地沿著運河岸邊走。他停下腳步，看著這群男孩，臉上綻露缺齒的微笑。

也許我可以對派克吐露心聲；或許，我們可以一起想出兩全其美的辦法。想到這裡，我鬆了口氣。我撿起一個小石頭往河裡丟。然而，隨著漣漪逐漸消失，興奮的心情也跟著消逝。我知道自己做不到。派克年紀又大，脾氣又尖酸。他已經錯失職業生涯晉升的機會，現在絕對不會讓步的。我還年輕，才剛起步，當然不想步上他後塵。

望著運河的臭水，新罕布夏山丘上的高中再次浮現在我眼簾，其他同學奔赴笄齡舞會之際，唯獨我一人守著空洞的假期。令人難過的處境再度降臨。又一次，我找不到可以說話的對象。

那晚我躺在床上陷入長思，想著我生命中出現的人物——派克、查理、克勞汀、安、葛利夫、法蘭克叔叔。如果沒有遇見他們，我的人生會變得如何？我現在會住在哪裡呢？絕對不是印尼，這是肯定的。我也想著未來何去何從。我反覆思量著我面臨的抉擇。查理已經表明，他期望派克和我必須弄出至少一七％的年成長率。我究竟要做出什麼樣的預測呢？

忽然，一個念頭閃過，使我心情平靜下來。我怎麼從來沒想到呢？決定根本不在我。派克說過，不管我的結論如何，他都要按照自己認為對的方式做出預估。我可以預測高幅度的經濟成長來取悅上司，而派克可以自己做決定。我的工作對總體計畫根本沒有影響。大家一直強調我的角色有多重要，他們都錯了。我心中的重擔終於卸下，沉沉入睡。

幾天之後，派克感染了嚴重的阿米巴痢疾。我們將他緊急送往一處天主教教會醫院。醫生開了處方，極力建議立即將他送回美國。派克要我們放心，他已經蒐集到該要的資料，在波士頓就能完成預估。他送我的臨別贈言依舊是先前的警告。

「沒有必要捏造數據，」他說。「不管你怎麼說那些經濟成長奇蹟，我是不會參與這些陰謀的！」

第二部

一九七一年～一九七五年

第七章——我是審問者

我們與印尼政府、亞洲開發銀行（Asian Development Bank）及美國國際開發署的合約中，要求MAIN必須派人前往拜訪總體計畫涵蓋地區的主要人口中心。我被指派完成這項條約。查理是這麼說的：「你在亞馬遜河活了下來，你知道怎麼解決昆蟲毒蛇和惡水。」

我帶著司機和口譯員走過許多風光明媚之處，也住過不少悲慘之地。我和當地政商界領袖會面，聽取他們對經濟成長前景的看法。然而，我發現大部分人不願意透露消息給我。他們似乎很害怕看到我出現。最典型的反應便是，他們告訴我，我必須和他們在雅加達的上司、政府單位或總公司聯繫。

有時我懷疑，是否有什麼陰謀針對我而來。

這些拜會行程通常很短，不超過兩、三天。不出差的時候，我便留在萬隆的威仕馬。打理這裡的婦人有個兒子，小我幾歲。他名叫拉斯蒙（Rasmon），可是除了他母親外，所有人都叫他拉西。他是此地一所大學經濟系的學生，很快便對我的工作產生興趣。事實上，我猜想，他接近我多少是想找份差事。他還開始教我印尼語（Bahasa Indonesia）。

印尼脫離荷蘭獨立之後，蘇卡諾的當務之急便是建立一個易學的國語。印尼群島總共有三百五十幾種語言及方言。蘇卡諾明白，要統一這些島上擁有不同文化的人民，勢必需要共通的語言。他聘用一個國際語言專家小組，成功地發展出印尼的官方語言。印尼語演變自馬來語，它去掉許多時態變化、不規則動詞及其他語言常見的複雜規則。到了一九七〇年代初期，大部分的印尼人都能說印尼語，只有在自己的族群之間仍舊操著爪哇語或當地方言。[1]

拉西是位非常出色的老師，幽默風趣。和舒阿爾語或西班牙語比起來，印尼語簡單多了。

拉西有一輛摩托車，他自告奮勇要騎車帶我認識他的城市和人民。「我要讓你見識印尼的另一面。」有天晚上他這麼說，並慫恿我跳上他的後座。

我們經過皮影戲、彈奏傳統樂器的樂師、噴火人、表演雜耍的人，還有兜售各式各樣稀奇古怪東西的街頭小販，從走私的美國卡帶到罕見的原住民手工藝品都有。最後我們來到一間很小的咖啡屋，裡面擠滿了年輕男女，他們的衣著、帽子和髮型都是一九六〇年代晚期披頭四演唱會裡最入時的打扮，然而，他們都是不折不扣的印尼人。

拉西將我介紹給圍坐在一起的一群人，我們坐了下來。他們都會講英語，每個人的流利程度不一，對於我試著學印尼話，他們都表示稱讚和鼓勵。他們坦率地談論這些，並問我為什麼美國人從來不學他們的語言。我答不上來。我也沒辦法解釋為什麼我是這一帶僅見的歐美人，然而在高爾夫球場和回力球俱樂部、豪華餐廳、電影院或高級超市裡到處都有我們的身影。

那是我永難忘懷的一晚。拉西和他朋友把我視為一分子。我很喜歡這種身在其中的興奮感，分享他們的城市生活、食物和音樂，品聞丁香香菸和生活中的各種風味，和他們一起玩鬧、開懷大笑。這情景彷彿又回到和平工作團的日子，我甚至自問，以前怎麼會覺得自己喜歡搭乘頭等艙旅行，遠離這些人群？隨著夜幕低垂，他們愈來愈有興趣了解我對印尼的觀感，對美國參與越戰的看法。每個人都對他們所謂的「非法入侵」十分反感，他們發現我和他們感同身受時，都鬆了口氣。

拉西和我回到會館時，夜已深，燈火都熄了。我誠心感謝他邀請我進入他的世界，他也謝謝我對他的朋友敞開心胸。我們承諾彼此還要再聚，相互擁抱，便各自回房去了。

這次的經驗激起我的渴望，我想多花時間在ＭＡＩＮ小組以外的地方。第二天早上我和查理開會，我告訴他，想從當地人取得資訊愈來愈有挫折感。除此之外，我需要用來預測經濟的統計資料，大部分都在雅加達的政府部門。查理和我都認為，我應該在雅加達多待個一至兩星期。

他對我表示同情，必須離開萬隆跑到熱氣蒸騰的大城市，而我也佯稱，一想到此便頗感厭惡。實際上，我很興奮有機會多點時間給自己，可以到處探訪雅加達，住在高雅的印尼洲際飯店。然而，回到雅加達之後，我發現自己對生活的看法不同了。和拉西及印尼年輕人共度的那晚，還有遍訪該國的經歷改變了我。我發現自己看待美國同胞的眼光也不同了。這些年輕夫人似乎不再那麼美麗。泳池外的圍籬用鎖鏈連接著，低樓層的窗戶外包圍著鐵欄杆，許多過去沒注意到的細節，如今卻變得觸目驚心。飯店內高級餐廳的食物，似乎也變得索然無味。

我還注意到其他事情。我和政商領袖會面的時候，慢慢察覺出他們接待我的細微之處。從前我並未感受到這些，如今卻發現，許多人對我的出現十分反感。

舉例來說，他們把我介紹給彼此的時候，常用一句印尼措辭，從字典上的翻譯是「審問者」（Inquisitor）及「質詢者」（Interrogator）。我刻意不讓他們知道我懂印尼語，即使是我的口譯員，也認為我只懂得幾個常用句。其實我買了一本很好的印尼語－英語對照字典，常在他們離開之後拿出來用。

這些稱呼究竟是語言上的巧合？抑或字典翻譯錯誤？我試著這麼想。然而，隨著我和這些人的相處時間愈多，我就愈相信自己是個入侵者；某人下命令要他們配合，他們便不得不遵從。我想不出，究竟是政府官員、銀行業者、軍隊將領還是美國大使館下達的命令？我只知道，雖然他們邀請我到他們辦公室，請我喝茶，很有禮貌地回答問題，表面上用很刻意的態度來歡迎我，背後卻隱藏著一絲屈從和憎恨之意。

這也讓我懷疑他們給我的回覆及資料的可信度。

比方說，我不能直接和口譯員進入辦公室和某人會談，而必須事先約好時間。預約沒有什麼好奇怪的，但實在非常浪費時間，因為電話總是故障，我們得開車穿越經常壅塞又十分曲折的街道，有時候不過幾條街的距離，便得花上一個鐘頭才到得了。一旦抵達了，又得填一堆表格。最後，會有一位男祕書出現。他彬彬有禮，總是展露一臉爪哇人出名的禮貌笑容，問我需要哪方面的資料，然後幫我安排會面時間。

排定的時間至少都是幾天以後，從無例外。等到會面那天，一份檔案夾或一疊事先準備好的資料便交到我手上。業界老闆會給我五至十年的計畫，銀行業者會提供圖表資料，政府官員則提供一系列準備帶動經濟起飛的規畫。這些商界或政界領袖所提供的一切，以及他們在會談中所說的，全都顯示爪哇已經準備好迎接即將來臨、前所未有、最大的經濟起飛。沒有人——沒有任何人——對這個前提有所質疑，或給我任何負面消息。

我回到萬隆，心中玩味著一切，某些事情深深困擾著我。

我回想自己在印尼所做的一切，彷如一場遊戲般不真實。就好像玩一局撲克牌戲。我們不讓人知道手中握有的牌，不相信彼此，也不信任彼此交換的資訊。

不同的是，這場遊戲冷酷無情多了，其結果則會影響數百萬人未來數十年的生活。

第八章——審判文明

「我帶你去看一位達朗（Dalang）的表演，」拉西綻放一臉笑容。「你知道，很有名的印尼皮影戲師傅。」他顯然很高興看到我回萬隆。「今晚鎮上有場很重要的演出。」

他騎著摩托車載我穿越市區，經過我想像不到的地段，到處是傳統爪哇甘邦房舍（Kampong），貌似窮人版的小型瓦頂神廟。我所熟悉的荷蘭殖民式豪宅和辦公大樓不復蹤跡。

這裡的人顯然生活窮困，然而都帶著一份自豪。他們穿著很舊但很整潔的蠟染紗龍、鮮豔短杉，戴著寬邊草帽。我們所到之處，笑容與笑聲迎接著我們。只要我們停下，孩童便簇擁而上，觸摸我、感覺我牛仔褲的布料。有位小女孩還在我的髮稍插上一朵香郁的雞蛋花。

我們將摩托車停在路邊野台戲不遠的地方，那裡已經聚集了好幾百名觀眾，有人站著、有人坐在可以拎著走的椅子上。夜空清朗美麗。這裡雖然是萬隆舊區的中心，卻沒有街燈，星光就在頭頂閃爍。空氣中充滿了柴火、花生和丁香的味道。

拉西消失在人群裡，隨即又帶著一群我在咖啡店見過的年輕人回來。他們請我喝熱茶，吃小蛋糕，還有沙嗲（用花生油串烤的小肉塊）。我一定是遲疑了一下才接受，因為其中一位女子指著一處小火，「很新鮮的肉，」她笑道：「才剛烤好的。」

音樂隨後開始——迷人的甘美朗（Gamalong）樂聲繚繞，一種模仿寺廟鐘聲的樂器。

「達朗一個人演奏所有的音樂，」拉西小聲說道。「所有皮偶的演出和配音，有好幾種語言，全都由他一人操作。我們會幫你翻譯。」

演出精采極了，同時結合傳奇故事與現代時事。後來我才曉得，達朗是巫醫，他是在出神的狀態下演出。他有一百多個皮偶，每個角色都用不同的腔調和語言來演繹。這是我永生難忘、影響後半輩子甚鉅的一個夜晚。

演完了取材自《羅摩衍那》史詩的經典故事之後，達朗拿出美國總統尼克森的皮偶，有著長鼻子和肥下頷的特徵。總統穿得像山姆叔叔，頭戴星條旗高帽子，身穿燕尾服。隨行的皮偶穿著三件式的直條紋西裝，一手拎著印有鈔票圖案的水桶，空著的那隻手，就在尼克森頭上揮舞著美國國旗，狀似討好主人的奴隸。

一幅遠東和中東地圖出現在兩人後面，不同的國家用勾子掛在相對應的位置。尼克森立即走向地圖，將越南從掛勾取下，吞到嘴裡。他嘴裡叫喊著，翻譯起來應該是：「苦死了！廢物。我們不需要這個了！」然後扔到水桶裡，再到下一個國家，重覆同樣的動作。

不過，我很訝異，接下來的國家裡，他並沒有選擇骨牌效應的東南亞國家，反倒全是中東國家——巴勒斯坦、科威特、沙烏地阿拉伯、伊拉克、敘利亞和伊朗。之後，他又轉向巴基斯坦與阿富汗。尼克森皮偶每次都會喊一句綽號，再將這個國家丟到水桶裡，他所有的謾罵字眼都是反伊斯蘭教的：「穆斯林走狗」、「穆罕默德的妖怪」、「伊斯蘭惡魔」。

群眾被煽動起來，每丟一個國家到水桶裡，情緒便跟著高漲。他們似乎同時被拉扯在爆笑、震驚及憤怒的感受當中。有時候，我感覺到他們被皮偶師傅的話激怒了，我也覺得受到威脅。我站在人群當中有如鶴立雞群，高過其他人，真擔心他們會遷怒於我。尼克森後來講了一些話，經過拉西翻譯後，直讓我頭皮發麻。

「把這個拿給世界銀行。看看他們能幫我們從印尼弄到多少錢。」他將印尼從地圖上拿起，正要走去丟到水桶，說時遲，那時快，另一個皮偶從暗處跳出。這皮偶代表印尼人，身穿蠟染上衣、寬鬆卡其褲，戴著一個清楚印有他名字的標誌。

「這個是頗孚眾望的萬隆政治家。」拉西解釋道。這個皮偶飛到尼克森和水桶人中間，舉起手來。「停！」他叫道：「印尼是主權獨立的國家。」群眾爆出熱烈掌聲。水桶人把旗子當矛，一舉刺向印尼人。印尼人搖搖晃晃，極富戲劇性地倒地死亡。觀眾噓聲、叫囂聲不斷，揮舞著拳頭。尼克森和水桶人站在原地看著我們，在台上一鞠躬，便退場了。

「我想我該走了。」我告訴拉西。他一手保護地圍在我肩上。「別在意！」他說：「他們不是針對你個人。」我可沒這個把握。

隨後，我們一行人回到咖啡館。拉西和其他人向我表示，他們事先對尼克森與世界銀行這段劇情真的不知情。

「你永遠不知道皮影戲會演出什麼戲碼。」其中一位年輕人說道。

我大聲說出我的納悶，這齣戲該不會是特地為我演出。有人大笑，並說我非常自我。「典型的美國人。」他又加了一句，稱兄道弟似的拍一下我的背。

「印尼人對政治很敏感，」坐在我旁邊的人說道：「美國人不看這種表演嗎？」一位聰敏的女生，在大學主修英文，坐在我對面。「不過，你確實替世界銀行工作，是嗎？」她問道。

我告訴她，我目前的職務是替亞洲開發銀行及美國國際開發署工作。

「他們的性質不都一樣？」她不等我回答，「不就跟今晚的表演一樣?你們政府不都是這樣看待印尼還有其他國家，好像我們是……」她搜索字眼。

「葡萄。」她一位朋友幫腔道。

「沒錯！一串葡萄。你們又挑又揀。留下英格蘭。吃掉中國。丟掉印尼。」

「把我們的石油榨乾以後。」另一個女生加進來。

我試著辯解，可是力不從心。我本來想引以自豪地表示，我來到鎮上這裡，看完一齣大可視為冒犯個人的反美表演。我希望她們看見我的勇氣，知道我是我們小組裡唯一肯不嫌麻煩學印尼語，有心接受印尼文化的人。我甚至是唯一觀賞這場表演的外國人。

但我決定還是謹慎一點，不提這些比較好，並試著重回話題。我問他們為什麼達朗除了越南之外，單挑伊斯蘭國家。

漂亮的英文系女生嘲笑著說：「因為計畫就是這樣啊！」

「越南只是個牽制行動。」其中一位男生插話進來，「就像納粹利用荷蘭一樣。一塊踏腳石。」

「真正的目標，」女生繼續說道：「是伊斯蘭世界。」

我不能放過這個話題。我抗議道：「你該不會認為美國是反伊斯蘭教的吧？」

「喔，沒有嗎？」她問道：「從什麼時候開始？你應該讀讀你們自己的歷史學家，一位叫湯恩比的英國人寫的東西。早在五〇年代他就預測，下個世紀的真正戰爭不在共產主義與資本主義，而是發生在基督教和伊斯蘭教之間。」[1]

「阿諾・湯恩比（Arnold Toneybee）說過這些？」我愣住了。

「是。請讀《審判文明》（*Civilization on Trial*）和《世界與西方》（*The World and the West*）吧。」

「可是穆斯林和基督徒之間為什麼會有仇恨？」我問道。

圍坐的眾人交換眼神。他們似乎難以相信，我竟然會問出這麼愚蠢的問題。

「因為，」她緩慢地說，好像在跟一個頭腦遲鈍或聽力有問題的人說話：「西方，尤其是領導者美國，決心吃下全世界，成為史上最大的帝國。它離目標已經不遠了。蘇聯目前擋著去路，不過蘇聯不會維持很久。湯恩比看到這些了。因為他們沒有宗教、信仰或實質的東西來支持其意識形態。歷史證明，信仰——即心靈，相信更高力量的信念——是必要的。我們穆斯林有這種信仰，比世上任何人還要來得深厚，甚至比基督徒更堅定。所以我們等。我們會茁壯。」

「我們不急。」其中一名男生附和道：「最後像蛇一樣，我們會反擊。」

「好可怕的念頭！」我幾乎無法自制。「我們要怎麼做才能改變這些？」

英文系的女生直盯著我的眼睛。「不要再如此貪婪。」她說道：「還有這麼自私。要知道，除了你們的大房子和時髦商店，世界上還有別的東西。別人就快要餓死了，你們還在為汽車的石油擔心。嬰兒快渴死了，你們還在翻閱雜誌，尋找最新流行的款式。像我們這樣的國家已經快被貧窮淹沒，你們的人民卻聽不見我們的哭喊求救。即使向你們訴求，你們依然充耳不聞，還將他們貼上激進派或共產黨的標籤。你們應該敞開心胸，聆聽窮困和受壓迫者的心聲，不要再把他們逼往貧困和奴役的道路。時間不多了。如果再不改變，你們注定要毀滅。」

幾天之後，那位備受歡迎的政治家，那位在劇中起來反抗尼克森又被水桶人刺殺的皮偶，被一輛肇事逃逸的車子衝撞身亡。

不久之後，我便打道回國。

安和我在巴黎相會，試著重修舊好，但我們依然爭執不休。在旅程結束的前一天，她問我是否外遇了。我坦承後，她說一直以來她都抱持著懷疑。我們在長椅上坐了好幾個鐘頭，看著塞納河說話。我們搭上飛機時，已經決議我倆之間充滿憤怒和憎恨的冗長歷史已經大到無法解決，是時候分道揚鑣了。

第九章 千載難逢的良機

就許多方面而言，印尼之行都是個考驗，而更多考驗還在波士頓等著我。一早，我第一件事便是到保德信中心的總部。

我和十幾位員工搭電梯，得知公司年已八旬、謎樣的董事長兼執行長麥克·霍爾（Mac Hall）已經將葛利夫調升為奧勒崗州波特蘭辦事處的總經理。因此，我現在的直屬上司為布諾·詹柏帝（Bruno Zambotti）。

詹柏帝有一頭銀白色頭髮，總有辦法以謀略扳倒對手，因此得到「銀狐」的稱號。他貌似短小精悍的卡萊·葛倫（Cary Grant），口才便給，擁有工程和企管碩士雙學位。他了解計量經濟學，也是公司副總裁，負責MAIN電力部門和大部分的國際計畫。一旦其恩師，即公司現任總裁、年事已高的傑克·道柏（Jake Dauber）退休後，他便是繼任總裁的不二人選。我和大多數的員工一樣，對詹柏帝敬畏三分。

午餐前，詹柏帝把我叫到辦公室。他先是和善地和我討論印尼，隨後他的話差點沒讓我從椅子上跳起來。

「我要開除派克。細節不必多談，我只能說，他跟現實脫節了。」他用手指輕敲辦公桌上的一疊文件，那副怡然自得的笑容讓人非常不自在。「一年八個百分比，這是他做的電力預估。你能相信嗎？在印尼這樣一個有潛力的國家！」

他逐漸收斂笑容，直接了當地盯著我的眼睛。

「查理告訴我，你的經濟預測完全符合目標，可以證明一七％到二〇％的電力成長，是嗎？」

我向他確認，的確如此。

他站起身，伸出手來。「恭喜你，你升官了。」

或許我應該出去找間別緻的餐廳，和同事一道或自己慶祝一番。然而，我的全部心思只有克勞汀。我渴望告訴她升遷的事，我在印尼的所有經歷，還有我跟安之間的事。她曾經再三叮嚀我，不可以從國外打電話給她，因此我並沒有和她聯絡。現在，我卻愕然發現她的電話已經切斷，沒有留下轉接號碼。於是我去找她。

一對年輕夫妻搬進她原來住的公寓。雖然已經是午餐時間，不過我想這對夫妻才剛被我從床上吵起。他們顯然因為我的打攪顯得有些惱怒，並聲稱完全不認識克勞汀這個人。我到房屋仲介那裡去打聽，假裝是她的表兄弟。仲介商的資料裡完全沒有這個名字的租賃紀錄；上一位房客是個男士，他要求個人資料予以保密。回到保德信中心，MAIN人事部門也告訴我，完全沒有她的任何紀錄。他們承認有一個「特別顧問」資料檔，但不能讓我過目。

到了傍晚，我已經筋疲力盡，情緒透支。嚴重的時差更是雪上加霜。回到空洞的寓所，極度的孤獨和遺棄感襲上心頭。升遷對我似乎毫無意義，更糟糕的是，它像個標籤，標明了我甘願出賣自己。我撲倒在床上，絕望籠罩著我。我被克勞汀利用，然後又被拋棄了。我執意不向這極端的痛苦投降，把情緒封鎖起來。我躺在床上，凝視空無一物的四壁，不知過了多久。

總算，我讓自己回神過來。我灌了一罐啤酒，將空罐砸到桌上壓扁。我望向窗外，就在不遠的街道上，我似乎看見她朝我這裡走來。我準備起身往門口去，又轉身回到窗戶再望一眼。

那女人走得更近了。我看清楚了，是一位手姿綽約的女子，走路姿勢神似克勞汀，可是卻不是她。我的心往下沉，心情由憤怒和反感轉為恐懼：她是否已經死了，或是慘遭殺害？我吞了兩顆鎮定劑，繼續喝酒，直到自己沉沉睡去。

第二天早上，一通電話將我從恍惚的睡夢中喚醒。那是MAIN的人事主任保羅・摩敏諾（Paul Mormino），他說他知道我有時差，需要休息，不過他希望我下午可以進辦公室一趟。

「有好消息，」他說。「最能讓你進入狀態的東西。」

我依言進了辦公室，獲悉詹柏帝非但承諾所言，還加倍給我。我不但被擢升到派克的職位，冠上首席經濟學家的職稱，還加薪了。這確實讓我打起了些許精神。

下午，我請了假，帶著一夸脫啤酒，沿著查爾斯河閒逛。我坐在岸邊，一邊看著駛過的帆船，讓時差和嚴重宿醉有機會調息。我一邊告訴自己，克勞汀已經完成她的任務，現在繼續往下個任務前進。她一直強調守口如瓶的重要。她會打電話給我的。摩敏諾說得沒錯，我的時差和焦慮終於消失無蹤。

接下來幾個星期，我試著將所有和克勞汀有關的想法擺到一旁，專心寫我的印尼經濟報告，修改派克的電力預估。

我弄出上司們想看的研究報告：新系統建立之後，前十二年的電力需求年成長平均為十九個百分比；接下來的八年，逐漸減為十七個百分比；剩下的五年，則維持在十五個百分比，這就是二十五年計畫案的電力預估。

在和各個國際貸款機構的會議中，我正式提出我的結論。這些機構的專家小組對我提出廣泛、無情的質疑。那時我的情緒變得更加執意，就像我高中時期那種決心求勝而非反抗的意志。然而，克勞汀的影子一直縈繞在腦海。一位自稱來自亞洲開發銀行的年輕經濟學家，態度自大、言談無禮，無情地煎熬我整個下午，我想起數月前，克勞汀和我坐在畢肯街的公寓裡曾經給我的指點。

「誰能預見未來二十五年的景況？」她質疑道。「你的預測和他們的一樣有價值。信心就是一切。」

我說服自己，我就是專家，我不斷提醒自己，我比在座的許多人——很多年齡長我一倍——有著更豐富的開發中國家生活經歷，這些人只是坐在這裡批判我的研究成果。我曾經在亞馬遜河流域生活，到過別人不願履及的爪哇土地。我參加為管理階層開設的密集課程，學習計量經濟學的奧妙之處。我告訴自己，我就是那些專精統計、崇尚計量經濟學的時代年輕菁英，就連保守傳統的世界銀行總裁麥納瑪拉——前福特汽車公司總裁，甘迺迪總統的國防部長——也深受我們這種人吸引。

站在這裡的年輕人藉由數字、機率論、數學模型，以及自命不凡的虛張聲勢，贏得他的聲譽。

我試著仿效麥納．瑪拉和我老闆詹柏帝。我模仿前者的演說架式，一展後者趾高氣昂的走路姿態，提個公事包在身邊晃來晃去。現在回想起來，我真不知道當時哪來的厚臉皮。骨子裡，我的專業所知極其貧乏，我以大膽放肆的言詞行徑，來遮掩不足的訓練和知識。

這方法居然奏效。

這群專家小組終於在我的報告蓋上大印，批准核可。

接下來的數月，我風塵僕僕前赴各地開會：德黑蘭、卡拉卡斯、瓜地馬拉、倫敦、維也納及華盛頓，與許多知名人士會面，如伊朗國王，各國前總理，及麥納瑪拉本人。一如我的高中時代，這是個全然陽剛的世界。我覺得這一切太不可思議，一個新頭銜和最近在國際融資會議上的成功，竟能改變他人對我的態度。

剛開始，我被這些注目沖昏了頭，竟然開始自視為梅林魔法師，似乎只要對著某國一揮魔棒，頓時便能讓該國大放光明，讓各個產業有如繁花般四處綻放。之後，我開始感到幻滅。我質疑自己和所有共事者的動機。冠冕堂皇的頭銜或博士學位，對於一個人是否了解困居雅加達汙水坑旁的痲瘋病人，似乎毫無關聯。我也懷疑，憑著玩弄統計的伎倆，怎麼會讓人看清未來。我愈是了解那些塑造世界的決策者，愈發懷疑其能力與動機。

我實在懷疑，這世界有限的資源，究竟能否讓全世界都像美國人一樣，過上優渥的生活，因為就連美國也還有數百萬人一貧如洗。再來，我也不確定其他國家的人民是不是真的想仿效我們的生活方式。

美國在暴力、憂鬱、濫用藥物、離婚和犯罪相關的統計數字，在在顯示出，雖然我們正活在史上最富裕的社會之一，卻也最不快樂。我們為什麼會想要其他人模仿我們呢？環視會議桌旁的一張張臉孔，我內心的懷疑時常變成針對這種偽善的沉默怒火。

然而，如斯的想法最終竟也改觀。我逐漸了解到，這些人多半認為自己做的是公義之事。就像查理一樣，他們深信共產主義和恐怖主義是股邪惡的勢力，而不願相信這是由於前人及其決策所導致的必然結果。他們甚至認為，面對國家、後代子孫及上帝，他們有責任將世界轉變成資本主義的世界。他們也緊抓著適者生存的法則。如果他們正巧出生在一個養尊處優的社會階層，享受榮華富貴，而非一個貧苦之家，他們會認為自己有義務將這個遺產留給後代子孫。

我的想法舉棋不定，一會兒視這班人為不折不扣的陰謀集團，一會兒又認為他們不過是緊密相繫的同盟，矢志掌控世界。

然而，隨著時日推移，我開始將這些人比做南北戰爭前的南方農莊莊主。他們受到共同的想法和利益所吸引，只是一個鬆散的結合；他們並不是一個有著明確目標、陰險企圖的專門組織，躲在暗處策劃密謀。這些農莊的專制莊主從小就在僕人和奴隸的伺候下成長，因為所受的教育和養成方式，讓他們自認為有權力，甚至義務，去照顧所謂的「異教徒」，將其信仰和生活方式改變得像自己一樣。即便這些奴隸冷靜理智地拒絕，他們也會像傑佛遜一樣辯解這些是必要的，如果他們所處的階層瓦解，將會造成社會、經濟大混亂。

現代的寡頭政治（我現在視之為金權政體）領袖，正與這些莊主如出一轍。

我開始思忖，在戰爭、大量製造武器、汙染河川、破壞原住民環境和文化當中，究竟有何人受益？我也開始觀察，當成千上萬人死於糧食不足、河水汙染或原本可治癒的疾病，究竟有誰受惠？後來我逐漸了解，從長遠來看，沒有任何人能夠從中獲利，唯有高居金字塔頂端的人——諸如我的上司和我本人——似乎可以從中短期獲利，至少獲得物質上的好處。

這又連帶引發其他問題：為什麼這種情況會持續？為什麼能撐得這麼久？難道答案

就正如諺語所言「拳頭就是力量」，有權勢者當家做主？

光靠權勢就能讓情勢延續，這種說法似乎還不夠。雖然「拳頭說了算數」的論點可以解釋大部分的情況，我總覺得這當中一定還有更具強制性的力量在運作。

記得在商學院時，有位從北印度來的經濟學教授談到有限資源，談到人們不斷成長的需求，以及奴隸制度的原理。根據這位教授所言，所有成功的資本主義制度均牽涉到嚴密的權力架構，層層監督，從最上層的少數者控制附屬的下層，再控制基層的大量勞工，從相關的經濟學術語來看，這些勞工確實可歸類為奴隸。

最終，我也相信，是我們鼓勵這樣的制度，因為金權政體已經讓我們相信，是上帝賜予我們權力，讓少數人站在資本主義金字塔的頂端，並將這個制度輸出到全世界。

當然，我們並非始作俑者。歷代霸業之王可以追溯到北非、中東、亞洲的帝國，透過波斯、希臘、羅馬帝國和基督教十字軍東征的力量傳播，以及所有後哥倫布時期的歐洲帝國建立者。這股帝國野心是導致多數戰爭、汙染、饑荒、物種滅絕及大規模屠殺的主要原因，過去如此，現在亦然。

而那些帝國公民的良知和福利，不斷為此付出沉重代價，形成社會不安，造成人類史上最富裕的文化卻產生最多的自殺、濫用藥物和暴力案件。

我大量思考這些問題，卻避免觸及我身在其中所扮演的角色。

我試著想像自己並非經濟殺手，而只是一名首席經濟學家。一切看起來都很合法正當，如果我需要再自我確認，只消拿出薪水單來看看：所有的薪餉都是從MAIN這間私人機構所發出。我沒有拿過國安局或任何政府單位的一分錢。我幾乎就這麼自我說服了。幾乎。

一天下午，詹柏帝喚我到他辦公室。他走到我座位後面，拍拍我肩膀。

「你的表現非常優異。」他愉快地說道，「為了表達我們的感謝，公司打算給你一個千載難逢的機會，這個機會沒有多少人有，就算年齡大你一倍的人也不見得有這機運。」

第十章 巴拿馬總統與英雄

一九七二年四月，一個熱帶大雨傾盆的深夜，我抵達了巴拿馬托卡曼（Tocumen）國際機場。我依當時慣例和幾位主管共乘一輛計程車，因為我會說西班牙語，所以坐在駕駛旁的前座。我茫然盯著計程車的擋風玻璃。車燈穿過雨中，照到看板上一幅人像，那是位有著英挺濃眉和炯炯眼神的男人。他帶著一頂寬邊草帽，有一邊的帽緣瀟脫地翹起。我認出這位就是巴拿馬的當代英雄杜里荷。

為了此次行程，我按往常習慣到波士頓公共圖書館參考室蒐集資料。從中我了解到杜里荷之所以受到民眾愛戴，是因為他堅決捍衛巴拿馬主權，決心收回巴拿馬運河所有權。他一心一意希望國家在其領導下，能夠避免歷史羞恥的困境。

巴拿馬從前隸屬哥倫比亞。主導蘇伊士運河（Suez Canal）建造的法國工程師費迪南・德・勒瑟普斯（Ferdinand de Lesseps）決定開鑿一條運河貫穿中美地峽，以連接大西洋和太平洋。於是法國在一八八一年展開這項龐然工程，孰料災難接踵而至。到了一八八九年，該計畫因為一宗財務弊案而告終止，不過，這項工程卻激發了老羅斯福的美夢。

在邁入二十世紀的頭幾年，美國要求哥倫比亞簽訂一項協議，希望將中美地峽轉交某項北美協議託管。哥倫比亞拒絕了。

一九〇三年，老羅斯福總統派遣美軍艦隊「納許維爾號」（Nashville）前往巴拿馬。美國大兵登陸，逮捕並處死當地軍事領袖，隨後宣布巴拿馬為獨立國家。他們扶植傀儡政權，簽訂了第一個運河條約。合約中認可運河兩旁屬於美國轄區，使美國的軍事干涉行為合法化，並賦予華府實質權力，來掌控這個新成立的「獨立」國家。

有趣的是，該合約是由美國國務卿海約翰（John Hay）和法國工程師比諾－瓦里亞（Philippe-Jean Bunau-Varilla）所簽訂，此人為原工程小組中的一員，沒有任何巴拿馬公民在合約上簽名。實質上，巴拿馬因為美國人和法國人簽訂的一紙合約，被迫脫離哥倫比亞轉而為美國效勞。回顧起來，一個可預見的未來就此展開。[1]

半個多世紀以來，巴拿馬政權便由和華府關係密切的富豪家族把持，形成寡頭政治。他們是一批右翼獨裁分子，用盡一切手段確保巴拿馬會促進美國利益。

正如大部分拉丁美洲親華府的獨裁者一樣，巴拿馬統治者鎮壓任何帶有社會主義的民粹運動，認為此舉可以維護美國的利益。他們也支持美國中情局和國安局在南半球的反共產主義活動，並協助美國大型企業，如洛克斐勒的標準石油（Standard Oil）公司及聯合水果公司（United Fruit Company）。至於改善貧困者的生活，拯救在種植場或大企業工廠形同奴隸的百姓，對這些政權而言顯然不能促進美國利益。

巴拿馬的執政家族因為支持美國而獲得優渥酬庸。從巴拿馬宣布獨立到一九六八年期間，美國軍方介入干預多達十餘次。不過，當我在厄瓜多從事和平工作團服務的那年，巴拿馬的歷史發展突然轉向。一場政變推翻了阿里亞斯（Arnulfo Arias），他是諸多獨裁者中最後崛起的一位，杜里荷起而代之成為國家領袖，雖然他並沒有積極參與該次政變。[2]

杜里荷備受中下階層人民愛戴。他在聖地牙哥市的鄉下長大，父母為學校教師。他在國民兵裡快速晉升，國民兵是巴拿馬最主要的軍事單位和訓練機構，在六〇年代逐漸受到廣大貧苦百姓支持。杜里荷因願意聆聽貧病者的心聲而聲名大噪。他走遍貧民窟的大街小巷，在一般政客不願涉足的陋巷裡舉辦集會，協助失業者找尋工作，儘管自身財源有限，仍經常自掏腰包捐助罹患疾病或遭逢不幸的家庭。[3]

他對生命的熱愛和對民眾的同情，甚至延伸到鄰近國家。

杜里荷矢志將其國家變為遭迫害者的天堂，同時接納政治藩籬兩邊的難民，提供庇護所，不論是反對智利皮諾契特（Augusto Pinochet）的左翼人士，或最右翼的反卡斯楚游擊隊，均一視同仁。許多人視他為和平使者，他也因為這個形象得到全南半球的推崇。他致力於消弭派系分歧，團結分崩離析的拉丁美洲各國，包括宏都拉斯、瓜地馬拉、薩爾瓦多、尼加拉瓜、古巴、哥倫比亞、祕魯、阿根廷、智利及巴拉圭，而被推崇為領袖型人物。巴拿馬以兩百萬人口的小國，樹立了社會改革的模範，並啟發了世界各地的領袖，諸如策動蘇聯解體的勞工組織者，和利比亞軍事強人格達費（Muammar Gadhafi）。[4]

在巴拿馬的第一晚，當計程車停在紅綠燈前，我透過吱吱作響的雨刷凝視前方，深深被看版上的這個男人所感動——他英俊、有魅力、又英勇。在波士頓圖書館研讀期間，我便了解到他是個言行一致的人。

那是巴拿馬有史以來第一次決心不做華府或任何政權的傀儡。

杜里荷也從來不屈服於莫斯科或北京拋來的誘惑。他相信社會改革，幫助貧困者，卻不倡言共產主義。杜里荷和卡斯楚不同，他不採取與美國仇敵結盟的方式，而決心要直接從美國手中贏回自由。

我在波士頓圖書館偶然翻閱到一本名不見經傳的期刊，上面盛讚杜里荷是位改變美洲歷史的人物，扭轉了美國長期支配的趨勢。作者將他的崛起歸於天命論（Manifest Destiny）。天命論曾經在一八四〇年代盛行美國，認為征服北美洲乃天賦使命：那是上帝，而非人類的旨意去消滅印地安人、森林和野牛，排乾沼澤水，讓河川改道，並發展出一種持續剝削勞力及天然資源的經濟體系。

這篇文章引發我思考美國面對世界的態度。

「門羅主義」（Monroe Doctrine）原先由門羅總統（James Monroe）在一八二三年提出，它將天命論往前推進一步。一八五〇及六〇年代，美國利用該理論，斷然主張美國對整個半球具有特殊權力，凡是拒絕支持美國政策的中南美洲國家，美國都有權力入侵。

老羅斯福總統引用門羅主義為藉口，讓美國介入多明尼加共和國、委內瑞拉，以及巴拿馬從哥倫比亞「解放」的時期。後來繼任的總統——尤其是塔虎托（William H. Taft）、威爾遜（Woodrow Wilson）、小羅斯福（Franklin Roosevelt）——全賴門羅主義來推展華府的泛美活動，直到二次世界大戰結束。最後，到了二十世紀後半期，美國利用共產主義的威脅，繼續在全球擴張該思想，包括越南及印尼。[5]

現在，似乎有人擋住華府的去路。

我知道他絕非第一人——卡斯楚及阿葉德等領袖早在他之前便已挺身而出。然而，唯獨杜里荷能夠跳脫共產主義的意識形態，不用「革命」一詞來號召行動。他只是很單純地呼籲，巴拿馬享有主權，得以統治自己的人民、土地，以及那條將領土分割為二的運河。

一如美國所享有的主權，巴拿馬的主權同樣是正當合法，也是上天賦予的。

杜里荷也反對在運河區設立美洲學校（School of the Americas，在二〇〇一年更名為西半球安全合作學院〔Western Hemisphere Institute for Security Cooperation〕）和美國南方司令部（U. S. Southern Command）熱帶戰鬥訓練中心。多年來，美軍不斷邀集拉丁美洲獨裁者的子弟和將領在此受訓，它們是北美以外規模最大、設備最精良的訓練中心。在這裡可學習各種審問、作戰技巧和軍事戰略，以對付共產黨分子，保護個人財產，或石油公司和私人企業的資產。甚至，他們也有機會和美國高階將領鞏固關係。

除了少數從中得利的富豪之外，拉丁美洲人對這些機構憎恨萬分。因為它們是出了名的右派敢死隊和暴虐者的培育中心，這些人讓許多國家變成極權統治。

杜里荷清楚表明，他不要這些訓練中心設在巴拿馬。他認為運河區隸屬巴拿馬領土。[6]

望著看板上這位英挺的將軍，他的臉孔下方有幾行字：「奧瑪的理想是自由；發明飛彈不是用來戕害理想！」

一陣寒意從我背脊往下竄。我有預感，巴拿馬在二十世紀的故事才剛開始，而杜里荷為了這個艱鉅，甚至可說是悲劇的時代而投身報國。

熱帶暴風雨猛烈襲擊擋風玻璃，交通號誌轉綠，司機按喇叭催促前方車輛。我想到自身所處的地位。我被派遣到巴拿馬締結一項交易，若順利的話，這將是MAIN首宗真正的綜合開發總計畫案。這宗計畫將給予世界銀行、泛美開發銀行（Inter-American Development Bank）及美國國際開發署極為正當的理由，得以在這彈丸之地的關鍵國家投資數十億美元，用在能源、交通、農業等開發行為。

當然，這不過是表面文章，目的是要讓巴拿馬永遠負債，最終成為傀儡的一種手段。計程車在夜間行駛之際，一股罪惡感油然而升，但我將它壓抑下來。我幹嘛要在乎？我冒險栽進爪哇，出賣了靈魂，現在又有這千載難逢的機會。只消再來一次天花亂墜，名利、財富和權力我便通通都有了。

第十一章　巴拿馬運河區的海盜

翌日，巴拿馬政府差遣一位人士帶我四處參觀。他名叫斐岱爾（Fidel），我很快便對他產生好感。他個子高挑纖瘦，深以國家為榮。他的曾曾祖父曾經與西蒙・玻利瓦（Simon Bolívar）並肩作戰，從西班牙的統治下獨立。我告訴他湯瑪斯・潘恩和我的家族有血緣關係，結果很興奮地得知斐岱爾也讀過西班牙文版本的《常識》（*Common Sense*）。他會講英文，可是當他發現我居然能流利吐出他們的語言，激動之情溢於言表。

「你們國家有很多人在這裡住了許多年，從來就不把學習西班牙文當一回事。」他說。

斐岱爾驅車帶我到市區一處令人印象深刻的繁榮地段，他稱那兒為新巴拿馬（New Panama）。我們經過一座座鋼筋和玻璃帷幕的摩天大樓，他解釋說，在格蘭特河（Rio

Grande）*以南的國家當中，就屬巴拿馬的國際銀行最多。

「我們常被稱作美洲的瑞士，」他說：「我們對於客戶幾乎從不過問。」

向晚時分，太陽斜落太平洋，我們轉往一條順著海灣前行的道路。一列船隻停泊在海灣等候。我問斐岱爾，是否運河出了什麼問題。

「一直都是這樣的。」他笑著回答。「大排長龍。有一半的船隻是要往返日本，比前往美國的船隻還多。」

我坦承，這對我可是件新鮮事兒。

「這不出奇，」他說道：「北美人對世界其他地方所知不多。」

我們在一處景色優美的公園停車，公園裡的九重葛爬滿了古廢墟。此處當年應是護城堡壘，用來抵禦四處流竄的英國海盜。

有一家人正在準備野餐：有父親、母親、兒子和女兒，還有一位長者，我想可能是孩子們的祖父。我頓時也渴望擁有他們身邊的那種安祥氣氛。我們經過的時候，那對夫婦朝我們招手微笑，用英語問候。我問他們是否為觀光客，他們笑了。那男人朝我們走過來。

「我是運河區的第三代。」他驕傲地解釋：「運河區成立的第三年，我的祖父就到這裡了。他當年負責駕駛俗稱『騾子』的牽引機，將船隻拖過水閘。」他指著那位正忙著幫孩子張羅野餐桌的老年人。「我父親是工程師，我繼承了他的衣缽。」

那位太太回去繼續幫忙她公公和孩子。太陽在他們背後沉入藍色海水。這幅詩情畫意的美景，有如莫內的畫作。我問這位先生，他們是否為美國公民。

他一臉不可置信地望著我。「那當然。運河區是美國屬地。」男孩跑過來，告訴父親晚餐準備好了。

「你的兒子就是第四代？」

這男人兩手合掌，做出禱告姿勢，然後雙手伸向天空。

「我每天都向仁慈的上主禱告，希望他會有這機會。運河區的生活實在太美好了。」然後，他將手放下，兩眼直瞪斐岱爾。「我只希望我們能再多保留它五十年。杜里荷那個獨裁者一直興風作浪。他是個危險人物。」

頓時，一股強烈的念頭緊扣我心，我用西班牙語告訴他：「Adios（再見），希望

＊譯註：格蘭特河（Rio Grande），西班牙文原意為「大河」，流經美國德州與墨西哥邊界，注入墨西哥灣，在墨西哥則稱為布拉沃河（Rio Bravo）。

你和家人在此生活愉快，多多了解些巴拿馬文化。」

他對我回以厭惡的眼神。「我不說他們的話。」隨即突然轉身，朝他的家人走去。

斐岱爾向我靠近，手臂環繞我肩膀並緊緊壓住。「謝謝你！」他說。

回到市區，斐岱爾驅車經過一處他形容為貧民窟的地區。

「還不是我們最糟糕的地帶，」他說：「不過讓你稍微體會一下。」

整條街道都是木造陋屋和充滿死水的臭水溝，殘破的住家就彷彿一艘艘荒廢的破船，在汙水中載沉載浮。脹著大肚皮的孩子們，一路跟著我們車子跑，一陣腐朽的臭氣灌入車內。我們一慢下來，他們就聚集在我的這一邊，嘴裡一邊喊著叔叔，一邊伸手要錢。這情景使我想起了雅加達。

許多牆上畫滿了塗鴉。有幾個是常見的愛心，潦草寫上情侶的名字，其餘則多半是仇視美國的宣洩字眼：

「外國佬，滾回家！」

「不要在我們運河裡頭拉大便！」

「山姆叔叔，奴隸頭子！」

「告訴尼克森，巴拿馬不是越南。」

不過，最讓我心寒的是：「為自由而死乃通往基督之路！」

杜里荷的宣傳海報則零零落落地張貼在這片塗鴉當中。

「現在到另一邊去吧，」斐岱爾說道：「我已經拿到官方文件，你又是美國公民，我們可以過去了。」在霞天之下，他駛進運河區。我以為我已經有心理準備，但顯然還不夠。我簡直不敢相信眼前的奢華景象—白色高樓大廈、整潔的草坪、豪華的住宅、高爾夫球場、商店、戲院等。

「這就是實際狀況，」他說：「這裡的一切都是美國資產。所有的生意——包括超級市場、理髮店、美容院、餐廳——全部不受巴拿馬法律管轄，不用繳巴拿馬的稅。這裡有七座十八洞的高爾夫球場，到處都有方便的美國郵局、美國法院及學校。這是不折不扣的國中之國。」斐岱爾盯著我。「那一邊，」他回過頭，指著市區的方向，「個人年平均所得不到一千美元，失業率三成。當然，在剛才我們經過的貧民窟，個人收入離一千元還差得遠，而且幾乎沒人有工作。」

「有做什麼應對措施嗎？」

他轉身看我，眼神似乎從憤怒轉為難過。

「我們能做什麼？」他搖頭。「我不知道，不過，我這麼說好了：杜里荷在盡力。

我想這可能是他的一條死路，但他確實是拚了老命在付出一切。他是那種捲起袖子為百姓奮鬥的人物。」

我們駛出運河區的時候，斐岱爾微笑著說：「你喜歡跳舞嗎？」還不等我回答，他就說了：「我們先解決晚餐，我再帶你去見識巴拿馬的另一種風情。」[1]

第十二章　大兵與妓女

大啖鮮嫩多汁的牛排和冰啤酒之後，我們離開餐館，驅車來到一處昏暗的街道。斐岱爾告誡我，絕對不要在這一區步行。「如果你要到這裡，搭計程車直接在門口下車。」他指著。「那邊，圍籬後面就是運河區。」

他開到一處停滿車輛的空地，找到一個空位停車。有位老人朝我們蹣跚走過來。斐岱爾跨出車外，拍拍老人的背。他用手輕輕撫摸車子的擋泥板。

「好好照顧她。她是我的心肝寶貝。」他給了老人一張鈔票。

我們走一小段路離開停車場，突然間置身在一條霓虹燈五光十色的街道。兩個男孩迎面跑過來，手中拿著棒子相互指著，嘴裡發出子彈射擊的聲音。其中一個男孩撞上斐岱爾，他的頭幾乎只到斐岱爾的大腿高度。小男孩戛然停下，又往後退了幾步。

「對不起，先生，」他喘著氣用西班牙語說。

斐岱爾兩手放在男孩的肩膀上。「沒事兒，老兄，」他說道。「來，告訴我，你朋友為什麼要射你？」

另一個男孩朝我們走過來。他用手護著前一個男孩。「我弟弟，」他解釋說：「我們很抱歉。」

「沒關係，」斐岱爾溫和地笑道：「他沒傷到我。我只是問問他，為什麼你要射他？」

這對兄弟互相望了一眼。大的這個笑了。「他是運河區的老美將軍。他想強暴我媽，我要把他打扁，把他趕回他該待的地方。」

斐岱爾偷看了我一眼。「他該待在哪裡？」

「家裡，在美國。」

「你媽媽在這裡工作嗎？」

「在那裡。」兩個男孩同時驕傲地指向霓虹燈街道。「酒吧調酒的。」

「繼續玩吧。」斐岱爾各給他們一個銅板。「不過，要小心。在亮的地方玩。」

「好，先生。謝謝你。」兩人跑走了。

我們一路走著，斐岱爾解釋，巴拿馬法律禁止婦女從娼。「她們要調酒或跳舞都可以，但是不能出賣肉體。這些都留給外來人從事。」

我們進到一間酒吧，裡面播放著震天價響的美國流行歌曲。我的眼睛、耳朵隔了好一陣子才適應。有兩個魁梧的美軍站在靠近門口的地方；從制服上的臂章看來，他們是憲兵。

斐岱爾領我沿著吧檯走，隨後，我看到了舞台。有三位年輕女子在台上跳舞，除了頭部以外身體全裸。其中一位頭戴水手帽，另一位戴著綠色貝雷帽，第三位戴牛仔帽。她們笑容滿面，彼此之間似乎在玩遊戲，彷彿在舞蹈比賽似的。無論是這音樂、她們跳舞的方式和舞台，宛如波士頓的迪斯可舞廳，只不過她們是全裸的。

我們推開一群說英語的年輕人前進。這群人雖然穿著T恤和藍色牛仔褲，不過從他們理的平頭就能看出來，他們是從運河區軍事基地來的士兵。

斐岱爾拍拍一位女侍的肩膀。她轉過身來，發出一聲欣喜的尖叫，伸出手臂環繞著他。這群年輕人看著這番情景，面面相覷地表露出一副不屑的神情。我心想，他們是不是認為天命論裡也包括這位巴拿馬女人。這位女侍領我們到一處角落。她不知道怎麼弄出了一張小桌和兩張椅子。

我們坐下之後，斐岱爾便和鄰桌的兩個男人用西班牙語寒暄了幾句。他們和士兵不同，穿著短袖印花襯衫和有皺褶的寬鬆長褲。女侍拿了兩杯巴爾波亞（Balboa）啤酒過來，她轉身準備離去的時候，斐岱爾在她臀部拍了一下。她笑了，拋給他一個飛吻。我瞥了一下四周，幸好吧檯的年輕人已經不再看我們了。他們聚精會神地看著舞者。

大部分來光顧的都是講英語的士兵，不過還有一些其他人，就像我們身邊這兩位，他們一看就知道是巴拿馬人。他們很引人注目，因為他們的髮型一定通不過軍隊檢查，也沒穿T恤和牛仔褲。有些人坐在桌旁，有些靠著牆站。他們就像牧羊犬守著羊群，高度戒備著。

一個個女人在各桌之間遊走，不斷來回，有時坐在腿上，對著女侍大聲嚷嚷，唱歌跳舞，扭動身軀，輪番上台。她們穿著緊身窄裙、T恤、牛仔褲、緊身衣、高跟鞋。有一位穿著維多利亞式睡衣和薄紗，另一位只穿比基尼。顯然，她們得依靠美貌才能在這裡存活。我很驚訝竟然有這麼多外國女人來到巴拿馬，心想，究竟是何種絕望的心境，讓她們走上這條路。

「全都從其他國家來的？」我對斐岱爾大聲喊著，蓋過音樂聲。

他點點頭。「除了……」他指著那些女侍。「她們是巴拿馬人。」

「哪些國家來的？」

「宏都拉斯、薩爾瓦多、尼加拉瓜，還有瓜地馬拉。」

「鄰居。」

「不完全是。哥斯大黎加和哥倫比亞離我們最近。」

帶我們到這張桌子的女侍走過來，坐在斐岱爾的膝上。他輕柔地磨蹭她背部。

「卡拉麗莎，」他說：「請告訴我這位北美朋友，為什麼這些人要離鄉背井。」他朝著舞台方向點點頭。三位新女郎接過剛才那幾頂帽子，原先那幾位從舞台上跳下，穿回衣服。音樂改成騷莎舞曲，新上台的一邊起舞，一邊隨著旋律脫下衣裳。

卡拉麗莎伸出右手。「很高興見到你。」她說，一面站起身來，伸手拿我們的空瓶子。「回答斐岱爾的問題，這些女孩子是到這裡躲避更恐怖的暴虐。我再多拿兩瓶巴爾波亞過來。」

她走了以後，我轉向斐岱爾。「別胡扯了，」我說：「她們到這裡是為了美鈔。」

「沒錯。可是為什麼有這麼多是來自法西斯獨裁統治的國家？」

我回頭瞥了一下舞台。那三人咯咯笑著，把水手帽當球一樣丟來丟去。我看著斐岱爾眼睛。「你沒在開玩笑，對不對？」

「沒有。」他嚴肅地說：「我還真希望我是在開玩笑。這些女生大部分都失去了親人——父親、兄弟、丈夫、男朋友。她們在死亡和虐待中長大。有很多人都是單親媽媽。對她們而言，跳舞、從娼似乎是唯一的選擇。她們在這裡可以賺很多錢，然後再到其他地方開始新生活，買間小店、開間咖啡館——」

他的話被吧檯附近的騷動打斷。我看見一位女侍對著其中一位士兵揮拳，那位士兵抓住她的手，扭過她的手腕。她尖叫並跪倒在地。士兵大笑著對同夥高喊。一夥人全笑了。她試著用空著的另一隻手打他。他又把她扭得更緊。她的臉痛苦得扭曲起來。

憲兵還站在門口，冷靜地看著這一切發生。斐岱爾跳起來，走向吧檯。隔壁桌的男人伸手阻止他。「Tranquilo, hermano.」，他說：「冷靜點，老弟。亨利會處理。」

有個瘦高的巴拿馬人從舞台旁的暗處走出來。他的動作像貓，一下子就跳到士兵身上。他一手扣住士兵喉嚨，另一隻手在他臉上潑了一杯水。那女侍順勢溜走。幾個原先靠在牆邊的巴拿馬男人圍過來，形成一個半圓，保護那個高大的保鑣。他把士兵按在吧檯上，說些什麼我聽不見。然後他提高音量，用英文緩慢地說話，聲音大到正好蓋過音樂，讓室內靜止不動的每個人都聽得見。

「這些女侍你們不准碰。其他的，除非付過錢，否則免談。」

兩位憲兵終於採取行動。他們走近那圈巴拿馬人。

「我們從這裡接手，亨利。」他們說。

那位保鑣讓士兵站回地面，最後一次扣緊他的脖子，迫使他頭往後仰，發出一聲痛苦呻吟。

「你懂了嗎？」一聲微弱的哼聲。

「很好。」他把士兵朝那兩位憲兵推去。「把他帶走。」

第十三章 與將軍會談

邀請來得出乎意料之外。

一九七二年的那天早上，我坐在巴拿馬水力發電資源署（ＩＲＨＥ）提供的辦公室裡，正在仔細研究一張統計資料，突然有人在門框上輕輕敲了幾下。我請他進來，只要有任何能讓我從一堆數字中轉移注意力的理由我都很樂意。他說他是將軍的司機，特地來接我到將軍的一間小木屋坐坐。

一個鐘頭以後，我便隔著桌子和杜里荷將軍面對面了。他穿著便服，是那種典型的巴拿馬服飾：卡其色寬鬆長褲、前面鈕釦敞開的短袖淺藍色襯衫，帶點淺綠色圖案。他身材高大結實，相貌英俊。很難想像，像他這樣身負重任的人可以顯得如此輕鬆。一綹黑髮覆蓋在突出的額頭上。

他問起我最近到印尼、瓜地馬拉以及伊朗等地的情形。他對這三個國家都有非常濃厚的興趣，尤其是伊朗國王巴勒維。英國和蘇聯曾控訴巴勒維的父親和希特勒狼狽為奸，於是聯手推翻了他父親的統治，讓巴勒維在一九四一年獲得政權。[1]

「你能想像嗎？」杜里荷問道：「親自參與推翻自己的父親！」

巴拿馬的頭號領導人對這些遠方國家的歷史知之甚詳。

我們談到一九五一年的局勢如何峰迴路轉，總理莫沙德如何迫使國王流亡海外。但是正如世人皆知，杜里荷也知道，美國中情局介入，將伊朗總理貼上共黨分子的標籤，成功協助國王復辟。然而，他似乎不知道克勞汀向我透露的內情，或是他知情，但沒有說出口——柯密特．羅斯福以高明的手法從中操弄，讓這個事件開啟了帝國主義的新紀元，點燃了全球帝國的大災難。

「伊朗國王復辟之後，」杜里荷繼續說道：「推動一連串發展工業的革命性計畫，希望將伊朗帶入現代化世界。」

我問他何以對伊朗如此了解。

「我有特別關注，」他說。「我對伊朗國王的政治權謀並沒有很高的評價——他寧願推翻自己父親，做中情局的傀儡。不過，看起來他還替國家做了些不錯的事情。或許，我可以從他身上學到一些東西。如果他熬得過去。」

「你認為他熬不過來？」

「他的敵人太強大了。」

「他有全世界最好的貼身保鑣。」

杜里荷冷眼看我一下。「他的祕密警察SAVAK（國家安全情報組織）心狠手辣，惡名昭彰，讓他四處樹敵。他撐不了多久。」他頓了一會兒，轉了轉眼睛。「保鑣？我自己也有一些。」他朝門口揮了揮。「你想，萬一你們國家決定要把我除掉，這些人會救我？」

我問他，他是否真的認為有此可能。

他揚起眉毛，那神情讓我覺得自己怎麼會笨到問這種問題。「運河在我們這裡。那可比阿本斯和聯合水果公司有分量多了。」

我研究過瓜地馬拉，了解杜里荷的意思。在政治角力上，瓜地馬拉的聯合水果公司一直相當於巴拿馬的運河。它成立於一八〇〇年代後期，很快便成為中美洲最強大的勢力之一。一九五〇年代早期，在一次被南半球譽為民主過程典範的大選中，改革派候選人阿本斯當選瓜地馬拉總統。當時，瓜地馬拉七成的土地被不到百分之三的人口把持。阿本斯向窮人保證，要拯救他們脫離饑荒。勝選之後，他開始進行全面性的土地改革計畫。

「拉丁美洲的中下階層一致愛戴阿本斯，」杜里荷說道：「就我個人來講，他是我心目中的英雄。然而，我們屏息以待。我們知道聯合水果反對這些措施，因為他們是瓜地馬拉最大、剝削最厲害的地主。他們在哥倫比亞、哥斯大黎加、古巴、牙買加、尼加拉瓜、聖多明哥和巴拿馬這裡都擁有大片栽種土地。他們不能接受阿本斯釋出土地給人民的理念。」

後續的故事我知道：聯合水果公司在美國發動了大規模的公關遊說活動，目的在促使美國人民和國會相信，阿本斯是俄國陰謀的一著棋，瓜地馬拉是蘇聯的附庸國。一九五四年，中情局策動了一次政變。美國戰機轟炸瓜地馬拉市，民選的阿本斯被推翻，冷酷無情的右翼獨裁者阿瑪斯（Carlos Castillo Armas）上校取而代之。

新政府虧欠聯合水果公司一大筆人情。為了答謝他們，政府撤銷土地改革計畫，免除對外國投資者課徵利息和股息，廢除匿名投票制，拘捕上千名異議分子入獄。任何膽敢與阿瑪斯作對的人都被迫害。

史學家探討瓜地馬拉在二十世紀後半飽受暴力和恐怖主義折磨的原因，問題乃源自聯合水果公司、中情局和獨裁上校的軍隊三方面半公開的聯手作為。

「阿本斯被暗算，」杜里荷說道：「政治和人格的暗算。」他停頓，蹙著眉頭。「你們老百姓怎麼吞得下中情局這種廢物？我是不會善罷甘休的。這裡的軍隊是我自己的人，政治暗算行不通的。」他微笑。「中情局得自己動手殺我！」

我們無言地靜坐一會兒，陷入各自的思緒當中。杜里荷首先打破沉默。

「你知道聯合水果公司是誰持有？」他問道。

「沙巴達石油（Zapata Oil），美國駐聯合國大使喬治・布希（George H. W. Bush，即老布希）的公司。」我說。[2]

「一個野心家。」他身體前傾，放低音量。「我現在要對抗他在貝泰的一班親信。」

我吃了一驚。貝泰當年是世界上最有勢力的工程公司，經常和ＭＡＩＮ合作執行計畫。以巴拿馬總體計畫案來講，我一直認為貝泰是我們主要的競爭對手。

「你的意思是？」

「我們一直在計畫開鑿一條新的運河，和海水齊平，不用水閘。這條運河可以容納更大的船隻。日本人可能有興趣貸款給我們。」

「他們是運河最大的客戶。」

「沒錯。當然，如果他們提供經費，就由他們來建造。」

我彷彿遭到一記當頭棒喝。「貝泰就沒戲唱了。」

「這將是近代史上最大的營建工程。」他停頓了一下。「貝泰裡面盡是尼克森、福特（Gerald Ford）和布希的親信。」布希是美國駐聯合國大使，福特則是眾議院少數黨領袖，也是共和國全國代表大會的主席，杜里荷很清楚他倆是共和黨的權力掮客。「我聽說，貝泰家族是操控共和黨背後那根繩子的人。」

這席會談讓我感到很不自在。我就是那些他極其鄙視、讓這個機制永存不朽的人之一，我深信他知道。我的任務是要說服他接受國際貸款，並以此雇用美國工程師及營建公司，看來似乎碰壁了。我決定和他開門見山。

「將軍，」我問道：「你為何邀我來此？」

他瞥一眼手錶，微笑道：「是啊，該是言歸正傳的時候了。巴拿馬需要你的協助。我需要你幫忙。」

我愣住。「我的協助？我能幫你做什麼？」

「我們要收回運河。不過，這麼做還不夠。」他輕鬆地靠在椅背上。「我們一定要立下榜樣，表達對貧窮百姓的關心。我們一定要排除所有的懷疑，展現我們贏回獨立的決心，並不是受到蘇俄、中國或古巴指使。我們要向世界證明，巴拿馬是個理性的國家，不是要對抗美國，而是要為窮苦的百姓爭取權益。」

他翹起二郎腿。「為了達到這個目標，我們必須建立有別於其他南半球國家的經濟基礎。電力，沒錯——不過必須要普及到最窮困的民眾，並且受政府補助。交通和通訊也一樣。特別是農業。這些都需要經費——就用你們的資金，世界銀行和泛美開發銀行的錢。」

他再次傾身向前，眼神攝住了我。「我知道你們公司想多拿些案子，甚至不惜誇大計畫的規模——高速公路寬一點、發電廠大一點、港口深一點。不過，這次可不一樣。你弄出一個對我們老百姓最好的計畫，我就把你們想要的工作全部給你。」

他的提議完全出乎我意料之外，讓我又驚又喜。這無疑和我在MAIN所學的完全背道而馳。他當然知道「外國援助」這遊戲是個騙人的幌子——他一定得知道。這遊戲存在的目的是讓他致富，讓他的國家扣上債務的枷鎖。

如此一來，巴拿馬不得不永遠聽命美國和金權政體。它要讓拉丁美洲留在天命論的道路上，永遠臣服於華府和華爾街。

我相信他很清楚這套機制所假設的前提是：所有掌權者都會腐化。如果他決定不遵循這套可使其蒙利的機制，勢必會造成一種威脅，形成一連串新的骨牌效應，最後讓整個機制垮掉。

我望著咖啡桌對面這個男人，他當然了解，由於運河，他握有非常特殊的權力，而這個權力又使他的處境特別危險。他必須步步為營。他已經在開發中國家樹立了領袖的聲譽，如果他和心目中的英雄阿本斯一樣決心站出來，世界都會觀望。這套機制將會如何回應？美國又會有什麼反應？拉丁美洲史上已散落了一地英雄的屍骨。

我也很清楚，我正看著一位男子漢，他要挑戰我為個人行為而編造的所有理由。這男人當然也有個人缺點，然而他不是海盜，也並非亨利・摩根（Henry Morgan）或法蘭西斯・德瑞克（Francis Drake）——這些虛有其表的冒險家憑著英國國王的捕押特許證，將個人的海盜行為合法化。廣告看板上這位人物並非一般的政客。

「奧瑪的理想是自由；發明飛彈不是用來戕害理想！」潘恩不也曾寫下類似的東西？

然而，我禁不住想到，或許理想不死，那麼站在理想後面的人呢？切・格拉瓦（Che Guevara）、阿本斯、阿葉德（Salvador Allende）。阿葉德是目前唯一還活著的人，但他還有多少時間？這又帶來另一個疑問：倘若杜里荷也投身烈士，我又該如何回應呢？

到了該起身告別的時候，我們兩人都很清楚，ＭＡＩＮ會拿到總計畫合約，而我也會切記，要為杜里荷盡一切所能。

第十四章——邁入經濟史上的新邪惡時代

身為首席經濟學家，我不但掌管MAIN的一個部門，負責研究從全球各地蒐集而來的資料，還必須熟知最新的經濟趨勢和理論。

一九七〇年代初期，國際經濟發生了重大變遷。

一九六〇年代，數個國家成立了石油輸出國家組織（OPEC），成為石油生產的卡特爾（Cartel，聯合壟斷），主要是為了因應大型煉油公司的勢力。

伊朗也是主因。在莫沙德政爭期間，伊朗國王雖然因美國暗中介入而保住王位和性命，但或許正因如此，國王心裡明白，局勢也可能隨時轉而對他不利。其他產油國領袖也都意識到此，並心生慌恐。他們知道號稱「七姊妹」的主要國際石油公司聯手壓低油價，亦即壓低產油國的收益，藉此做為從中發財的手段。於是OPEC組織起來，目的在於反擊。

一九七〇年代初期，OPEC開始扳倒這些工業鉅子。一連串的協調行動，最終以一九七三年的石油禁運收場，其影響所及，由美國加油站大排長龍可見一斑，足以掀起堪比經濟大蕭條的災難。對於已開發國家的經濟，這是一個體制性的大震撼，影響之鉅為大多數人所難以想像。

對美國來講，石油危機來得不是時候。當時全國上下一片混亂，丟臉的越戰和行將下台的總統攪得人心惶惶，到處蔓延著恐懼和自我懷疑。尼克森的問題還不止在東南亞和水門案。

現在回顧起來，在一個如今視為世界政經情勢新紀元的開端，他已經踏上了投手板。那時似乎是「小國」占上風的時候，包括OPEC組織國家。

我深為這些世界大事所吸引。金權政體讓我撈了不少油水，然而，在我內心深處不為人知的一面，正樂得欣賞我的主子們各就其位打這場球賽。我想，這或許稍稍紓解了我的罪惡感。

石油禁運發生之際，沒有人知道它帶來的全面衝擊會多大。我們當然有自己的一套理論，然而當時卻不了解如今顯而易見的一些事實。

事後分析發現，石油危機過後的經濟成長率只有一九五〇及六〇年代高峰期的一半，而且面臨更大的通貨膨脹壓力。經濟成長的結構也不同，並沒有創造多少工作機會，因此失業率攀升。國際金融系統更是飽受打擊；二次大戰結束以來盛行的固定匯率機制，基本上是瓦解了。

那段時期，我經常在午餐時間或下班後與朋友聚在酒吧，談論這些話題。這些人當中有些是我的屬下，一些聰明絕頂的男女（我開始帶頭雇用女性專業人士），多半是年輕人，具有自由派的思想（至少從傳統標準來看）。有些人則是來自波士頓各個智囊團的主管，有幾位是當地大學教授，還有一位美國國會議員助理。這些都是非正式的聚會，有時候只有兩人，有時多達十幾人。討論過程總是十分熱烈，暢言無拘。

回想起自己當時的優越感，現在的我不禁感到汗顏。我知道一些無法與人分享的內情。有時候朋友們會相互吹噓他們的成就——和燈塔山（Beacon Hill）或華府的人脈關係，具有教授資格或博士學位等等，我則自吹是一間大顧問公司的首席經濟學家，經常坐頭等艙周遊世界。然而，我卻不能談論自己和杜里荷這些人物的私下會面，或討論我所知道美國在世界各地操弄的手段。這些讓我同時感到自負和挫折。

每逢我們談到小國的影響力，我都得極力克制自己。我曉得一些他們絕不可能知道的實情：在背地虎視眈眈的金權政體，以及它那幫經濟殺手和豺狼走狗，絕對不會讓這些小國得逞。我只能拿阿本斯和莫沙德為例，還有不久前在一九七三年被中情局推翻的智利民選總統阿葉德。

事實上，就我了解，不管OPEC如何作為，全球帝國只會將他們頭上的金箍勒得愈來愈緊。而當時我甚至懷疑OPEC可能助長了這件事，後來這個想法也確實獲得證實。

我們經常討論一九七〇年代早期與三〇年代的相似之處。三〇年代代表了國際經濟結構及其研究、分析和理解方式的主要分水嶺。那個世代接受凱因斯經濟學（Keynesian Economics），認為政府應該積極管理市場，提供醫療、失業救濟及其他形式的社會福利。至於所謂市場機制會自我調整，政府應盡量減少干預等舊有思想，都在逐漸遠離。

經濟大蕭條之後，美國開始推行新政（New Deal），提倡經濟管制，加強政府財務操作，多方推動財政政策。除此之外，大蕭條和二次大戰使得世界銀行、國際貨幣基金組織、關稅暨貿易總協定（GATT）等組織相繼成立。一九六〇年代是新古典經濟學步入凱因斯經濟學的重要時期，正值甘迺迪和詹森總統當政的時候，而麥納瑪拉或許是最具影響力的一號人物。

我們的小組討論當中經常出現麥納瑪拉的名字。

我們都知道他一夕成名的故事，他在福特汽車公司從一九四九年的一介規畫和財務分析經理，到了一九六〇年竄升為總裁，也是第一位非福特家族背景的公司領導人。不久之後，甘迺迪便任命他為國防部長。

麥納瑪拉積極倡導凱因斯理論，並做為施政方針。他在越南運用數學模型和統計方法來評估軍隊實力、分配財源與規畫戰略。他提倡的「積極領導統御」（Aggressive Leadership），不但成為政府管理的標竿，也是企業主管的準繩。這理念不但成為全國頂尖商學院以新的思維方式教授管理學的基礎，最終也孕育出新一代的企業執行長，帶頭衝向全球帝國。[1]

我們暢談世界大事，對麥納瑪拉擔任世界銀行總裁的角色尤其感到興趣，這職務是他離開國防部長一職不久後接手的。我的朋友大多關切他身為所謂「軍事產業複合體」（Military-industrial Complex）的象徵。他曾在重要企業、政府內閣擔任高位，現在又任職世界最有影響力的銀行。如此公然地破壞分權制度，讓許多人深感驚訝和反感，而我或許是當中唯一不覺訝異的人。

依我現在來看，麥納瑪拉對歷史最偉大、也最陰險的貢獻，便是耍手段讓世界銀行成為一個特務機構，效忠規模前所未見的全球帝國。他開了一個危險的先例。他的能耐在於消除金權政體內部各主要機構之間的障礙，他的後繼者更是繼承了這方面的衣缽。

這種事在我身為經濟殺手的時候就開始了，直到今天都還在持續。

例如喬治．舒茲（George Shultz）是尼克森任內的財政部長與白宮預算管理局局長，擔任貝泰公司總裁，隨後又在雷根總統任內出任國務卿。卡斯帕．溫柏格（Caspar Weinberger）曾經出任貝泰的副總裁暨法務長，後來在雷根任內作了國防部長。理查．赫姆斯（Richard Helms）是詹森政府的中情局局長，隨後在尼克森任內出任伊朗大使。迪克．錢尼（Richard Cheney）是老布希的國防部長，之後出任哈利波頓的總裁，又成為小布希（George W. Bush）的副總統。康朵麗莎．萊斯（Condoleezza Rice）在出任小布希政府的國務卿之前，曾是雪佛龍（Chevron）董事會的一員。比爾．柯林頓（Bill Clinton）的財政部長羅伯特．魯賓（Robert Rubin）曾是高盛（Goldman Sachs）銀行的聯席董事長。就連老布希總統也以沙巴達石油創辦人的身分起家，隨後在尼克森和福特任內擔任美國駐聯合國大使，還曾是福特政府的中情局局長。歐巴馬提名許多大企業和華爾街的人物成為政府要員，包含任命紐約聯邦儲備銀行的前總裁提摩西．蓋特納

（Timothy Geithner）為財政部長，以及讓美國四百富豪之一的房地產大亨潘妮・普利茨克（Penny Pritzker）出任商務部長。

回顧那段我還是經濟殺手、麥納瑪拉還是世界銀行總裁的時光，當時的無知真令我驚訝。在許多方面，我們還是停留在建立帝國的老套。直到柯密特・羅斯福推翻了伊朗一位民主主義者，讓專制的國王上台之後，一條更高明的道路於焉展開。

我們這些經濟殺手在印尼、厄瓜多等地達成許多任務，然而越南的例子成為一記警鐘，只要我們稍一疏忽，便可能重返老路。

這一切得靠ＯＰＥＣ的領導國家——沙烏地阿拉伯——來改觀。

第十五章　沙烏地阿拉伯洗錢案

一九七四年，一位沙烏地阿拉伯外交官拿了幾張首都利雅德的照片給我看。其中有張是一群山羊在政府大樓外的垃圾堆裡翻弄東西。我問他這到底怎麼回事，他的回答嚇了我一跳。他說，這些羊群是城市裡主要的垃圾處理系統。

「凡是有自尊心的沙烏地阿拉伯人，絕對不做收垃圾的工作。」他說：「我們讓動物來做這些事情。」

山羊！在世界最大石油國的首都。簡直太不可思議了。

當時我是顧問團的一員，才開始試著拼湊出石油危機的解決方法。這些山羊啟發了我一個可能的方向，尤其是考量到這個國家過去三百年來的發展模式。

十八世紀，一位地方軍閥穆罕默德·伊本·紹德（Muhammed Ibn Saud），和來自極端保守的瓦哈比（Wahhabi）教派的基本教義分子結合，形成一個強勁的聯盟。之後的兩百年間，紹德家族與盟友瓦哈比聯手征服了大半個阿拉伯半島，包括伊斯蘭教最神聖的聖地——麥加和麥地那。

沙烏地社會反映了建國者嚴峻的道德理想主義，並強制執行嚴格詮釋的《古蘭經》信仰。宗教警察監督百姓確實遵行一天禱告五次的規定，女人必須從頭到腳將全身覆蓋。犯罪的刑罰相當嚴厲，公開處決或用石頭砸死相當常見。

我第一次到利雅德的時候，司機告訴我，我可以將相機、公事包，甚至錢包留在沒人看管的車內，車子停在市場，不上鎖也沒關係，我聽了非常驚訝。

他說：「沒有人會想在這裡偷東西。小偷會被斬斷手的。」

稍後，他問我想不想到所謂的「切切廣場」（Chop Chop Square）看斬首。瓦哈比教派恪守我們看來極端嚴峻的教義，街道卻因此沒有宵小之虞——凡違反法律者會遭到最嚴酷的肢體刑罰。我對這邀請敬謝不敏。

在沙國的政治經濟中，宗教觀占有重要成分，震驚西方世界的石油禁運便與此有關。

一九七三年十月六日贖罪日（Yom Kippur，猶太人最神聖的節日）當天，埃及和敘利亞同時對以色列發動攻擊，「十月戰爭」就此展開。這是第四次以阿戰爭，也是最具摧毀性、對世界衝擊最大的戰爭。埃及總理沙達特（Sadat）對沙烏地阿拉伯國王費瑟（Faisal）施壓，欲利用沙達特所謂的「石油武器」來報復美國和以色列的合謀關係。十月十六日，伊朗聯合波斯灣五個國家，包括沙烏地阿拉伯在內，宣布石油的公告價格調漲七〇%。

阿拉伯石油國的大臣聚集在科威特開會，考慮進一步行動。伊拉克代表強烈表示要對美國進行報復。他號召其他代表，將美國在阿拉伯世界的事業國營化，對美國及其他與以色列友好的國家進行全面石油禁運，從所有的美國銀行抽出阿拉伯銀根。他指出，阿拉伯國家擁有大量的銀行外匯存底，此舉造成的恐慌，將不亞於一九二九年。

其他阿拉伯國家大臣對如此激烈的手段並不很認同，然而在十月十七日，他們還是同意採取小規模的石油禁運，先從五%的石油減產開始，然後逐月減產五%，一直到達成政治目的為止。他們同意，美國必須為親以色列的立場付出代價，應該遭受最嚴厲的禁運抵制。有幾個與會國家甚至宣布，他們的減產量要提高到一〇%。

十月十九日，尼克森要求國會撥款二十二億美元支援以色列。隔天，沙國和其他阿拉伯產油國便實施對美國全面石油禁運。[1]

石油禁運結束於一九七四年三月十八日，為期雖然短暫，卻影響甚鉅。沙烏地阿拉伯石油銷售價格從一九七〇年一月一日的每桶一．三九美元，躍升到一九七四年一月一日的八．三二美元。[2]政客及後來的政府官員永遠也忘不了一九七〇年代中期的教訓。從長遠來看，那幾個月的創傷反而強化了金權政體；其三大支柱——大企業、國際銀行和政府——從此緊密結合，建立起長久不墜的密切關係。

禁運也使得美國的態度和政策明顯改變。華爾街和華府誓言，絕不容忍類似的禁運重演。確保石油供應穩定，向來是美國的優先考量，自從一九七三年之後，它更成了美國無時不刻擔憂的事情。

石油禁運將沙烏地阿拉伯的地位提昇為世界局勢的一名玩家，並迫使華府認清沙國對於美國經濟的戰略重要性。更甚者，它助長了金權政體領袖想盡辦法要讓油元（petrodollar）回流美國，也讓他們仔細思量沙國其實欠缺適當的行政和組織架構來妥善管理暴發的財富。

高價石油帶來的額外財富，令沙烏地阿拉伯憂喜參半。它讓國庫平添數十億美元財富，卻也在無形中破壞了瓦哈比某些嚴謹的宗教信仰基礎。富裕的沙烏地阿拉伯人旅居世界各地，在歐洲和美國的學校或大學就讀，購買豪華名車，用西式物品裝潢家裡。原本保守的宗教信仰，被新興的物質主義所取代。而對於擔心下一次石油危機的美國人來說，物質主義正好提供了解決辦法。

石油禁運一結束，華府旋即和沙國展開談判。他們提供沙烏地阿拉伯技術支援、軍事設備及訓練，讓該國的發展能夠進入二十世紀。美國希望藉此換回油元，更重要的是，確保未來絕不再發生石油禁運。一個極不可思議的組織從談判結果中誕生：美國－沙烏地阿拉伯聯合經濟委員會（United States-Saudi Arabian Joint Commission on Economic Cooperatoin，JECOR）。該組織實踐了一種有別於傳統援外計畫的新思維：用沙烏地阿拉伯的錢雇用美國公司，來建設沙烏地阿拉伯。

該委員會的整體管理和財政責任，雖然交付美國財政部負責，然而它幾乎完全獨立運作。它在二十五年期間花掉數十億美元，卻不受國會實質監督。儘管財政部在其中扮演了一角，但由於當中並未涉及美國資金，因此國會無權干涉。

大衛．霍爾登（David Holden）和李察．強斯（Richard Johns）在全面研究JECOR之後，發表結論：「這是美國和所有開發中國家的類似協議中，影響最深遠的。它可能會大大鞏固美國在沙國的影響力，強化相互倚賴的理念。」[3]

財政部在初期便將MAIN引進此案，擔任顧問。我被召來，並告知我的職責很重要，無論是所知或所做的一切，全應視為高度機密。從我的職位來看，這似乎是一項祕密行動。當時，我還以為ＭＡＩＮ是該作業的領頭顧問；後來才了解，由於專業所需，我們只不過是他們物色的好幾位顧問之一。

因為一切都在高度機密下進行，財政部與其他顧問討論的情形我並不清楚，因此我也不確定在這場布局裡，自己的角色究竟有多重要。

不過我知道，這些安排為經濟殺手訂定了新標準，並以創新手法取代了傳統方式，來推動帝國利益。我也了解，由我研究發展出來的方案絕大多數都具體實現，ＭＡＩＮ也獲得了沙烏地阿拉伯第一個最主要的合約，利潤相當可觀。那年我得到一大筆紅利獎金。

我的職責是前景評估，說明如果將大筆資金投入公共基礎建設，對沙國有何影響，同時要規畫經費運用方案。一言以蔽之，他們要我盡量發揮想像力去解釋，在採用美國工程公司的前提下，挹注上億美元到沙國經濟體系的理由為何。他們要我獨立作業，不得倚賴屬下，還把我從部門辦公室隔離到更高樓層的一間小會議室裡。

他們還警告我，我的工作同時關係著國家安全和ＭＡＩＮ的潛在龐大收益。

我當然了解，此次主要目標不同於過往。讓一國負債到永無翻身之地只是次要，主要是確保大筆油元循道回流至美國。在這過程中，沙烏地阿拉伯會被拖下水，其經濟體系會逐漸和美國的體系相互糾葛，脣齒相依；如果預估正確，沙國會走向西化，更容易和美國的體系產生共鳴，進而整合在一起。

我開始作業以後便了解到，在利雅德街上晃盪的山羊是象徵性的關鍵：牠們是海外沙烏地阿拉伯闊佬心中的痛，在這個渴望進入現代化社會的沙漠王國，這些山羊等著被更適當的東西來取代。我也知道，ＯＰＥＣ的經濟學家一直強調，石油盛產國必須利用石油獲取更有附加價值的產品。他們呼籲這些國家，與其純粹輸出原油，不如發展自己的工業，生產石油相關產品，以高於原油的行情出售到世界各地。

這雙重領悟敞開了一道大門，讓我想到一計，我有把握會是雙贏的策略。山羊當然只是個起點。石油收入可以拿去雇用美國公司取代山羊，發展世界最先進的垃圾蒐集處理系統，此尖端科技可以讓沙國引以為豪。

我想到，山羊就好比方程式的一端，這個算式可以應用在沙國幾乎所有的經濟部門。無論在沙國皇家、美國財政部或ＭＡＩＮ的頂頭上司眼中，這都是個成功的公式。在這公式之下，資金可以指定用來成立工業部門，致力於將原油轉變成可輸出的產品。

大型石化工廠將自沙漠地表升起，矗立於大型工業園區當中。當然，這計畫少不了數千兆瓦特電力的發電廠、傳輸及配送纜線、高速公路、管線、通訊網路及交通運輸系統，包括新建機場、改良海港。各種服務產業應運而生，確保所有環節運行不止的基礎建設也不能少。

我們的期望都很高，希望這項計畫能夠變成世界仿效的榜樣。遊歷過海外的沙烏地阿拉伯人也會稱讚我們，他們會邀請各國領袖到沙國見證我們完成的奇蹟。這些領袖隨後也會請我們協助策畫類似的計畫，而且，絕大多數OPEC以外的國家都會透過世界銀行或其他借債方式來貸款。

如此一來，完全符合全球帝國的目標。

我逐步規畫這些構想的時候，不時想到山羊，想到我司機的話：「凡是有自尊心的沙烏地阿拉伯人，絕對不做收垃圾的工作。」我在不同的場合，也重複聽到類似的言論。很明顯的，沙烏地阿拉伯人根本不想讓自己人做這些奴僕般的差事，無論這工作是在工廠，或是大興土木的計畫案工地。

首先，勞動人手原本就不足。其次，沙國皇室曾經保證讓子民享有一定的教育和生活水準，這些都和勞力工作互相矛盾。沙國人可能願意應付其他工作，但他們根本不想、也沒有意願去當工廠或建築工人。所以，沙國必須從其他國家引進勞力——從一些人工便宜、人民需要工作的國家輸入。如果可能的話，最好是從中東地區或伊斯蘭國家，如埃及、巴勒斯坦、巴基斯坦及葉門等國輸入。

這層設想，又為這項開發案增添了大好新策略。外國勞工必須有地方住，因此興建大批住宅社區是有必要的，另外還需要購物中心、醫院、消防隊、警察局、自來水及汙水處理廠、電力、交通和運輸網路等——形同在這片沙漠憑空創造現代化城市。這裡也是研發新科技的好地方，例如海水淡化處理場、微波系統、醫療保健設施、電腦科技等等。

沙烏地阿拉伯是擘畫者的美夢成真，更可以實現任何與工程及建設相關的夢想。它展現了一個史無前例的經濟契機——一個財力資源無盡的未開發國家，渴望大步、快速邁入現代化。

坦白講，我非常喜歡這份工作。無論在沙烏地阿拉伯、波士頓圖書館或任何其他地方，都沒有具體的數據可以佐證這項計畫所使用的計量經濟模型。一個國家以前所未見的速度和規模進行轉變，事實上，它所涉及的規模之宏大，即使找得到歷史數據，也無法派上用場。

也沒有人期待會有這類的量化分析，至少在計畫現階段是沒有。我只要發揮想像力，寫些關於沙國輝煌未來的報告就行了。我用自己的經驗法則做估計，像是產生一百萬瓦電力所需的大概費用、公路長度，或一個勞工所需的飲用水、廢水處理、住屋、食物及公共服務。我不必將這些預估做得很精細，或做出最後結論。我的工作只是去描述這一系列計畫（說得更貼切點，就是「畫大餅」），粗略概估相關的可能性和費用即可。

我一直將真正的目的牢記在心：將對美國公司的支出預算做到最大極限，讓沙國逐漸倚賴美國。我很快就了解到這兩者有多密切。幾乎所有的新開發案，都需要後續的升級與服務，而且它們都屬於高科技，因此需要原開發公司來維護與更新。

事實上，隨著工作進行，我開始為每個有望的案子彙編兩種清單，一種是我們希望的設計與建合約，另一種是長期服務及管理協議。ＭＡＩＮ、貝泰、布朗－魯特、哈利波頓、石威和其他許多美國工程公司，在未來幾十年都會受益無窮。

除了純粹經濟之外，還有一些小轉折會讓沙國不得不依靠我們，不過方式截然不同。這個盛產石油的王國一旦現代化，將引發某些負面效應。比方說，保守的穆斯林會憤怒；以色列或其他鄰國會感受威脅。沙國的經濟發展會大量帶動另一個行業成長：保護阿拉伯半島。深諳此道的私人公司、美國軍方和國防工業，可望得到大量合約——當然，同樣是長期的服務和管理協議。這些協定出現之後，又會需要另一個階段的工程計畫，包括機場、飛彈基地、人員基地以及所有相關的基礎建設。

我將報告裝在密封的信封裡，透過辦公室公文收發系統，送給「財政部專案經理」。偶爾，我會遇到一、兩位小組的其他成員——MAIN副總裁跟我的頂頭上司。這個還在研擬階段的專案尚無正式名稱，目前也尚未隸屬JECOR，因此我們僅能私底下以SAMA稱之。字面上它代表「沙烏地阿拉伯洗錢案」（Saudi Arabian Money-laundering Affair）的縮寫，其實也是在玩文字遊戲；沙國的中央銀行就叫SAMA（Saudi Arabian Monetary Agency）。

有時候財政部也會派一位代表前來開會。我很少在會中發問。我主要是負責報告我的工作，回應他們的意見，同意試著去達成他們任何要求。長期服務和管理協議的構想，特別讓副總們和財政部代表印象深刻。其中一位副總還因此有感而發，說了一句日後我們經常引用的話，他將沙國引申為「一頭可以擠奶的乳牛，一直擠到大夥兒退休。」

對我而言，這句話總是令我想到山羊，而不是乳牛。

從諸如此類的會議上，我才知道，原來還有幾家競爭對手也涉入類似的任務，大家都希望拿到有利可圖的合約。我認為MAIN和其他公司在這草擬階段是自行負擔費用，用短期風險來換取參與的機會。我在員工每日工時紀錄卡上所記下的工時，變成了會計科目中的管理及總務費用，這更讓我確信自己的假設。大部分計畫在研擬或提案階段，都是這麼做的。以此案而言，初期的投資確實遠超過一般案件，不過，公司的副總們對於回收成本似乎勢在必得。

儘管知道競爭對手也參與其中，我們仍相信工作足夠大家分配。以我在這行業所待的時間，我也認為，從公司得到的回饋可以反映出財政部對於計畫的接受程度；能夠設計出最後實際方案的顧問，會拿到最好的合約。我把完成一個「從設計到施工」的規畫案當做個人挑戰。我已經是MAIN內部一顆迅速崛起的明星。如果我們成功的話，在SAMA扮演重要角色，保證能讓我加速發光發亮。

在會議中，我們也公開討論SAMA和整個JECOR運作可能會創下先例。它們代表一種創新方式，在無須透過國際銀行舉債的國家裡，創造有利可圖的工作。首先浮現腦海的，便是伊朗及伊拉克這兩個國家。

此外，就人性來看，我們覺得這些國家的領袖也可能被激起模仿沙烏地阿拉伯的念頭。毫無疑問的，一九七三年的石油禁運，最初看似一場極為負面的行動，結果竟給了工程和建設公司許多意外大禮，邁向全球帝國又拓展了一步。

我花了大約八個月時間在規畫階段，隱身在私人會議室或我那俯瞰波士頓公園的公寓裡，不過一次絕不超過數天的密集工作。我的下屬全都有指派的工作，雖然我會定期查看他們，但他們大都能自己照顧自己。隨著時間過去，這項工作的機密性也逐漸降低。愈來愈多人逐漸意識到有件和沙烏地阿拉伯有關的大案子正在進行。興奮之情高漲，謠言滿天飛。副總和財政部代表愈來愈公開——部分原因，我認為，是因為這項巧妙規畫案的細節漸趨明朗，他們掌握更多訊息的緣故。

在這逐漸成形的案子檯面下，華府希望沙國保證維持石油供應，價格波動能一直維持在美國及其盟國可接受的範圍內。如果伊朗、伊拉克、印尼、委內瑞拉等國以禁運要脅，沙國便能以龐大的石油供應來填補不足。只要沙國願意支援美國的風聲傳出去，長期下來，會讓其他國家不再考慮禁運。為了交換保證，華府提供沙國皇家極為誘人的交易條件：承諾提供全盤、明確的美國政治協助——必要時也提供軍事援助，以確保皇室在沙國持續享有實際統治地位。

以沙國的地理位置，既容易遭受伊朗、敘利亞、伊拉克和以色列等鄰國的侵襲，又缺乏軍事力量，這筆交易實在讓沙國皇室難以抗拒。當然，順理成章地，華府也趁機加上另一個關鍵條件，重新定位了ＥＨＭ在世界的角色，並成為日後可以應用在其他國家

（尤其是伊拉克）的模式。

如今回想起來，我真不懂沙國怎麼會接受這種條件。當阿拉伯世界、ＯＰＥＣ及其他伊斯蘭國家發現這項交易條件、發現皇室對華府的屈從態度之後，無不為之膽寒。

這條件是，沙烏地阿拉伯要用油元購買美國政府債券，債券所生的利息由美國財政部拿來建設沙烏地阿拉伯，讓它從一個中世紀社會邁入現代化、工業化的世界。換句話說，沙國數十億美元的石油收入加上複利，將用來付給美國公司，以實現我（和其他競爭者）所規畫出來的願景，將沙國打造成一個現代化的工業強國。美國財政部會用沙國經費來雇用我們，發展公共基礎建設，甚至在阿拉伯半島各地興建城市。

沙烏地阿拉伯人雖然有權針對計畫提供意見，實際上，這是由一批外國菁英（以穆斯林的眼光來看，大多是異教徒）決定了阿拉伯半島未來的面貌與經濟結構。而這些都發生在一個以保守的瓦哈比信仰為建國基礎，且幾世紀以來據此執政的王國。對他們而言，這是極為大膽的放手一搏。然而考量到現實，由於華府施加的政治和軍事壓力，我認為沙國皇室覺得他們別無選擇。

從我們的角度來看，這前景的龐大利益似乎無窮無盡。這是再肥美不過的交易，更可望開創先例。錦上添花的是，一切不必經由國會審核——這是所有的企業，尤其像貝泰和MAIN這類私人公司最痛恨的程序。他們寧願保密，不要和任何人共享。

中東研究所（Middle East Institute）兼任學者，前新聞記者湯瑪斯・李普曼（Thomas W. Lippman）生動地敘述了這項交易的特色：

> 在錢堆裡打滾的沙烏地阿拉伯人，將上億美鈔送進財政部。財政部緊守這批資金，直到必須支付賣方或員工時方才動用。此機制確保沙國資金回流美國經濟體系……它亦確保被委任之經理人可以進行任何他們與沙國人同意並認定有價值的方案，不用向國會交代。[4]

建立這項歷史性交易的參數所花的時間，比任何人想像的都來得短。不過，我們隨後還必須想出履行的辦法。要讓這程序開始進行，必須由政府最高層派人前往沙烏地阿拉伯，此乃高度機密的任務。

我一直不確定這位特使是誰，不過我推測應該是季辛吉（Henry Kissinger）。

無論該特使是誰，他的首要任務是提醒沙國皇室，看看鄰國伊朗的莫沙德試圖剝奪英國石油利益的後果。其次，他要勾勒出一個難以抗拒的誘人計畫，實則向皇室表達他們其實別無選擇。我相信沙國必定留下了無庸置疑的清楚印象：若非接受美國的提議，並因此得到美方支持皇室統治的保證，要不就是加以拒絕，步上莫沙德後塵。特使回到華府，帶來沙國願意配合的訊息。

不過，還有一個小小的障礙。我們必須說服沙國政府裡面的一些關鍵人物。就我們所得到的訊息，這屬於家族問題。沙烏地阿拉伯並不是民主政體，然而皇室內部仍必須達成共識。

一九七五年，我被分派到其中一位關鍵人物。我視他為W王子，雖然我一直不確定他是否真的被加冕過。我的工作是說服他，讓他相信沙烏地阿拉伯洗錢案不但對其國家有利，對他個人也有好處。

這件事看來輕鬆，執行起來卻不容易。W王子自稱是忠實的瓦哈比信徒，並堅持他不希望看到國家步上西方商業主義的後塵。他也宣稱他了解我們建議背後的陰險狡詐。他說，我們的目的就和一千年前的十字軍一樣，想要將阿拉伯世界基督教化。

事實上，有些部分他說對了。就我看來，我們和十字軍只是程度上的差別而已。歐洲中世紀的天主教宣稱，他們的目的是要將穆斯林從煉獄中拯救出來；我們現在則宣稱，要協助沙烏地阿拉伯現代化。老實說，我認為十字軍就和金權政體一樣，主要目的都是擴張帝國版圖。

撇開宗教信仰不談，W王子有個弱點——他喜歡金髮美女。提到這個似乎有點荒唐，現在也成了一種不盡公平的刻板印象。我必須說明，W王子是我認識的阿拉伯人當中唯一熱衷此道者，或至少，他是唯一願意讓我知情的人。不過，在建構這項歷史性的交易過程，這癖好還扮演了一定的角色，更顯示出我為了達成任務，一切在所不惜。

第十六章　援交、金援、賓拉登

打從一開始，W王子就向我表明，希望每次來波士頓拜訪我的時候，都能有一位他中意的美女隨行招待，這美女除了單純的伴遊之外，還要提供額外服務。不過，他絕對不要專業的應召女郎，不要一個讓他的家族成員隨時會在街頭或雞尾酒會碰到的人。由於我和W王子的會面都是祕密進行，他的要求不難做到。

「莎莉」是住在波士頓地區，我知道王子會喜歡她的金髮和藍眼。其夫婿是聯合航空公司的飛行員，無論在工作或休假時間經常飛到各地，他也不怎麼隱瞞自己不忠的行為。莎莉對先生的行為也是一副滿不在乎的態度。她很感謝他這份薪水，有豪華的波士頓公寓房子，還有當年飛行員配偶所享有的福利。她同意和W王子見面，不過有個條件：她堅持他們之間未來的關係，要視他的表現和他對她的態度而定。

我運氣很好，兩個人對彼此都很滿意。

W王子與莎莉的風流韻事，是沙烏地阿拉伯洗錢案的外一章，它卻對我造成另一重煩惱。MAIN嚴格禁止合夥人從事任何非法活動。從合法性來看，我是在仲介性交易──拉皮條──這在麻省是非法的，因此，我需要想辦法來支付莎莉的服務費。很幸運地，會計部門對我的開銷帳目管得很鬆。我給小費時一向出手大方，因此說服了波士頓一些豪華餐館的服務生給我一些空白收據；那個年代的收據還都是用手寫的。

隨著時間推移，W王子膽子也愈大。最後，他要我安排莎莉前往阿拉伯，住到他的私人別墅。這在當時也不算是前所未聞的要求，某些歐洲國家和中東地區之間也有這種積極交易年輕女子的行為。這些女子都簽有一定時間的合約，合約到期便返家享受豐厚的銀行存款。前中情局行動處二十年的資深特工人員及中東專家羅伯·拜爾（Robert Baer），便寫道：「一九七〇年代早期，油元開始湧進中東之際，積極進取的黎巴嫩人開始替沙國王公貴族走私妓女……由於皇室當中沒有人懂得怎麼平衡財務收支，這些黎巴嫩人便開始暴富。」[1]

這種狀況我很熟悉，我甚至認識有辦法安排這類合約的人。不過，對我而言，我還有三個主要障礙：莎莉、付款問題，還有我的行為既非法又不道德的事實。我很確定莎莉不可能離開波士頓，搬到中東的沙漠豪宅去住。另外，事態也很明顯，沒有任何空白餐廳收據可以讓我報銷這麼大筆的費用。

W王子幫我解決了後者，他向我保證他自己會支付這位新情婦的費用，我只要負責安排就行了。他還向我透露，往赴沙烏地阿拉伯的「莎莉」和陪同他在美國出遊的不必是同一人，我真是大大鬆了一口氣。我打了幾通電話給一些在倫敦及阿姆斯特丹擁有黎巴嫩人脈的朋友。一、兩個星期之後，一位莎莉替身便簽約了。透過倫敦和荷蘭的那些人進行交易，解決了我所擔憂的合法性問題。我試著安撫我的良心，告訴自己大家都是成人了，都有能力自己做出決定，我又有什麼立場評價別人呢？

W王子是個個性複雜的人。莎莉滿足其身體慾望，而我在協助王子這方面的辦事能力也贏得他的信任。然而這些都無法說服他，讓他接受SAMA的策略，並推薦給他的國家。我得絞盡腦汁來說服他。我花了很多時間把統計數據拿給他看，並協助他分析我們替別的國家所進行的研究，包括我跟著克勞汀受訓期間和前往印尼數月之前，替科威特設計的經濟模型。終於，他的態度軟化。

我不清楚其他EHM和沙烏地關鍵人物之間的細節。我只知道整套計畫案終於被皇室批准。MAIN贏得其中首件最賺錢、由美國財政部管理的合約。我們負責對該國雜亂、過時的電力系統進行整體評估，並重新設計一套符合美國標準的發電系統。

按慣例，由我派遣首批小組人員登陸，針對各區域展開經濟和電力負荷預估作業。其中有三位是我的手下，他們對國際專案全都很熟悉。小組正準備出發前往利雅德之際，公司的法務部門傳話過來：根據合約條款，我們必須在幾個星期內，在利雅德設立一個有完整配備、可以完全運作的辦公室。這項條款顯然過了一個月都沒有人注意到。我們和財政部的合約上還規定，所有設備必須是美國或沙烏地阿拉伯製造。但沙國並沒有製造這些東西的工廠，因此一切都得從美國運送過去。更惱人的是，排隊等候進入阿拉伯半島港口的油輪大排長龍。非得等上數個月，才能等到一艘載運裝備的貨船。

ＭＡＩＮ不會因為幾個房間的辦公家具，就丟掉這麼有價值的合約。所有參與此事的合夥人在一次會議中，花了幾個小時集思廣益。我們想出解決辦法：包一架波音七四七飛機，裝載從波士頓地區購買的設備，直接空運到沙烏地阿拉伯。我當時還心想，如果這架飛機是聯合航空的，而負責的飛行員的太太就是曾經扮演關鍵角色、帶著沙國皇室四處逛的那位，一切不就更合適了？

美國和沙烏地阿拉伯之間的交易，似乎在一夜之間將這王國改頭換面。山羊被兩百輛全新的鮮黃色美國垃圾壓縮卡車所取代，還附加一項與美國廢棄物管理公司（Waste Management, Inc.）的兩億元合約。[2]

類似情形還包括沙國每個經濟部門的全面現代化，從農業、能源、教育到通訊。李普曼在二〇〇四年觀察到：

美國人運用想像力，將一片廣袤荒蕪、點綴著遊牧民族帳棚與農人泥巴茅屋的大地改頭換面，從街角的星巴克到配備輪椅專用斜坡的最新式公共大樓，應有盡有。今日的沙烏地阿拉伯已經非同凡響，有高速公路，電腦，具備空調設施的大型室內購物中心，裡面充斥著美國繁華市區處處可見的浮華商店、高級旅館、速食店、衛星電視、現代化醫院、高聳的辦公大樓，還有以雲霄飛車為號召的主題樂園。[3]

我們在一九七四年構思的計畫，成為日後與石油盛產國交涉的標準。從某種程度來說，SAMA／JECOR是繼柯密特．羅斯福在伊朗立下汗馬功勞之後的另一個成就高峰。它引進一種更精緻創新的政治經濟武器，供全球帝國新一代的戰士使用。

沙烏地阿拉伯洗錢案和JECOR也在國際司法體系創下先例。伊迪．阿敏（Idi Amin）的例子可見一斑。這個惡名昭彰的烏干達獨裁者在一九七九年被放逐後，得到沙烏地阿拉伯的政治庇護。雖然一般咸認他是個殘忍暴虐的獨裁者，應該為十萬至三十萬喪生的百姓負責，然而他依舊過著奢華的退隱生活，享有沙國皇室供應的轎車和家庭僕役。美國雖然私底下反對，卻拒絕公開施壓，唯恐動搖和沙國之間的協議。阿敏的晚年則在釣魚、海邊漫步中輕鬆度過。二〇〇三年，他因腎衰竭在吉達（Jeddah）去世。[4]

不過，最敏感也最具殺傷力的，是沙烏地阿拉伯被默許去金援跨國恐怖行動。一九八〇年的阿富汗戰爭，美國毫不隱瞞地指使沙國皇室金援賓拉登（Osama bin Laden）以對抗蘇聯；利雅德與華府連手拿出約三十五億美元資助伊斯蘭武裝分子。[5]但是美國和沙烏地阿拉伯的介入還遠不止於此。

二〇〇三年末，《美國新聞與世界報導》（*U.S. News & World Report*）進行一項題為〈沙烏地連線〉（The Saudi Connection）的深入研究。該雜誌調閱數千頁法庭紀錄、美國及外國情報等相關文件，訪談數十位專精中東和恐怖主義的官員與專家。最後的發現包含了下列結果：

> 證據確鑿：據財政部一位資深官員形容，沙烏地阿拉伯，美國的長期盟友及世界最大產油國，已經成為恐怖分子的金援「中樞」……

> 從一九八〇年代晚期開始，伊朗革命和蘇聯入侵阿富汗雙雙震驚世界之餘，沙國的半官方慈善事業，成了資助快速擴張的「聖戰」（jihad）行動的主要來源。這些資金散布在二十多個國家，用在軍事訓練營、購買武器及招募新血……
>
> 據某些退休情報官員指稱，沙國的慷慨讓美國官員樂意轉移注意力。數十億美元的合約、補助金或酬勞落入眾多曾經和沙國交涉的美國前官員口袋，包括外交使節、中情局駐外人員，甚至內閣首長等……
>
> 從電子截聽的交談顯示，皇室成員不但支持基地組織（Al-Qaeda），同時也支援其他恐怖分子團體。[6]

自從二〇〇一年美國世貿中心和五角大廈攻擊事件之後，有更多證據浮出，顯示華府和利雅德之間的關係密切。二〇〇三年十月，《浮華世界》（*Vanity Fair*）雜誌以〈拯救阿拉伯人〉（Saving the Saudis）為題的一則深入報導，揭露過去不曾公開的消息。報導中披露布希家族和沙國皇室、賓拉登家族之間的關係，對此我一點也不訝異。我知道他們這層關係至少在一九七四年沙烏地阿拉伯洗錢案便已經開始，持續到老布希出任聯合國大使（一九七一至七三年）及中情局局長（一九七六年至七七年）。

讓我驚訝的是，真相總算公諸媒體。

《浮華世界》的結論是：

> 布希家族和沙國皇室可謂世界最有權勢的兩大家族，彼此之間的私交及政商關係長達二十多年……。
>
> 沙國皇室私底下資助哈肯能源（Harken Energy Corporation），一間岌岌可危、由小布希投資的石油公司。最近，前總統老布希和其長期搭檔，前國務卿貝克（James A. Baker III），連袂出席沙國皇室為卡萊爾集團（Carlyle Group）的募款活動，該集團堪稱世界最大的私人股權公司之一。今天，這位前總統依舊擔任該公司的資深顧問，而公司的投資人當中，據稱包括一名被控和恐怖份子支援團體有關的沙烏地阿拉伯人……
>
> 就在九一一發生後數日，幾位富有的沙烏地阿拉伯人，包括賓拉登家族的成員在內，搭乘私人噴射機迅速逃離美國。沒有人會承認放行飛機，乘客也沒有遭到盤查。難道是布希家族和沙國之間的長期關係，才讓此事得以發生？[7]

第三部

一九七五年～一九八一年

第十七章——巴拿馬運河談判與格雷安・葛林

沙烏地阿拉伯創造了許多事業。我的事業早已順利展開，但在沙漠王國的成功，確實為我開啟了另一番新契機。

到了一九七七年，我已經建立了自己的小小帝國，手下約有二十位專業人員駐守波士頓辦公室，還有一群來自MAIN在全球各地其他部門或辦事處的顧問。我成了公司一百多年歷史以來最年輕的合夥人。除了首席經濟學家的頭銜之外，我還被任命為「經濟及區域規畫」經理。我到哈佛等地演講，報紙媒體經常向我邀稿談論時事。[1]我有一艘遊艇停泊在波士頓港灣，靠近史上赫赫有名、暱稱「老鐵甲」的「憲法號」（Constitution）戰艦，這艘戰艦在美國獨立戰爭後不久，因擊退巴巴利（Barbary）海盜而揚名。我的收入豐碩，資產淨值可以讓我在四十歲之前便躋身百萬富翁的行列。確實，我的婚姻破裂了，然而，我卻在各大洲與不同女性消磨時光。

詹柏帝想到一招創新的辦法來做經濟預測：以世紀之交一位俄國數學家的著作為基礎，建構出一種新的計量經濟模型。方法是將主觀機率（Subjective Probabilities）加入預測當中，用以指出經濟結構的特定部分會成長。這似乎是個頗為理想的工具，可以用來佐證我們希望呈現的誇大成長率，好弄到更高的貸款金額。詹柏帝問我，有沒有辦法運用這個概念弄出什麼東西來。

我把一位年輕的麻省理工學院數學家普拉薩博士（Dr. Nadipuram Prasad）引進部門，給了他一筆預算。不到六個月的時間，他就發展出一個應用在計量經濟模型的馬可夫方法（Markov method）。我們一起努力不懈地寫出一系列專業論文，說明馬可夫是革命性方法，可以預測投資基礎建設對經濟發展的影響。

這正是我們想要的：我們需要一種工具，能用科學方法來「證明」我們是在幫助這些國家，而採取的方式是要他們累積永遠也無法還清的債務。除此之外，只有技巧高超，又有大量時間和金錢的計量經濟學家，才可能了解馬可夫方法的錯綜複雜，或質疑其推論結果。這些論文在幾個著名的機構發表，我們也在不同國家的會議及大學正式發表論文。

這些論文——還有我們本人——在業界都變得很出名。2

杜里荷和我信守兩人私下的承諾。我負責把關做出實在的研究，提出的建議案也顧慮到窮人。雖然我聽到抱怨，說我的巴拿馬預測沒有達到一般的灌水標準，甚至還帶有社會主義的味道，不過，MAIN仍不斷從杜里荷政府拿到合約。這些合約還包含了首次出現的創新總體計畫，涉及農業與多種比較傳統的基礎建設部門。我也從旁觀察杜里荷和吉米．卡特（Jimmy Carter）總統即將展開巴拿馬運河條約的重新磋商。

巴拿馬運河磋商在世界各地引起極大注目。各地民眾都在等著看美國是否會做出多數人都認為合理的決議，將管理權交還巴拿馬人，或是美國打算重新建立快被越戰瓦解的全球版「天命論」。對許多人而言，通情達理又富有同情心的卡特總統上任得似乎正是時候。然而，華府保守派和右派宗教界皆發出憤慨的叫囂。我們怎能放棄這個國防堡壘，這個象徵美國足智多謀、能將南美財富和美國商業利益與妄念綁在一起的運河呢？

幾次出差到巴拿馬，我都習慣住在洲際飯店。不過，第五次前往巴拿馬的時候，由於洲際飯店正在進行翻修，工程十分吵雜，只好住進對街的巴拿馬飯店。

起初，我對這一切所造成的不便感到很厭煩，因為洲際飯店一直是我在異鄉的家。然而現在，坐在巴拿馬飯店格局寬闊的大廳裡，有藤椅、船槳狀的木質吊扇，我對這裡漸漸地產生好感。這裡幾乎可以當成《北非諜影》（*Casablanca*）的場景，在我的綺思幻想中，彷彿亨佛萊·鮑嘉（Humphrey Bogart）可能隨時會走進來。我放下手邊的《紐約書評》（*New York Review of Books*），剛讀完裡面有一篇格雷安·葛林（Graham Greene）撰寫的關於巴拿馬的文章。我瞪著電風扇葉片，回想起約莫兩年前的一個夜晚。

「福特總統太軟弱，他不會連任的。」這是杜里荷一九七五年在巴拿馬市一間私人俱樂部所做的預言。當時他對著一群頗有影響力的巴拿馬人演說。我是少數幾位受邀出席的外國人，地點在一個雅致的老俱樂部。「這也是為什麼我決定加速進行巴拿馬運河這件事。現在正是發動全面的政治攻勢，把運河贏回來的好時機。」

這場演說啟發我許多靈感。我回到旅館，信筆寫了一封信，隨後寄給《波士頓環球報》（*Boston Globe*）。回到波士頓之後，一位編輯回應我的信，打電話到辦公室請我寫一篇時事評論特稿。我很清楚這個舉動很冒險，但我對巴拿馬運河的議題深有所感，而且現在回頭看，我看得出這麼做對我當時工作上日漸增長的挫折感有所幫助。再者，我對自己說，杜里荷會欣賞我這麼做，我也能藉此讓ＭＡＩＮ在巴拿馬拿到更多生意。

一九七五年九月十九日，〈殖民政策不適合一九七五年的巴拿馬〉（Colonialism in Panama Has No Place in 1975）刊登出來，幾乎占了時事評論版的半個版面。

文章中提出三個明確的理由支持將運河交還巴拿馬。第一，「當前局勢不公義——這是任何決議的最佳理由。」第二，「現存條約造成的安全危機，遠比將控制權交還巴拿馬人更嚴重。」我引用洋際運河委員會（Interoceanic Canal Commission）所做的研究結論：「任何人只要在加頓水壩（Gatun Dam）埋設一顆炸彈，就能讓船運交通中斷兩年。」關於這點，杜里荷將軍也曾經公開強調過。第三，「對於原本就動盪不安的美國與拉丁美洲關係，目前局勢只會製造更嚴重的問題。」文章結尾，我這麼寫著：

為確保運河持續有效運作的最好方法，就是協助巴拿馬人贏回運河控制權並全權負責。我們將會因為發起這項行動而感到驕傲，它重申美國兩百多年前的誓言，對於「民族自決」理想的承諾……

殖民政策曾於一九〇〇年世紀交替之際蔚為風行，一如一七七五年。以當年的時空背景來看，承認這樣的條約或許尚可理解。但時至今日，如此的行為已經沒有正當性。殖民政策在一九七五年已經不適用了。美國在慶祝兩百年國慶之際，應當覺悟這點，並順應時勢而為。[3]

寫這篇文章是我個人的大膽之舉，尤其我當時才剛晉升為MAIN的合夥人。合夥人應該避免和新聞媒體接觸，尤其應該避免在新英格蘭最有聲望的社論版發表政治抨擊。我從組織內部公文收發系統收到成堆惡意、大多匿名的批評字條，和文章影本訂在一起。我認出其中一個筆跡，確信那是查理寫的。他是我在MAIN的第一個專案經理，在公司待了超過十年，卻沒有晉升為合夥人（而我的資歷還不到五年）。字條上畫著一個醒目的骷髏和兩根交叉的骨頭，內容很簡單：「這共匪真的是公司的合夥人嗎？」

詹柏帝把我叫到辦公室，說道：「這件事會讓你吃足苦頭。MAIN是個很保守的地方。不過，我想讓你知道，我認為你是個聰明人。杜里荷會愛死這篇東西，我倒是很希望你寄一份給他看。嗯，辦公室這些惡作劇的傢伙，那些認為杜里荷是社會主義的人，只要有工作源源不斷進來，他們才它媽的不會在乎。」

詹柏帝說得沒錯——他一向如此。時序到了一九七七年，卡特入主白宮，運河磋商正在嚴肅進行。許多MAIN的競爭者選錯邊，早就被請出巴拿馬，我們的案子卻不斷增加。現在我坐在巴拿馬飯店的大廳，剛剛讀完葛林在《紐約書評》的文章。

這篇題為〈五個邊疆的國家〉（The Country with Five Frontiers）的文章，猛烈撻伐巴拿馬國民兵高階軍官的腐化。葛林指出，將軍承認給予屬下不少特權，比方說高級住宅，因為「如果我不給他們，中情局會給。」跡象很明顯，美國情報組織決心跟卡特總統過不去，如果有必要，他們甚至不惜賄賂巴拿馬軍事首長，以擾亂運河條約談判。[4]

我不禁懷疑，這些豺狼是不是已經開始包圍杜里荷了。

我曾經在《時代》雜誌或《新聞週刊》（*Newsweek*）的人物專欄，看見一張杜里荷與葛林的合照。照片標題表示，小說家原本是將軍的座上嘉賓，後來兩人成為好友。我暗忖，將軍顯然很信任小說家，對他寫的這篇批評不知作何感想。

葛林的文章提起另一個問題，與一九七二年那天我和杜里荷的對談有關。當時，我以為杜里荷已經知道，外交金援的把戲就是在讓他致富的同時，亦陷其國家於負債的枷鎖。

我當時很有把握，將軍知道這套方式的前提假設是：「所有掌權者都會腐化」。如果他放棄追求個人私利，寧願拿外交援助去幫助真正需要的人民，一定會被視為一種威脅，最終造成整套機制坍垮。全世界都在注意這個人，他的行動所衍生的結果，影響力遠遠超出巴拿馬國界之外，故不能掉以輕心。

我也曾疑惑，如果巴拿馬將貸款用在幫助貧民，卻沒有造成無法清償的債務，金權政體會有何反應。現在我也想知道，杜里荷是否後悔那天和我敲定的交易。我自己也不確定，我究竟對那些交易有什麼感想。我曾經放下經濟殺手的角色，丟下自己的遊戲規則，反而去玩他的把戲，接受他對「誠實」的堅持，以換取更多合約。

純粹從經濟方面來看，這對MAIN是個聰明的交易，卻和克勞汀灌輸給我的觀念背道而馳，也會讓全球帝業無法往前推進。他們現在是否已經放豺狼出籠了呢？

我記得，那天我離開杜里荷的小木屋時，心裡還想著，拉丁美洲史上已經散落了一地英雄的白骨。一個靠著貪腐公眾人物來運作的機制，對於拒絕腐化的公眾人物是毫不留情的。

就在這時，我以為自己眼睛花了。一個熟悉的身影慢慢穿過大廳。

起初，我還以為是亨佛萊鮑嘉，可是鮑嘉早就過世。後來，我終於認出這位閑步經過面前的就是鼎鼎大名的當代英國文學家，是《權力與榮耀》（*The Power and the Glory*）、《喜劇演員》（*The Comedians*）、《哈瓦那特派員》（*Our Man in Havana*），還有我剛才放回桌上那篇文章的作者。葛林猶豫了一會兒，環視四周，遂往咖啡廳走去。

我很想大聲喊住他，或追上前去，但我克制自己，心底有個聲音說，他需要隱私；

另一個聲音警告，他可能會迴避我。我拿起《紐約書評》，很驚訝自己過沒多久就站在咖啡廳入口處。

那天早上我已經用過早餐，餐廳主任奇怪地看我一眼。我環顧四周。葛林就獨自坐在靠牆的一張桌子。我指指他旁邊的桌子。

「那邊！」我告訴餐廳主任：「我能不能坐在那兒，再用一份早餐？」

我付小費一向很大方，餐廳主任會意地微笑，領我到那張桌子。

小說家正聚精會神地讀著報紙。我點了咖啡、可頌麵包加蜂蜜。我很想知道葛林對巴拿馬、杜里荷及運河事件的想法，但不知該如何開口。就在此時，他抬起頭來，啜飲一口杯中飲料。

「對不起！」我說。

他瞪著我——或看似如此。「嗯？」

「抱歉打攪了。請問您是格雷安．葛林嗎？」

「是啊，沒錯！」他親切地微笑。「在巴拿馬大部分的人都不認識我。」

我滔滔不絕地說他是我景仰的作家，然後簡短地自我介紹，包括我在MAIN的工作以及和杜里荷的會面等。他問我，是否就是寫了那篇美國撤離巴拿馬社論的顧問。

「《波士頓環球報》，如果我沒記錯？」

我啞然失聲。

「真是勇氣可佳，以你的身分而言。」他說道：「一起坐吧？」

我移到他那張桌子，坐了應該有一個半小時左右。從聊天中，我才了解原來杜里荷與他的關係十分親近。他談到將軍時，有時就像談到自己的兒子一樣。

他說：「將軍邀我寫一本有關他國家的書。我現在正全心寫這個。這是一本非小說──有點偏離我的路線。」

我問他，為什麼他通常只寫小說，不寫非小說類的東西。

「小說比較安全。」他說：「我的小說主題大都具有爭議性。越南、海地、墨西哥革命。很多出版社不敢出這類非小說的東西。」他指指我放在桌上的《紐約書評》。「那類文字會造成很大的傷害。」然後，他微笑道：「況且，我喜歡寫小說。小說給我更多自由。」他認真地看著我。「最要緊的是，可以寫些事關重大的東西。就像你在《波士頓環球報》寫有關運河的文章。」

葛林對杜里荷的欽佩溢於言表。這位巴拿馬領袖帶給小說家的印象，似乎一如他帶給貧窮和受剝奪者的感受。葛林也十分關心他朋友的生活。

「這是一番很大的勇氣和努力，」他強調，「去反抗北方的巨人。」他難過地搖搖頭。「我很擔心他的安全。」

到了他該離開的時候了。

「我得趕飛機到法國去了。」他說著，慢慢起身，跟我握手。他注視我的雙眼：「你何不寫本書？」他鼓勵性地對我點點頭。「你有這個潛力。不過，記住！要寫事關重大的事情。」他轉過身離去。隨後又停下腳步，往餐廳這裡走回幾步。

「別擔心，」他說：「將軍會贏的。他會把運河奪回來。」

杜里荷確實奪回運河。同一年，一九七七年，他成功地和卡特總統簽定新條約，將巴拿馬運河區及運河本身交還給巴拿馬人。白宮必須說服美國國會同意該條約，一場冗長艱苦的辯論隨之展開。最後投票表決，運河條約以一票之差正式通過。保守派誓言報復。

多年之後，葛林的非小說著作《一代將領》（*Getting to Know the General*）問世，他將該書「獻給我的朋友奧瑪・杜里荷在尼加拉瓜、薩爾瓦多及巴拿馬的朋友們。」[5]

第十八章 伊朗王者之王

一九七五年到七八年期間，我經常前往伊朗。有時候，我直接在拉丁美洲、印尼和德黑蘭之間往返。相較於我們工作的其他國家，伊朗國王（The Shah of Shah，字面意義為「王者之王」，是他的正式頭銜）的情況完全不同。

伊朗和沙烏地阿拉伯一樣，都是石油盛產國，不需要透過貸款來支付一系列高瞻遠矚的計畫。然而，這兩國有個明顯的不同。伊朗的人口雖然大多都是中東人與穆斯林，卻不是阿拉伯人。他們的人民都是什葉派，而非遜尼派。絕大多數的伊朗女性都不用戴面紗，事實上，有些人甚至會穿迷你裙。此外，伊朗歷史上政治紛擾不斷，無論是國內戰亂或與鄰國的關係。因此，美國採取了不同的方式：華府與商界聯手將國王的形象扭轉成進步的象徵。

我們極力要向世人展現，成為美國企業及政治利益的民主盟友，將能擁有何等勢力，完成何等作為。

姑且不論伊朗國王那個不民主的頭銜，中情局暗中推翻民主程序產生的總理等事實，華府和其歐洲盟友決心向世人展現，除了伊拉克、利比亞、中國、韓國及其他反美主義暗潮洶湧的國家之外，我們還有伊朗政府可以做為另一種表率。

表面上看來，伊朗國王是社會低下階層的革命之友。一九六二年，他下令分割大片私有土地，分配給農民持有。翌年，他發動白色革命（White Revolution），展開密集的社會經濟改革。OPEC勢力在一九七〇年代強大起來，伊朗國王逐漸成為一位有影響力的世界領袖。在同一時期，伊朗發展成中東伊斯蘭世界最強大的軍事力量之一。[1]

MAIN所參與的計畫，幾乎涵蓋伊朗大部分國土，從北邊的裏海沿岸觀光地區，到南邊扼守赫姆茲海峽（Strait of Hormuz）的祕密軍事基地。我們工作的重點同樣是預估區域發展潛力，設計發電、傳輸及配送系統，供應工商業成長所需的一切能源，進而實現這些預估。

我陸續考察了伊朗的主要區域。我循著古老商隊路線，越過沙漠高山，從克曼省（Kirman）到阿巴斯港（Bandar 'Abbas），拜訪波斯波利斯（Persepolis）古城，徘徊在古王朝的宮殿遺址，欣賞世界文化遺產。我參觀該國最著名也最壯觀的遺跡：設拉子

（Shiraz）、伊斯法罕（Isfahan），及波斯波利斯附近壯觀的帳篷之城，此為伊朗國王的登基之地。經過這些旅程，我由衷喜歡上這片土地及其複雜的民族。

表面上，伊朗似乎是基督教與伊斯蘭教合作的典範。然而，我很快發現，平靜的外表下其實暗潮洶湧。

一九七七年某個深夜，我回到旅館房間，發現有張字條塞在門縫下面。字條上的簽名讓我嚇了一跳，那人就是亞敏（Yamin）。我從來沒見過他，不過有次在政府簡報的時候，有人跟我提起，他是最出名、最危險的一名激進分子。字條上用漂亮的筆跡寫著，邀請我到某家餐廳和他會面。不過，上面還有一句警告：除非我有興趣了解伊朗的另一面才赴會，那是大部分「我這個身分」的人永遠看不到的一面。我心想，亞敏是否知道我真正的身分。我知道自己冒著很大風險，然而，會見這個謎樣的人物，實在是讓人難以抗拒的誘惑。

計程車放我在一座高牆的小門前面下車，高牆後的建築完全看不見。一位伊朗女性引我進去，帶我經過一處長廊，低低的天花板垂下華麗的油燈，照亮了整條長廊。行到走廊盡頭，我們進入一處室內，裡面的光線有如鑽石般閃耀，令人目眩。等到我兩眼終於適應，我看見四面牆壁全部鑲滿半寶石和珍珠。餐廳點著白色長蠟燭，插在雕工精緻的銅製吊燈上。

一位留著黑色長髮的高大男子，身穿一套剪裁合宜的深藍色西裝，向我走來，並跟我握手。他自我介紹，他是亞敏，從他的口音聽得出來，他是在英國學校體系受教育的伊朗人。

我馬上愣住，因為他看起來一點都不像危險激進分子。

他領我經過幾桌正在安靜用餐的雙雙對對，來到一個僻靜之處；他向我保證，我們的談話絕對隱密。我的直覺是，這家餐廳專門招待密會的情人。而我們很可能是當晚唯一沒在談情說愛的一對。

亞敏非常具有熱忱。從我們談話之中可以明顯發現，他以為我只是一名經濟顧問，而非另一個別有用心的人物。他解釋說，他之所以挑中我，是因為他知道我曾是和平工作團的志工，另外還有人告訴他，我會利用各種機會去了解他們的國家，和民眾打成一片。

「跟你的同業相比，你很年輕。」他說：「你真正關心我們的歷史和目前的問題。你代表我們的希望。」

他的態度、這樣高雅別緻的場景以及他的西式穿著，還有餐廳內的這麼多人，都讓我感到比較放心。我已習慣了人們對我以朋友相待，就像爪哇的拉西、巴拿馬的斐岱爾。我把這個際遇當做讚美和機會。我明白，我之所以和其他美國人不同，在於我對所到之處都深感著迷。我也發現，一旦你敞開眼耳和心胸去接受對方的文化，人們很快便回應予熱情。

亞敏問我是否知道「沙漠繁榮計畫」（Flowering Desert Project）。[2]

「國王相信，我們的沙漠曾經是一片肥沃的土地和茂密的森林。至少他是這麼說的。根據這項揣測，在亞歷山大大帝統治期間，大軍橫掃這片土地，成千上萬的山羊、綿羊跟著軍旅行進。動物吃掉所有的青草和植物。消失殆盡的植物造成乾旱，最後導致整片大地成為一片黃沙。現在，按照國王的講法，我們只需要遍植成千上萬株樹木就行了。於是在轉眼間，甘霖將重回大地，沙漠又會恢復生機。當然，在這個過程當中，我們得花費成千上萬的經費。」他高傲地微笑。「像貴公司這樣的機構，自然是得利豐碩。」

「你似乎不相信這套說法。」

「沙漠不過是個象徵。綠化沙漠所涉及的範圍，遠遠不止農業。」

幾位侍者托著擺盤精緻的伊朗料理朝我們走來。亞敏先請求我的允許，才動手從不同的餐盤中挑了幾樣食物。然後，他轉向我。

「容我冒昧請教您一個問題，柏金斯先生。是什麼毀滅了你們印地安原住民的文化？」

我回答道，我認為原因很多，貪婪、更精良的武器都是。

「是，沒錯。不過追根究柢，難道不都是因為自然生態被破壞的緣故？」他接著解釋，一旦森林和動物（如野牛）的棲地被破壞，原住民被迫遷徙到保留區，整個文化的根基便瓦解了。

「你看，這裡的情形也一樣。」他說：「沙漠就是我們的生態環境。沙漠繁榮計畫對我們的威脅，不亞於破壞我們的整個結構。我們怎能讓這種情形發生？」

我告訴他，就我所知，這計畫構想來自他們自己的同胞。他回以一聲冷笑，並說這個想法是美國政府灌輸給國王的，國王只是美國政權的傀儡。

「真正的波斯人絕不容許這種事情。」亞敏說道。隨後發表長篇大論，談他的同胞——貝多因（Bedouin）游牧民族——和沙漠的關係。他強調，許多住在都市的伊朗人都會到沙漠中度假。他們在沙漠中架起可以容納一家人的帳篷，然後在裡面共度一個星期左右。

「我的同胞是沙漠的一部分。國王以鐵腕統治的百姓不僅是沙漠的一分子。我們就是沙漠。」

之後，他聊到自己在沙漠的經歷。夜深了，他陪我走回高牆下的小門。計程車就在街頭等候。亞敏和我握手，謝謝我陪他共度一個晚上。他再度提到我的年紀輕、我的開放，我坐上這個職位使他對未來感到有希望。

「我很高興能跟像你這樣的人共度時光。」他繼續握著我的手。「我只想再央求你一件事。我從不輕易提出這種請求。我這麼做，主要是因為經過今晚的相聚，我知道這將對你別具意義。你會從中得到許多收穫。」

「我能為你做什麼嗎？」

「我想介紹你認識一位我很親近的朋友，他可以告訴你王者之王的一切。他可能會讓你震驚，不過我向你保證，和他會面絕對值得。」

第十九章——被凌遲者的告白

幾天之後，亞敏驅車帶我離開德黑蘭。我們穿過一處盡是塵土的破舊城鎮，沿著一條古老的駱駝商道來到沙漠邊緣。太陽沉落到城鎮後方，車子在四面環繞棕櫚樹的一群泥土小屋前停下來。

「老綠洲，」他解釋道：「在馬可波羅之前的幾百年就有了。」他走在我前面，來到其中一間茅屋。「這個人還擁有美國名校的博士學位。他的名字必須保密，待會兒你就明白。你可以稱他博士。」

他敲了敲木門，裡面傳出模糊不清的回應。亞敏推開門，領我進到裡面。室內很小，沒有窗戶，只有角落一張小矮桌上點了盞油燈。待兩眼適應之後，我看見泥地上鋪了幾張波斯地毯。一名男子朦朧的身影逐漸清晰。他坐在油燈前面，正好無法看清他的全貌。我只看出他裹在毯子裡，用一塊東西包住頭部。他坐在輪椅上，除了那張矮桌，室內別無其他家具。亞敏示意我坐在一塊地毯上。他向前輕柔地擁抱男子，並在他耳畔輕聲幾句，隨後，轉身過來，坐在我旁邊。

「這位是我和你提過的柏金斯先生。」他說：「我們兩人都感到很榮幸，今天有這個機會來看你，先生。」

「柏金斯先生，歡迎。」這聲音低沉而沙啞，幾乎聽不出任何口音。他說話的時候，我的身體不由自主地往前傾。「你看，在你面前是一個粉身碎骨的人。我不是一直都這副樣子的。我也曾經像你這樣結實。從前我是國王貼身信賴的顧問。」一陣好長的停頓。「The Shah of Shahs，王者之王。」他的語調聽起來與其說是憤恨，倒更似惆悵。

「我認識許多世界領袖：艾森豪、尼克森、戴高樂。他們信任我，認為我有能力輔佐這個國家走向資本主義陣營。國王也信任我，」他發出像咳嗽一樣的聲音，我當它是笑聲。「我信任國王，也相信他的滔滔雄辯。我深信伊朗會帶領伊斯蘭世界走進新紀元，波斯人會完成這個使命。這好似我們的天命——國王、我、還有其他和我一樣認為生來就是為了完成這項大任的人。」

整坨毛毯移動了，輪椅發出輕細的聲響，稍微轉動方向。我看見這人臉部的輪廓、蓬亂的鬍子、還有——讓我驚駭不已的——一張扁平的臉。他沒有鼻子！我身體顫慄，壓下倒抽的一口氣。

「不怎麼美觀，你說是嗎，嗯，柏金斯先生？太可惜了，光線不足，不能讓你看個清楚。十足的畸型醜陋。」又是一陣咳嗽般的笑聲。「不過，我相信你能了解，我不能透露真實姓名。當然，如果你努力去找，你也會發現我的真實身分，只恐怕你會發現我已經死了。就正式來說，我這人早就不存在。不過，我相信你不會去試的。你和你家人最好都不要知道我是誰。國王和祕密警察SAVAK的魔掌無所不在。」

輪椅發出吱吱響聲，轉回原來位置。我鬆了口氣，似乎只要看不見那側影，就能忘掉曾經發生過的酷刑。

當時，我並不知道伊斯蘭文化有這種習俗。一個讓整個社會或其領導人蒙羞者，必須遭到劓刑，終身背負這樣的記號——就像這人的臉孔一樣，明白昭示天下。[1]

「柏金斯先生，我相信你一定很疑惑，為什麼我們邀請你來這裡。」不等我回答，坐輪椅的這位男子繼續說道：「你知道，這個自稱王者之王的人是個不折不扣的撒旦。他的父親在我協助下（我真不願這麼說），被你們的中情局推翻，因為他被扣上與納粹通敵的罪名。之後，又有莫沙德那場大禍。[2]今天，我們的國王在邪惡的領域快要超越希特勒了。他的所作所為，都有美國政府在背後默許和全力支持。」

「何以如此？」我問道。

「很簡單。他是你們在中東唯一真正的同盟。工業世界以石油為軸心，這軸心就是中東。喔，當然，美國有以色列，不過那是你們的負債，不是資產。而且那裡也沒有石油。你們的政客一定得拉攏猶太人的票，拿他們的錢來資助競選。所以，我看你們被以色列卡死了。不過，伊朗是關鍵。你們的石油公司（其實比猶太人更有權勢）需要我們。你們需要我們國王——或你們自認為需要，這就好像你們認為需要越南的腐敗領導人。」

「你的意思是？伊朗就和越南一樣？」

「可能更糟。你看，這個國王做不了多久了。伊斯蘭世界都痛恨他。不止是阿拉伯人，或是遠在印尼、美國等地的穆斯林，這裡的波斯同胞尤其痛恨他。」砰然一聲重擊傳出，原來是他在輪椅一側敲擊。「他是魔鬼！我們波斯人都恨他。」隨後是一陣沉默，只聽見他沉重的呼吸聲，似乎這般的使力，已讓他筋疲力盡。

「博士和幾位穆拉（Mullah，伊斯蘭教士或清真寺的領袖）非常親近。」亞敏以低沉、平靜的聲音告訴我。「這裡的宗教團體有股龐大的暗流，除了一小撮因為國王的資本主義而受益的商業階層，這股暗流幾乎瀰漫了全國。」

「我並沒有懷疑你。」我說：「不過就我訪問伊朗四次的經驗，我並沒有看見任何類似的跡象。每個和我談過話的人似乎都敬愛國王，他們也讚許經濟快速成長。」

「你不會講波斯語。」亞敏注意到。「你只聽到那些受益最多的人所告訴你的話。那些留美、留英的學人後來都替國王效勞。這位博士現在是例外。」

他稍事停頓，似乎正在思索接下來要說的話。

「就和你們的新聞媒體一樣。他們只和少數同類或圈內人交談。當然，你們的媒體大部分也被石油業操控，所以只聽他們想聽的事情，寫廣告商想看的東西。」

「我們為什麼要告訴你這些，柏金斯先生？」博士的聲音更沙啞了，他為了這次會面所打起的僅存精力，似乎都在說話和情緒中耗盡。

「因為我們想說服你離開，說服你們公司，不要打我們國家的主意。我們要警告你們，雖然你們認為可以在這裡賺很多錢，那不過是假象。這個政權不會維持多久。」再次，我聽見他的手砰然敲在輪椅上。「他下臺之後，取而代之的政權絕不會對你們和你們的同夥手下留情。」

「你是說，我們會收不到錢？」

博士發出一陣咳嗽。亞敏走向他，撫拍他背部。咳嗽停止後，他用波斯語和博士講話，然後回到座位。

「我們的談話必須到此為止。」亞敏對我說：「回答你的問題：是，你們會收不到錢。你們會做完所有的工程，等到要收費的時候，國王已經不在位了。」

回程的路上，我問亞敏，為什麼他和博士想讓ＭＡＩＮ免掉他們預測的這場財務災難。

「你們公司破產我們最高興。不過，我們寧願你們離開伊朗。只要有一家像你們這樣的公司離開，就能造成一股趨勢。這才是我們所希望的。你知道，我們不希望這裡血流成河，但國王一定得下臺。我們會盡一切所能讓一切事情簡單一點。所以我們向真主阿拉禱告，希望你能說服你們的詹柏帝先生趁早離開。」

「為什麼挑我？」

「從我們在一起晚餐、談到沙漠繁榮計畫的時候，我便發現你能敞開心胸聆聽真相。我知道我們手中關於你的資料是正確的——你是兩個世界的人，一個夾在中間的人。」

這番話不禁讓我疑惑，究竟他對我的了解有多少？

第二十章 國王垮台

一九七八年某天夜裡，我獨自坐在德黑蘭洲際飯店大廳旁的豪華酒吧裡，有人在我肩上拍了一下。我轉過身來，是一位體格魁梧、身穿西裝的伊朗男子。

「約翰・柏金斯！你不記得我啦？」

這位前足球隊員體重增加不少，不過聲音還是老樣子。他是我在明德大學的老同學法哈德，我已經有十幾年沒看到他了。我們相互擁抱然後一起坐下。我很快便發現，顯然他對我的近況和工作全都很清楚，但並不想透露太多他自己的工作。他告訴我，某件「危機」很快就要發生，而他的責任是確保我離開這個國家。此時，我推測出法哈德是為中情局或其他美國情報機構工作。

「我就直說了，」他說：「我明天要飛到羅馬。我父母住在那兒。我幫你買了一張機票。」他交給我一張機票。我毫不猶豫地相信了他。我有工作要做，但現在我想我的職務也包含遠離麻煩、保住性命。

飛到羅馬，我們和他父母共進晚餐。他父親是位退休將領，曾經用身體擋子彈而救了國王一命，現在卻談到他對前老闆的醒悟。他說，伊朗國王在這幾年露出自大又貪婪的真面目。他也將瀰漫整個中東的仇恨，歸咎到美國政策——尤其是美國支持以色列，扶持貪汙領袖，替專橫的政府撐腰。他預測國王在幾個月之內就要垮台了。

「你知道，」他說：「早在五〇年代美國推翻莫沙德，就種下了反叛的種子。當時你們認為做得很聰明，我也這麼以為。不過，這些惡果現在全都回來糾纏你們——我們也逃不掉。」[1]

我很震驚他有如此說法。雖然我從亞敏和博士那兒聽過類似言論，然而，話從此人口中說出，自有一番新的意義。此時，大家都知道伊斯蘭基本教義派的地下組織紛紛出現，不過美國還是說服自己，國王在大部分人民的心目中是非常受歡迎的，在政治上所向無敵。不過，將軍顯然很堅持己見。

「記住我的話。」他嚴肅地說：「國王垮台只是個開始。它不過預告了伊斯蘭世界要走的方向。我們的怒火已經在黃沙底下悶燒太久了。很快，它就會爆發。」

晚餐期間，我聽了很多關於何梅尼（Ayatollah Ruhollah Khomeini）的故事。法哈德和他父親清楚表明，他們並不支持何梅尼對什葉派教義的狂熱，不過，他們顯然對何梅尼打擊國王的能耐表示佩服。他們告訴我，這名宗教領袖在一九〇二年出生於德黑蘭附近的一個村莊，其家族是虔誠的什葉派宗教學者，他的名字直譯起來就是「上帝的靈感」。

一九五〇年代，何梅尼表明不介入莫沙德與國王之間的政爭，不過到了六〇年代，他開始積極反對國王，強烈批判國王統治，因而被放逐到土耳其。後來他到了伊拉克什葉派的聖城安納賈夫（An Najaf），成了公認的反對派領袖。他到處散發信件、文章、宣傳錄音帶，鼓吹伊朗百姓起來推翻國王，建立一個教權主義國家。

與法哈德父母共進晚餐的兩天之後，伊朗傳出轟炸和暴動的消息。何梅尼和穆拉開始進攻，很快便奪下掌控權。之後的情勢發展迅速。法哈德父親所描述的怒火終於爆發，伊斯蘭革命如火如荼地展開。國王在一九七九年一月潛逃至埃及，隨後被診斷出罹患癌症，遂轉赴紐約就醫。

何梅尼的支持者強烈要求交回國王。一九七九年十一月，一個伊斯蘭武裝組織綁架美國駐德黑蘭大使，同時挾持五十二名人質長達四百四十四天之久。[2]

卡特總統亟欲透過談判釋放人質，但談判失敗，他在一九八〇年四月下令採取軍事救援行動。然而行動不幸徹底失敗，敲下了卡特總統任期靈柩的最後一根命釘。

由於美國商界和政治團體的龐大壓力，身患絕症的伊朗國王不得不離開美國。自從逃離德黑蘭以後，他便一直無法求得一處庇護所，過去的朋友全都避之而唯恐不及。就在此時，杜里荷展現一貫的古道熱腸，為國王在巴拿馬提供一處庇護所，儘管他個人對國王的政治手段並不認同。國王抵達巴拿馬接受庇護，地點就在前不久重新磋商巴拿馬運河條約的度假勝地。

穆拉們要求交還國王，以交換在德黑蘭美國大使館被扣押的人質。反對巴拿馬運河條約的華府人士，則控訴杜里荷貪汙腐敗，和伊朗國王勾結，危害美國公民性命。他們強力要求將國王交回何梅尼手中。極為諷刺的是，在不過幾星期之前，這批人還是伊朗國王的堅決擁護者。這位一度傲慢自負的王者之王終於重返埃及，因癌症而撒手人寰。

博士的預言果然成真。MAIN在伊朗虧損了數百萬美元，其他競爭同業也一樣損失慘重。

卡特總統連任失敗。雷根－布希政權入主白宮，誓言拯救人質、打倒穆拉、重振伊朗民主，徹底解決巴拿馬運河問題。

對我而言，這是一個無法抹滅的教訓。

從伊朗的發展能清楚看出，美國苦心孤詣否認真相，否認自己在世界所扮演的角色。令人無法理解的是，美國怎麼會嚴重誤判伊朗國王的情勢，對於那些仇恨、反對國王的洶湧波濤竟然視而不見。即便是像ＭＡＩＮ這樣在伊朗設有辦事處和職員的公司，也不了解情況。我很肯定，早在我和杜里荷會面的一九七二年，國安局和中情局就已看見杜里荷眼中再明白不過的局勢，然而，這些情治單位卻蓄意要所有人閉上眼睛。

第二十一章 哥倫比亞：拉丁美洲的基石

沙烏地阿拉伯、伊朗和巴拿馬這三國，都是令人既著迷又令人不安的研究對象，也都是不符常例的國家。前二者蘊藏豐富的石油，後者有條運河，因此屬於特例。哥倫比亞的情勢則比較典型，ＭＡＩＮ也是該國大型水力發電計畫的設計者和主要工程公司。

一位撰寫過泛美關係歷史相關著作的哥倫比亞大學教授告訴我，老羅斯福總統早已意識到哥倫比亞的重要性。據傳聞，這位曾經加入莽騎兵（Rough Rider，美西戰爭時的志願騎兵團）的美國總統指著地圖表示，哥倫比亞是「南美洲的基石」。我沒去驗證這故事，但無可置疑的是，在地圖上，哥倫比亞位居南美大陸的最頂端，似乎將其他的陸地國家連結在一起。南美所有的國家也都透過它和巴拿馬地峽連結，進而與中美洲和北美洲相連。

姑且不論老羅斯福是否真的這麼形容哥倫比亞，他並不是唯一一位體認到哥倫比亞樞紐位置的總統。近兩百年來，美國視哥倫比亞為一塊基石——更貼切的說法，視其為打入南半球商業與政治的大門。

哥倫比亞具有宏偉的自然之美：太平洋和大西洋沿岸綿延著壯觀的棕櫚海岸線，境內有崇山峻嶺，有足以媲美北美中西部大平原的南美大草原，以及富有生物多樣性的熱帶雨林。哥倫比亞的民族也具有特殊氣質，他們的外貌、文化和藝術融合了多樣的民族背景，包括當地的黛諾那族（Tairona），以及從歐、亞、非和中東各地移民而來的種族。

歷史上，哥倫比亞對於拉丁美洲的歷史和文化扮演了舉足輕重的角色。在西班牙殖民時期，哥倫比亞是整個屬地的總督府所在地，從祕魯以北至哥斯大黎加以南皆屬轄區。從迦太基那（Cartagena）海港揚帆的西班牙大帆船，載著遠從智利、阿根廷等地蒐集而來的無價之寶，運回西班牙各港口。幾場重要的獨立戰爭都發生在哥倫比亞，例如一八一九年波利瓦（Simón Bolívar）的軍隊擊敗西班牙皇家部隊，贏得關鍵的波亞卡之役（Battle of Boyacá）。

在近代史上，哥倫比亞孕育出拉丁美洲許多優秀的作家、藝術家、哲學家及知識分子，以較為民主的政府、較穩健的財政著稱。它後來成為甘迺迪總統在拉丁美洲國家重建計畫中的模範國家。哥倫比亞和瓜地馬拉不同，政府並沒有背負「CIA產物」的汙名；它也和尼加拉瓜不一樣，政府是民選的，提供了右翼獨裁或共產統治之外的另一種可能。最後一點，有別於其他許多國家（包括強勢的古巴及阿根廷在內），哥倫比亞並沒有不信任美國。儘管毒品交易氾濫為人詬病，哥倫比亞一直維持著可靠盟友的形象。[1]

然而，哥倫比亞的光榮歷史，卻被仇恨和暴力所抵銷。西班牙總督府的所在地，同時也是審判鎮壓之地。宏偉的堡壘、華麗的莊園和城鎮，建立在印地安人和非洲奴隸的屍骸上。運金船上載運的稀世珍寶、為了方便運送而任意鎔毀的藝術品，乃掠奪自古老民族的文明菁華。戰爭和疾病肆虐下，足以自傲的文明一一衰頹。近代史上，一九四五年一次爭議性的總統選舉造成政黨嚴重分裂，並演變成所謂的「暴力時期」（La Violencia，一九四八年至一九五七年），期間造成二十多萬人不幸喪生。

儘管有這些矛盾和諷刺，華府和華爾街一直視哥倫比亞為促進泛美政商利益的重要因素。由於哥倫比亞關鍵的地理位置，首都波哥大（Bogotá）成為全南半球領導人的啟迪和模範，加上該國是美國購買許多產品的來源，如咖啡、香蕉、織品、綠寶石、花卉、石油和古柯鹼，它更是美國產品和服務的重要市場。

二十世紀後半葉，美國賣給哥倫比亞最重要的服務之一，就是工程和營建技術。就我工作過的許多地方，哥倫比亞是個很典型的國家，比較容易用來說明國家如何舉債興建工程，之後再從完工的計畫以及天然資源的利潤，來清償債務。

因此，像發電廠、高速公路、電子通訊等大型投資，可幫助哥倫比亞開發豐富的天然氣、石油等自然資源，並開發大片的亞馬遜河流域。這些計畫日後產生的收益，足以一一償還債務和利息。

這是理論上而言，實際上則隱藏了ＥＨＭ在世界各地的相同企圖：征服波哥大、拓展全球帝國版圖。一如在其他各地，我的工作是提出鉅額貸款的方案。哥倫比亞沒有像杜里荷這樣的人物，因此，我別無選擇，只有做出誇大的經濟成長和電力用量預測。

除了偶爾浮現的罪惡感之外，哥倫比亞也成了我個人的避難所。一九七〇年初，安和我在此共渡了幾個月的時光，我們甚至付了頭期款，在加勒比海沿岸的山上買下一個小型咖啡農場。我想，這是我倆從過去加諸彼此的挫折以來，最親密也最能療傷的一段時光。然而，終究是傷痕太深，一直到我們的婚姻破裂之後，我才真正認識了這個國家。

一九七〇年代，ＭＡＩＮ拿到好幾件公共基礎建設的合約，包括興建水力發電設施、電力輸送系統，將電力自深山叢林裡傳輸到高山城鎮。我的辦公室位在海邊城市巴蘭基亞（Barranquilla），一九七七年，就在那兒，我遇見一位美麗的哥倫比亞女郎，她成為改變我一生的有力推手。

寶拉是一名政治活動家，有一頭金色的飄逸長髮、明亮的綠色眼睛，不同於一般人對哥倫比亞人的認知。她的父母移民自義大利北方，為了文化傳承，她成為了一名服裝設計師。她還開了一家小型成衣廠，將自己的設計製成成品，賣到全國高級服飾店，甚至遠及巴拿馬和委內瑞拉。她是位非常有同情心的人，不但幫我走出婚姻破滅的陰霾，還協助我糾正與女性相處的態度，這些態度曾經對我造成非常負面的影響。在工作方面，她也告誡我許多我的行動所造成的後果。

正如同我先前所說，生命是由一連串無法掌控的巧合所組成。

就我而言，我是新罕布夏州鄉下男子高中一位教師的子弟，在這樣的背景長大，認識安和她叔叔、越戰，認識葛利夫。然而，一旦巧合出現，我們又面臨了選擇。我們回應的方式、做出的抉擇，都會造成不同的結果。舉例來說，輟學、和安結婚、進入和平工作團、決定成為一名經濟殺手——這一切的決定，將我帶到現在的生活情況。

寶拉也是另一個巧合，她對我的影響，使我改變了人生的走向。遇到她之前，我大致是照著體制行事。我經常捫心自問，自己到底在做什麼，有時也會有罪惡感，然而多數時候，我都能找到藉口繼續留在體制內。

或許，寶拉的出現正是時候。也可能我遲早都會跳出來。我在沙烏地阿拉伯、伊朗及巴拿馬的經驗，或許遲早會刺激我採取行動。

然而，我很肯定的是，曾經有一位叫作克勞汀的女人，因為她的慫恿，使我加入EHM的行列；另一位女子，寶拉，則是我當時需要的催化劑。她說服我面對自己的內心，並清楚了解到，如果繼續走這條道路，我永遠也不會快樂。

第二十二章　美利堅共和國 vs. 全球帝國

「老實說好了，」有天寶拉和我坐在咖啡店裡，她說道：「在你們興建水壩工程的地方，兩岸居住的印地安人和農人都痛恨你們。即使是沒有直接受到衝擊的都市人，也同情襲擊工地的游擊隊。美國政府把這些人稱作共產黨、恐怖分子、毒品販子，其實，他們只不過是和家人在這塊地方過活，你們公司卻摧毀他們的家園。」

我才剛告訴她托列斯（Manuel Torres）的事情。托列斯是ＭＡＩＮ雇用的工程師，也是最近在水力發電廠的水壩營建工地遭到游擊隊攻擊的人員之一。托列斯是哥倫比亞公民，因為美國國務院禁止我們派遣美國公民到此地工作，他才有這份工作。我們將此稱作「哥倫比亞人是可犧牲的消耗品」，這種態度讓我感到痛恨。類似的政策已經讓我愈來愈無法忍受自己。

「據托列斯說，他們用ＡＫ－47步槍朝空中發射，並且對他的腳部射擊。」我告訴寶拉。「他告訴我這件事的時候，聲音聽起來很冷靜，不過，我想當時他快要歇斯底里了。游擊隊並沒有殺人，只是要交給他們一封信，還用船把他們載到下游。」

「我的天啊！」寶拉驚呼。「可憐的傢伙，他一定嚇壞了。」

「他當然嚇壞了。」我告訴寶拉，我還問托列斯，這些人是不是FARC或M－19的人（哥倫比亞最有名的兩個游擊隊）。

「結果呢？」

「他說，都不是。不過他說他相信信裡寫的東西。」

寶拉拿起我帶來的報紙，大聲讀出那封信。

「『我們這些每天工作就為了生存的人，以祖先的鮮血發誓，絕對不讓水壩橫跨我們的河流。我們是單純的印地安人和西印混血後裔，寧死也不能眼睜睜看著家園被水氾濫。我們警告哥倫比亞的兄弟們：不要再替營建公司工作。』」她放下報紙。「你怎麼對他說？」

我只稍微遲疑了一下。「我沒有選擇的餘地。我必須按公司的路線走。我問他，這封信的口氣像是一個農人寫的嗎？」

她坐著看我，耐著性子。

「他只是聳聳肩。」我們四目相對。「唉！寶拉，我真恨自己扮演的角色。」

「然後呢？」她緊追不捨。

「我用拳頭敲桌子，威嚇他。我問他，你認為農夫拿ＡＫ－47步槍有沒有道理。然後我又問他，知不知道ＡＫ－47是誰發明的。」

「他知道嗎？」

「知道。不過，他聲音小得快聽不見。他說：『俄國人。』當然，我告訴他，沒錯。發明的人就是一個叫卡拉施尼可夫（Kalashnikov）的共產黨，紅軍的高階軍官。我又把他兜來兜去，要他相信寫那張字條的人就是共產黨。」

「你真的相信？」她問。

她問得我啞口無言。我怎麼回答，老實說嗎？我想起在伊朗，亞敏形容我是一個夾在兩個世界中間的人。某方面來講，我真希望游擊隊襲擊工地的時候，我人在那裡，或者我就是游擊隊的人。一種奇怪的感覺爬上心頭，彷彿有點嫉妒亞敏、博士和這些哥倫比亞反抗分子。他們是有信念的人。他們選擇實實在在的世界，不是中間的無人地帶。

「我有工作要做。」最後我說。

她溫柔地笑笑。

「我討厭這工作。」我繼續說道。我想到這些年來經常出現在腦海的人物：潘恩和獨立戰爭英雄、海盜及拓荒者。他們站在一邊，而不在中間。他們選擇自己的立場並擔當後果。「每天我都對自己的工作更憎恨一分。」

她拉起我的手。「你的工作？」

我們眼神相遇，凝望著對方。我了解其中的意涵。「我自己。」

她緊握我的手，慢慢地點點頭。自己承認之後，內心頓時感到鬆了口氣。

「你打算怎麼做，約翰？」

我沒有答案。剛放鬆的心情又再度築起一道防衛。我結結巴巴地吐出一貫的說辭：我只是想做好工作，試著從內部找出方法來改變整個體系，還有最老套的，如果我辭職了，另一個比我更糟糕的人會取代我。可是從她看我的眼神就知道，她根本不信這一套。更糟糕的是，連我自己也不相信這些。她強迫我面對事實真相——該檢討的不是我的工作，而是我自己。

「那麼妳呢？」我終於問她：「妳又相信什麼？」

她稍稍嘆了口氣，鬆開我的手，問道：「你想改變話題？」

我點點頭。

「好吧！」她同意。「但有個條件，改天我們還得回到這個問題。」她拿起一根小湯匙，彷彿在檢視著。「我知道有些游擊隊曾經在蘇俄和中國受過訓練。」她將小匙子放進牛奶咖啡裡攪拌，然後慢慢舔著小匙。「他們還能怎麼做？他們得學習使用現代武器，學著怎麼和在美洲學校受過訓練的士兵打仗。有時候他們賣古柯鹼，就為了籌錢購買補給品。他們還能怎麼買到武器？他們打著一場沒有勝算的仗。你們的世界銀行不會幫他們保衛自己的。事實上，是世界銀行將他們逼迫到這種地步。」她啜飲一口咖啡。「我認為他們的理由有正當性。發電廠只對少數人有益，受益的是那些最有錢的哥倫比亞人，你們的水壩建好之後，卻有數以千計的人瀕臨死亡，因為魚類和水資源遭到毒害。」

聽到她對那些反抗我們——不，反抗我——的同胞感到同情，我不禁頭皮發麻，不自覺地抓住自己的前臂。

「你怎麼對游擊隊這麼了解？」雖然我這麼問，內心卻有一股沉重的預感，我不太想知道答案。

「我和其中有些人是同學。」她說。她遲疑了一下，將咖啡杯推開。「我哥哥加入了反動革命。」

難怪。我頓時像洩氣的氣球一樣。我以為我對她很了解了，沒想到……我就好像一個男人回到家裡，看見太太和另一個男人在床上。

「為什麼妳從來沒跟我提起？」

「沒什麼相干嘛，為什麼要說呢？這又不是什麼值得自吹自擂的事情。」她停頓了一會兒。「我已經有兩年沒見到他了。他必須很小心。」

「妳怎麼知道，他是不是還活著？」

「我不知道。只是，最近政府將他列入通緝名單上。這是好徵兆。」

我試著壓抑批判或防衛的衝動。我希望她沒察覺到我的嫉妒。「他是怎麼加入的呢？」我問道。

幸好，她的眼睛一直盯著咖啡杯。

「在一家石油公司前面示威，西方石油（Occidental）吧，我想。他和十幾位朋友一起抗爭，反對在原住民的土地鑽探石油，在瀕臨絕種的少數民族的森林裡開採。他們被軍隊攻擊、毆打、丟進監牢裡——他們根本沒做任何違法的事，我告訴你，他們不過是站在那間大樓前面揮舞標語、唱歌。」她望著座位旁的窗子。「結果他被關了將近六個月。他從來不說在裡面究竟發生了什麼事，不過他被放出來以後，整個人都變了。」

寶拉後來開啟了許多類似的談話，我現在明白，這些談論為日後發生的一切鋪路。我的心靈被扯碎，然而我依舊受到荷包和性格的弱點擺布，那些弱點早在十幾年前，在一九六八年國安局所做的測驗中就發現了。寶拉強迫我看清現實，迫使我正視自己為何會對海盜和反叛者著迷，這心態背後更深一層的心理為何。藉著這些，她一路協助我走向解脫的道路。

除了個人的困境之外，在哥倫比亞的這段時間，也幫助我釐清了舊日的美利堅共和國和新興的全球帝國之間的理念差別。

共和國為世界帶來希望。它的建國基礎具有道德和哲學性，並非唯物主義。它建立在為全人類追求平等和正義的理念，這些理念不僅是烏托邦夢想，更可以具體落實，成為一個生氣蓬勃的泱泱大國。它犯過大錯，例如拒絕讓沒有土地的人、女人和弱勢族群長達一百多年沒有投票權。它向被蹂躪者伸出保護的援手，卻又讓孩童像奴隸一樣在工廠裡做苦工。它能夠激發人心，同時又是不容小覷的力量。必要時，它會挺身捍衛其堅持的理想，正如在二次大戰期間的表現。至於大企業、銀行、政府官僚體系等組織，雖然是共和政體的威脅，卻同樣可以用來徹底改善世界，至少就理論上而言。這些組織擁有的通訊網路和交通系統，同樣是用來終止疾病、飢餓甚至戰爭所必需——只要能說服他們走向這條路。

相反地，全球帝國是共和國的頭號大敵。全球帝國是以自我為中心、自私貪婪、唯物主義的，以商業主義為基礎。就像過去的帝國一樣，它展開雙臂只為了累積資源，只要任何出現在眼前的東西，他便吞下、塞進貪得無饜的芻胃裡。他會用盡各種方法，讓統治者奪得更多權力和財富。

當然，在學習釐清這個差別的過程中，我對自己的角色也看得更清楚。克勞汀早就警告過我，她也如實列出我的工作大綱，一旦我接受MAIN的工作，就必須符合哪些期望。然而，只有經歷過印尼、巴拿馬、伊朗和哥倫比亞的工作，才讓我了解到更深一層的涵義。這也需要像寶拉這樣的女子的耐心、愛心，還有她所經歷的一切才行。

我效忠美利堅共和國，然而我們透過更新、更細膩的帝國主義進行經濟犯罪，和當年對越南採取的軍事行動如出一轍。若說東南亞給了美國一個教訓，了解到軍隊是有所限制的，那麼經濟學家記取了教訓，規畫出更好的藍圖，讓執行計畫（或者更該說是這些計畫就是為他們所訂定的）的外國援助組織、私人公司能夠從中大賺一筆。

我在世界各地看見替美國企業工作的男男女女——他們雖然不是EHM組織裡的正式成員，但是參與的事情，遠比任何能夠想像的陰謀理論更為邪惡。

他們會窮盡一切自認（或別人告訴他們的）有其必要的手段，來鞏固我們EHM所擁護的體制。這些工作人員就像MAIN的許多工程師一樣，對其行動的後果是盲目的。他們相信生產鞋子、汽車零件的血汗工廠可以幫助窮人爬出貧困，殊不知，這些其實只會讓他們更難以翻身，身陷形同中世紀莊園或美國南方種植場的奴役制度。[1]一如早期的剝削形式，現代的農奴或奴隸受到社會觀念影響，相信自己遠比其他掙扎在歐洲的黑暗山洞、非洲叢林、美洲蠻荒邊陲的人還要幸運。

我究竟該不該辭職？內心的掙扎已經浮上檯面。毫無疑問，我的良心想要掙脫，然而，被我歸納為商業人格的那一面，卻一直猶疑不定。

我的個人帝國正逐漸擴大，在我的自負以及各種檔案紀錄中，我的員工數目、國家經歷和公司持股持續增加。除了金錢和優渥生活的誘惑、讓人得意非凡的位高權重之外，我經常想起克勞汀的警告——一旦進了這行，便休想離開。

克勞汀有很多事情都說對了。

「那是好久以前的事。」寶拉說，「生活會改變的。不管怎樣，那又有什麼不同？你就是對自己不滿意。其他人還能做出什麼讓你更難受的事嗎？」

寶拉經常重複這句話，到頭來我也同意她的說法。我向她和我自己承認，即使擁有財富、冒險和各種誘惑，我也愈來愈無法撫平內心的紛亂、壓力和罪惡感。身為MAIN的合夥人，我已經是有錢人了，然而我也知道，只要我再待下去，就會永遠陷在裡面。

有一天，寶拉和我在迦太基那一處舊西班牙堡壘附近的海邊漫步，過去這裡曾經抵禦無數次的海盜襲擊。寶拉提到一個我從來沒想過的念頭。「如果你絕口不提自己知道的一切呢？」她問道。

「妳是說……保持緘默？」

「沒錯。不要讓他們有任何藉口騷擾你。事實上，隨便給個什麼理由，就是不要讓他們來煩你，擾亂一池春水。」

真有道理，以前我怎麼沒想到。我既不寫書，又不會做任何洩露真相的事情。我又不是聖戰士，只是個普通人。我只想享受生活、快樂旅行，或許還可以和像寶拉一樣的人共組家庭。

我已經受夠了，我只想脫身。

「你學到的一切都是狡詐欺騙。」寶拉說，「你的生活根本就是謊言。」她又補上一句，「你看過自己最近的履歷嗎？」

我承認我沒有。

「去看看。」她建議。「那天我看到西班牙文的版本。如果英文版的也是那樣，我想，你會覺得很有意思的。」

第二十三章　故弄玄虛的履歷

我在哥倫比亞，就聽到ＭＡＩＮ的總裁傑克．道柏（Jake Dauber）退休的傳言。正如眾人所料，身為董事長兼執行長的霍爾，任命詹柏帝接任總裁。波士頓和巴蘭基亞之間的熱線不斷，每個人都猜測我也會升官，畢竟我是詹柏帝最信任的門徒。

這些變化和謠言，更刺激我重新審視自己的職位。我還在哥倫比亞的時候，聽從寶拉建議，看了自己的西班牙文履歷。那份履歷把我嚇了一跳。回到波士頓，我找出英文原版和一九七八年十一月號的公司刊物《MAINLINES》，那一期以〈專業人士為ＭＡＩＮ客戶提供新服務〉（Specialists Offer MAIN's Clients New Services）的標題來報導我。

這份履歷和報導曾經是我的驕傲，如今我卻和寶拉一樣，看完之後禁不住燃起一股憤怒之情。

這些文件內容呈現了蓄意唬弄的假象。其中的基本資訊都是真實的，但卻省略了這些事實背後的重要內情。它們還有更深一層的象徵，反映出當年的實際情形：邁向帝國之路的核心策略，就是操弄表象以掩蓋真相。

說來巧合，它們也象徵了我一生的故事，一個虛有其表的人生。

當然，說來並不光彩，我必須為履歷表的內容負起大半責任。根據公司標準作業程序，我必須常常更新履歷內容和客戶檔案，將客戶與工程相關資料歸檔。如果行銷人員或專案經理打算把我列入某個提案，或拿我的資歷做為其他用途，便可以根據這些基本資料，按其所需加以潤飾。

舉例來說，他可能特別強調我在中東的經歷，或強調我在世界銀行或其他國際會議上的演講。每次有這種情形，主筆者通常得先徵得我同意，再將修改過的履歷送交出版。但因為我和MAIN大部分員工一樣，經常旅行出差，未審即付梓的情形經常發生。因此，寶拉建議我看的西文及英文履歷，對我而言完全陌生，雖然裡面提到的資訊確實是我檔案的一部分。

乍看之下，我的履歷沒有什麼不對的地方。在「經歷」部分，提到我曾經負責美國、亞洲、拉丁美洲和中東的主要計畫。接著列出一長串計畫類別：開發計畫、經濟預測、能源需求預測等等，最後以我在厄瓜多和平工作團的工作作結。不過，它卻完全沒有提及和平工作團，很容易讓人誤會我是一家營建材料公司的專業經理。實際上，我只是一名志工，義務協助一家私人小公司而已，這家公司還是由一群沒受過教育、目不識丁的安地斯山造磚工人所組成。

接下來，履歷上又有一長串客戶名單，包括國際復興開發銀行（International Bank for Reconstruction and Development，世界銀行的正式名稱）、亞洲開發銀行、科威特政府、伊朗能源部、沙烏地阿拉伯的阿拉伯－美國（Arabian-American）石油公司、巴拿馬水力發電資源署、印尼國營電力公司等等。

吸引我注意的是最後一項：「美國財政部，沙烏地阿拉伯王國」。我很驚訝，這樣的名單也能印出來，雖然那確實是我生活的一部分。

我擱下履歷，回到《MAINLINES》的文章上。我到現在都還記得與作者會談的情形，她是一位很有才華，又充滿善意的記者。這篇文章出版前，她曾拿來讓我過目以徵得同意。我還記得自己很高興她用這麼奉承的文筆描述我，馬上便同意出版。

這次，該負責的人還是我。文章開頭是這樣的：

放眼望去一張張辦公桌後的臉龐，不難看出，經濟及區域規畫處是MAIN最新成立的專業團隊中發展最快速的……

經濟團隊最初是由幾位有影響力的人士著手推動，然而，今日能有這番局面，實乃歸功一人不斷之努力，方能有此佳績，此人便是約翰．柏金斯，該部門現任主管。

約翰於一九七一年一月為MAIN所錄用，擔任總電力預測師助理一職。他是當年MAIN屈指可數的經濟學家之一，首次任務乃參與一個十一人小組，遠赴印尼從事電力需求研究。

這篇文章簡短地綜合我過去的工作經歷，並描述我是如何「花了三年的時間在厄瓜多」，接著，又繼續寫道：

就在那段時期，約翰巧遇前雇員葛利夫（他之後便離開MAIN，擔任土桑市瓦斯電力公司總裁）。葛利夫當時正在厄瓜多保特（Paute）河谷附近的城鎮進行水力發電計畫。兩人一見如故，日後在持續的通訊往來之下，約翰遂獲MAIN一職。

約莫一年之後，約翰便晉升為總電力預測師。由於MAIN的客戶和世界銀行等單位的需求增加，使他體認到ＭＡＩＮ需要引進更多經濟學家。

這兩份文件並沒有編派漫天大謊，所有的陳述都可以從我的檔案紀錄找到佐證。然而，它們卻傳達了現在我認為是扭曲和消毒過的認知。在官方文件至上的文化中，這樣的作為更形邪惡。公然的謊言可以被駁斥，但類似這兩項文件的東西卻無法反駁，因為它們是根據事實所寫，不算公開欺騙，而且還是出自一間有信譽的公司，受到各大企業、國際銀行和政府單位信任。

特別是履歷，因為那是正式文件，有別於訪談後撰寫的文章。履歷表下方印有ＭＡＩＮ的公司標誌，每項提案及報告的封面也印有這個標誌，而且只要能為該提案或報告增色，這份履歷都會派上用場。ＭＡＩＮ的標誌在國際業界具有相當的分量，相當於文憑上或醫生和律師執業證書上的戳印，具有提高公信力的權威作用。

這些文件將我塑造成一位幹練的經濟學家，在聲譽卓著的顧問公司擔任部門主管，經常到世界各地出差，從事讓世界更文明、更繁榮的廣泛研究。其中的狡詐之處並不在表面文字，而在於省略的東西。如果站在旁觀者位置，以客觀的角度來看，這些被省略之處確實會產生不少疑慮。

舉例來說，這裡並沒有提到國家安全局網羅我，不提葛利夫和軍方的關係，對於葛利夫扮演國安局聯繫人的角色，更是略而不談。它當然也沒有提到我是在龐大的壓力下，做出極其誇大的經濟預測，還有我大部分的職責，是在處心積慮安排讓印尼及巴拿馬這些國家去借貸他們永遠無法償還的巨額貸款。對於前輩派克的正直，也沒有任何讚美或感謝。

我之所以當上總電力預測師，是因為我願意提供上司想要的偏頗研究，而沒有像派克一樣，直言內心認定的真相，最後卻被開除掉。最令人疑惑的是客戶名單的最後一項：「美國財政部，沙烏地阿拉伯王國」。

我反覆閱讀這一行，心想別人會怎麼解讀。他們很可能會問，財政部和沙烏地阿拉伯到底有什麼關聯？有人或許會以為是排版錯誤，兩行併成一行了。不過，大多數的讀者絕對猜不到真相，這麼寫是有特殊理由的。只要是圈內人就會明白，我曾經是精心策畫世紀交易的小組成員，一場改變世界歷史軌跡卻從未見報的交易。我協助起草條約，保證讓石油源源不斷地供應美國、確保沙國皇室統治、協助金援賓拉登，以及保護像烏干達的伊迪．阿敏（Idi Amin）這樣的國際罪犯。履歷表上的那行字是寫給內行人看的，它表示，MAIN的首席經濟學家是個可以穿針引線的人。

《MAINLINES》文章最後是作者個人的觀察，這段文字更是說到我的痛處：

經濟及區域規畫處的擴展十分快速，約翰卻謙稱他一直都很幸運，因為每一位受聘進來的都是勤懇、賣力的專業人士。從他在辦公桌前和我談話的神情，不難看出他對屬下的信心和支持，著實令人欽佩。

實情是，我從來不認為自己是個真才實料的經濟學家。

我從波士頓大學商學院獲得企管學士學位，專攻行銷。我的數學和統計向來很糟。在明德大學時，我主修美國文學，寫作對我而言一向是件輕鬆的事情。我擔任首席經濟學家及經濟及區域規畫處主管，並不是因為我在經濟或規畫方面的能力，而是因為我願意提供上司和客戶想要的研究和結論，再加上我有透過文字說服他人的天份。除此之外，我還聘請了一些能力很強的人，大多是碩士，還有一、兩位博士。聘用這一行專業技術比我強的人，是我聰明的地方。難怪作者會這麼結尾：「不難看出他對屬下的信心和支持，著實令人欽佩。」

我把這兩篇文章和幾篇類似的文件放在抽屜最上層，不時回去翻閱。從那時候起，我經常走出自己的辦公室，在屬下辦公桌之間走來走去，看看這些替我工作的男女，想想自己對他們的所作所為，想到我們是拉大貧富差距的人，罪惡感不禁油然而生。我想到那些每天鬧饑荒的人，而我的屬下和我卻睡在頭等旅館，在最精緻的餐廳用餐，累積個人資產。

我也想到，我訓練過的人現在也加入了經濟殺手的行列。我把他們領進門，招募這些人並訓練他們。

然而，情況和我當初加入時已經不同了。

世界已經改變，金權政體已向外拓展大業，手段已經更純熟，或說是更邪惡了。這些替我工作的人屬於不同類型。他們沒有國安局的測謊器，也不會有克勞汀這樣的角色出現在生命中。沒有人告訴他們，他們的職責和任務其實是拓展全球帝國。他們也從來沒聽過經濟殺手，或EHM這個縮寫，更沒有人告訴他們，一旦加入了，就得終身為伍。他們只是以我為榜樣、從我的賞罰制度裡學習。他們知道必須弄出我期望的研究和結果。他們的薪水、耶誕節獎金、甚至這份工作，都得靠著取悅我。

當然，我盡我所能減輕他們的負擔。我寫報告、講課，不放過任何機會去說服他們這些手段的重要性，像是樂觀預估、巨額貸款、資本額大量灌水以刺激GNP成長，讓有錢人變得更有錢。我花了不到十年便走到這個階段，採取更不易察覺的威脅利誘，更溫和的洗腦方式。

在我俯瞰波士頓後灣的辦公室外，這些男女現在將從這裡出發，走入世界，朝全球帝國的目標邁進。從實質上來說，是我創造了這些人，一如克勞汀創造了我。有所不同的是，他們一直被蒙在鼓裡。

許多個夜晚我輾轉難眠，煩惱著這些事情。寶拉提到的履歷，打開了潘朵拉的盒子，而我，經常嫉妒屬下的單純無知。我有意欺哄他們，好讓他們的良知受到保護，不用像我一樣被這些道德問題鎮日困擾。

我也想了很多關於商業道德、表象與實際的問題。當然，我也告訴自己，有史以來，人與人之間便相互欺騙。很多傳說和民間故事都談到歪曲事實和欺騙的交易，像是說謊的地毯商人，放高利貸的人，還有矇騙國王說新衣只有他看不見的裁縫師。

儘管我想將一切歸納為事情向來如此，我的履歷名實不符，不過是反映了人的天性。然而，在我內心深處，我知道事情並非如此。情況不同了。我現在了解，我們已經進入另一個層次的狡詐，說服自己竭盡所能去宣揚一個腐敗的體制，用恐懼、債務，以及不斷鼓吹物質消費、主張分化、征服所有逆我者的政策，來讓貧富差距加劇。

這些欺詐將會導致我們自身的毀滅——不僅是道德淪喪，甚至是文化毀滅，除非我們能夠很快做出重大改變。

犯罪集團的例子或許可以做為比喻。

集團老大通常是從街頭混混開始發跡。過了一段時間，爬到頂端的人就會改頭換面。他們穿著作工講究的西服，經營正當的生意，披著上流社會的外衣。他們贊助地方慈善事業，受到社區人士尊重。他們借錢給拮据的人，出手快又大方。就像MAIN履歷裡的約翰·柏金斯，這些人看起來像是社會的楷模，然而表面的銅鏽底下，卻是斑斑血跡。債務人無力償還時，殺手遂出面討回那磅肉。如果這樣還沒辦法要到債，一群豺狼便拿著球棒上場，做個了結。還有最後一招，亮出槍桿子。

我了解首席經濟學家、經濟及區域規畫處經理等光鮮亮麗的頭銜，並不是地毯商人的那種單純的狡詐。這種狡詐是一般買方察覺不到的。

這是詐騙系統的布局之一，目的不在用伎倆欺騙不知情的客人，而是一種推展帝國主義前所未見、最複雜、最具效率的實質形式。

在我的部門，每人都有一個頭銜——財務分析師、社會學家、經濟學家、首席經濟學家、計量經濟學家、影子計價專家等等——然而沒有一個頭銜看得出他們是EHM，或暗示他們是為了全球帝國的利益而服務。

從這些頭銜，我們也看不出自己只是冰山一角。

每間主流的國際公司——從行銷鞋子或運動器材，到生產重機械設備者——都有那行相當於EHM的人員。他們已經展開步伐，迅速包圍整個地球。地痞流氓已經扔掉身上的皮夾克，穿上西裝，換上一副有擔當、令人敬重的面孔。男男女女從紐約、芝加哥、舊金山、倫敦、北京和東京各個總部跨步走出，穿梭於五洲四海，說服貪官汙吏讓其國家和金權政體銬在一起，引誘絕望的人出賣身體給血汗工廠和裝配生產線。

隱藏在我的這篇履歷和報導下的枝枝節節，不言而喻地勾勒出一座空中樓閣，試圖讓我們受控於一個道德敗壞、自我毀滅的系統。

寶拉說服我細讀字裡行間的弦外之音，讓我能進一步採取更積極的行動，最終改變了我的人生。

第二十四章　厄瓜多總統奮戰石油大鯨

厄瓜多是我在異鄉的第一個家，而哥倫比亞和巴拿馬的工作，讓我有機會經常回去拜訪，並且保持聯繫。厄瓜多長年遭到獨裁者和右翼的寡頭政權把持，這些政權乃受到美國政治及經濟利益操控。從某方面來看，它是典型的香蕉共和國*，像都樂食品公司（Dole Food Company）這種巨型企業早已在那兒入侵生根了。

厄瓜多亞馬遜河流域的石油大量開採，始於一九六〇年代晚期。當時造成一股購買狂潮，統治厄瓜多的一小撮家族被國際銀行玩弄於股掌之間。他們讓厄國背負了沉重的貸款，又拿石油收益做為抵押。[1]公路、工業園區、水力發電廠、輸送與配電系統，加上

＊譯註：香蕉共和國（Banana Republic），政治學專有名詞，專指政局不穩定、多半受獨裁者統治，經濟上則高度依賴水果、礦產等原物料出口的國家。

各種電力工程有如雨後春筍般出現。國際工程與營建公司大發其財——故事再次重演。

有個人就像閃亮的星星，從這個安地斯山脈國家升起，在政治貪腐，與金權政體掛勾的政局中，他的出現不啻為一股清流。他是一位大學教授兼律師，年近四十，極具魅力風采，我曾在幾個場合見過他。此人就是海梅・羅爾多斯（Jaime Roldós）。有一次我很衝動地對他說，只要他有需要，我可以隨時飛到基多，為他提供免費諮詢。我這麼說一半是開玩笑，其實也是因為我很樂意利用自己的假期來做這些事情。我毫無保留地告訴他我很欣賞他，也一直在尋找可以回到這國家的好理由。他一聽就笑了，禮尚往來地許下一個類似的承諾，只要我在談判石油議案有需要，隨時都可以去找他幫忙。

他是個聲望卓著的平民論者和民族主義者，強烈深信貧民權益，認為政治人物有義務謹慎運用國家天然資源。他在一九七八年開始競選總統，很快便引起國人的注目，就連其他被外國剝削石油利益的國家，或盼望獨立、脫離外來勢力影響的各國人民，也注意到他。羅爾多斯是近代少有的政治人物，他勇於反抗現狀。他緊盯著石油公司，還有那些在背後撐腰，手法卻不怎麼高明的機制。

舉例來說，他指控夏季語言學院（Summer Institute of Linguistics，ＳＩＬ）和石油公司惡意勾結。夏季語言學院是一個來自美國的傳教團體，我在和平工作團時期就對該團體相當熟悉。這個組織以從事研究、錄音、翻譯原住民語言為藉口進入厄瓜多，一如他們進入許多其他國家的理由。

在石油開採初期，夏季語言學院便在亞馬遜河流域一帶的華拉尼（Huaorani）部落密集活動，開始形成一種令人不安的模式。儘管一切可能都只是巧合（也從未經過證實），但亞馬遜河流域的許多居民都聽過這樣的故事：每逢地震學家向公司總部報告，某個區域顯示出地底下蘊藏石油的徵兆，夏季語言學院便進入該區，慫恿原住民搬離那塊土地，住到傳教士保留區。原住民在那裡可獲得免費食物、庇護所、衣物、醫療，接受傳教式的教育。根據這些故事的內容，獲得這些援助的交換條件，是將土地所有權轉讓給石油公司。

謠言滿天飛，直指夏季語言學院傳教士利用各式各樣的狡詐手段，勸說部落百姓放棄家園，搬到傳教區。

最常被人提起的故事是，他們捐贈的食物裡面含有大量瀉藥，之後再送藥給部落，幫助居民治療腹瀉。據稱在華拉尼部落，夏季語言學院空投的食物籃底部具有夾層，裡面藏有細小的無線電發報器；駐守殼城美軍基地的人員，則操控一批高度精密的通訊接收器，對準了這些發報器。只要部落有人被毒蛇咬到，或罹患嚴重疾病，夏季語言學院便派出一位代表，帶著毒蛇血清或適當藥物進到部落，通常是搭乘石油公司的直昇機前去。

在石油開採早期，有五位夏季語言學院的傳教士被發現遇害身亡，身上刺著華拉尼部落的長矛。隨後，華拉尼部落宣稱，他們這麼做是要給夏季語言學院一個警告，要他們不得再踏進一步。那個警告根本沒有人重視，事實上還帶來反效果。其中一位受害者的姊姊瑞秋（Rachel Saint）巡迴美國，出現在全國的電視節目，為的是籌款捐助夏季語言學院和石油公司，她宣稱此二機構可以協助「野蠻民族」變成受過教育的文明人。根據某些資料來源指出，夏季語言學院得到洛克斐勒慈善基金會的資金援助。洛克斐勒家族後裔約翰．洛克斐勒（John D. Rockefeller）成立了標準石油公司，後來解體為幾間大型石油公司，包括雪弗龍、艾克森及美孚（Mobil）。[2]

羅爾多斯讓我感動的是，他選擇走上杜里荷照亮的那條路，起而反抗世上最大的超級強權。杜里荷誓言奪回運河，而羅爾多斯對於石油採取強硬的民族主義態度，則威脅到全世界最有影響力的公司。正如杜里荷一樣，羅爾多斯並不是共產主義者，他是為了國家的自主權而站起來。就像過去對杜里荷的預測一樣，學商界權威都認為大企業和華府絕對不會容忍他擔任總統，即便當選，他也會面臨與瓜地馬拉的阿本斯或智利的阿葉德相同的命運。

而我認為，這兩個男人所結合的力量，正可做為拉丁美洲政壇新運動的先鋒，這個運動或可形成改變的基礎，影響世界每個國家。

這兩人不是卡斯楚或格達費*。他們和蘇俄或中國，甚至以阿葉德為例的國際社會主義運動無關。他們廣孚人心，深具聰明才智和魅力，是務實派而非教條派的領袖。他們是民族主義者，卻不是反美派。如果金權政體是建立在主流公司、國際銀行及勾結政府這三大支柱上，那麼羅爾多斯和杜里荷一定會堅持剷除「勾結政府」那根支柱。

羅爾多斯的主要政見，形成後來所謂的「碳氫化合物政策」（Hydrocarbons Policy）。該政策的前提在於，厄瓜多具有最大潛力的資源是石油，因此未來石油開採的先決要件，必須是能夠為最多人口帶來最大利益。羅爾多斯堅信，國家有義務協助貧民和被剝奪者，他希望能藉由碳氫化合物政策為社會帶來改革。然而，他必須拿捏分寸，因為他知道，厄瓜多就像其他許多國家一樣，沒有得到最具影響力的家族支持，是

---

*譯註：格達費於一九六九年發動政變，推翻利比亞王室。他的統治結合了伊斯蘭信仰與社會主義，對外採取反美及反以色列的立場。

不可能當選的；即使能夠不靠他們而當選，少了這些家族的支持，許多計畫也難以推展。

我個人覺得寬慰的是，在這段關鍵時刻，白宮正好由卡特當家。儘管有德士古石油公司及其他石油利益團體的強大壓力，華府選擇不干預。我知道大部分的政權都不可能辦到這點，無論是共和黨或民主黨當政。

相較於其他政策，我相信是碳氫化合物政策說服了人民，將羅爾多斯送進總統府。這是經過一連串獨裁者統治以來，厄瓜多首任的民選總統。

在一九七九年八月十日的就職演說中，他提到施政大綱：

我們必須採取有效的方式來保衛國家的資源。國家（必須）維持多樣化的輸出，並且不能損失經濟獨立……我們的一切決定，將完全以國家利益和無條件保衛國家自主權為出發點。[3]

在任內，羅爾多斯必須專心面對德士古，因為那時德士古已經是石油業的主要玩家。他們之間的關係障礙重重。該石油鉅子不信任新上任的總統，也不願配合任何首開先例的政策。因為他們很清楚，這樣的政策很可能成為其他國家依循的榜樣。

羅爾多斯重要的國策顧問荷西・卡瓦哈爾（José Carvajal）在一次演講中，扼要地說明了新政府的態度：

如果有夥伴（德士古）不願承擔風險、不願意投注探勘經費，也不願意在核可的區域內開採，那麼其他夥伴便有權進行這些投資並取得所有權……

我們認為，我們和外國公司的關係必須是公正的。在奮鬥過程中，我們必須不屈不撓；面對各種形式的壓力，我們都要有心理準備。然而，在和國外人士談判的過程當中，我們必定不能表現出恐懼或低人一等的自卑心。[4]

在一九八〇年的新年當天，我立下決心。那是一個新的十年的開端。再過二十八天，我就要三十五歲了。我決定在這新的一年裡，做出人生的重大改變，未來我要以心目中的現代英雄羅爾多斯和杜里荷為榜樣。

另外，還有一件令人震驚的事情在幾個月前發生了。從經營獲利角度來看，詹柏帝是MAIN有史以來最成功的一位總裁。然而，在沒有任何預警之下，霍爾將他開除了。

第二十五章 辭職不幹

霍爾將詹柏帝開除的事，為MAIN帶來強烈震撼，公司內部議論紛紛，爭論不休。詹柏帝當然也有樹敵，但就連他的某些對手也對此感到驚愕。在很多職員看來，霍爾很明顯是因為嫉妒才出此下策。在午餐或休息時間的討論中，不時有人表示，他們認為原因出在詹柏帝功高震主。詹柏帝比霍爾年輕十五歲，又為公司創造了獲利的新高峰，當然讓霍爾倍感威脅。

「霍爾不能再讓詹柏帝這麼風光。」有人說道，「霍爾一定曉得詹柏帝遲早會取代他，那只是時間的問題。時候到了，老頭子就得出局，回家放羊去。」

好像真的為了證明這個推論似的，霍爾指派保羅・普萊迪（Paul Priddy）繼任總裁。普萊迪已經擔任副總裁多年，是個和善可親、按部就班的工程師。以我來看，他也是個沒有朝氣、凡事點頭的好好先生，絕對不會拿亮麗的成績來威脅董事長。許多人的看法與我相去不遠。

詹柏帝的離去對我卻是一大損失。他一直是我的良師益友，也是國際工作的關鍵人物。普萊迪一向側重國內工作，對於我們海外工作的真正性質所知極為有限。我必須知道公司此後的方向。於是我打了通電話到詹柏帝家中，我發現他很豁達。

「唔，他知道自己沒有什麼理由，」他講到霍爾：「所以我要求非常高的資遣條件，最後也拿到了。霍爾掌握大多數的表決權股票，他只要採取行動，我就一點辦法也沒有。」

詹柏帝表示，有幾個從前的跨國銀行客戶向他開出高階職務，他正在考慮。

我問他，他認為我應該怎麼辦。

「睜大你的眼睛，仔細觀察。」他建議。「霍爾已經跟現實脫節了，不過沒有人會告訴他——尤其是他這麼對待我之後。」

一九八〇年三月下旬，我還在為開除事件低潮的時候，抽空到維京群島揚帆度假。選擇度假地點時我並沒有多想，不過，現在我了解了，是該地的歷史促使我做出一個決定，因而實現了新年願望。

當我駕著船，在德瑞克爵士海峽（Sir Francis Drake Channel）隨風來回掌舵，一艘揚著彩虹旗的木船從旁邊駛過，兩側的船帆像波浪似地翻滾鼓脹，沿著海峽順風而行。約莫半打年輕男女一邊呼喊、向我們招手，看來是一群穿著鮮豔紗龍的嬉皮。從船身和他們的穿著看來，顯然他們是住在船上，自成一個公社社群、現代海盜，自由自在，不受約束。

我心中頓時充滿了妒意。

我想要擁有那種自由。

然後我頓時領悟，我的憤恨和怒氣，都與我父母無關。就在當下，我明白過來，我的生命是父母給的禮物，卻往往被我視如敝屣。我對他們虧欠甚多，他們養育我、啟迪我，讓我的人生走上這條道路，最後來到這個時刻。我也得為自己犯下的所有錯誤負起責任。我過去常常怪罪父母，但這麼做不僅愚蠢又不公正，更是適得其反。

不久後，我便駛進萊恩斯特海灣（Leinster Bay），停泊在聖約翰島（Saint John Island），就在這個小海灣，當年海盜船就躲在這裡，等待黃金艦隊從這片水域經過。我放下船錨，鐵鍊喀嚓喀嚓落進澄澈的水裡，船悠悠地減速停下。

停好船後，我划著小艇往岸邊去，靠岸後停放在一片荒蕪的老蔗園下方。我在海邊坐了良久，試著什麼都不去想，將自己情緒放空。

可是我做不到。

向晚時分，我蹣跚地爬上陡峭的山坡，發現自己立足之處正是蔗園破敗的圍牆上，遠眺著下方我們定錨的單桅帆船。我凝望太陽漸漸沉落到加勒比海。一切似乎都很安詳，然而我知道，環繞四周的這片蔗園，曾經發生過從未訴說的不幸。

數百位非洲奴隸死在這裡，在槍口威脅下，被迫去修建宏偉山莊，栽種及收割甘蔗，操作機器將粗糖製成蘭姆酒的基本原料。此處的寧靜掩蓋了它的暴虐歷史。

太陽消失在島嶼山脊後方，天邊出現一道洋紅色的拱形光芒。海水轉暗，而我赤裸裸地面對一個驚駭事實：我也一直是一名奴隸販子。我在ＭＡＩＮ的工作不只是利用債務把貧窮國家拖進全球帝國的掌握；我那些誇大的預測報告，並不僅僅是用來保證一旦美國需要石油的時候，就可以去討回那磅肉；我的合夥人身分也不只是為了增加公司利潤那麼單純。我的工作還關係到人民、他們的家庭、為了建築我眼前這道牆而身亡者的血親、那些曾經被我剝削的人。

有十年了，我一直是這些早期奴隸販子的繼承人。我用的是比較現代的方法，手段巧妙多了——我一向不必看到垂死的身體，聞到腐臭的味道，或聽見痛苦的哀嚎。然而，我同樣犯了罪。而因為我可以將自己抽離，將涉及個人層面的身體、血肉和哀嚎與我分開，因此或許從最終的分析來看，我的罪孽更深。

我轉身背對大海、背著海灣，還有那片洋紅色的天空。我閉上眼睛不去看那道由遠離非洲家鄉的奴隸所砌起的圍牆，試著將一切屏除在外。當我睜開眼睛，瞪著前面一根樹枝，有球棒那麼粗，幾乎有兩倍長。我跳起來，抓了樹枝就往石牆上拚命打，打到自己筋疲力盡，癱倒在地為止。我躺在草地上，仰望天空飄過的浮雲。

最後，我總算掙扎走回小艇。我站在沙灘上，遙望著我的帆船，定錨在蔚藍色海面上，我知道該怎麼做了。我得負起責任。我曉得，一旦我又回到從前，回到MAIN和它所代表的一切，我將會永遠迷失自己。加薪、退休金、保險和津貼、股票……待得愈久，就愈難脫離。我可以繼續痛打自己，就像我痛打那座石牆一樣，但我也可以逃離。

兩天以後，我返回波士頓。一九八〇年四月一日，我走進普萊迪的辦公室，辭職不幹。

第四部

一九八一年~迄今

第二十六章——厄瓜多總統之死

離開MAIN不是一件容易的事，普萊迪根本不相信我。「愚人節！」他眨眨眼睛。

我很認真地告訴他，是真的。我想到寶拉的忠告：不要觸犯任何人，或留下任何讓人懷疑我可能會暴露EHM工作的理由。於是我強調，我很感謝公司為我所做的一切，不過現在我想往前邁進。MAIN讓我認識了世界上的許多人，我一直想寫這些人的故事，不過絕對無關政治。我說，我想替《國家地理雜誌》或其他雜誌做自由撰稿人，同時繼續旅行。我聲明我對MAIN的忠誠，並且發誓，絕不會放過任何讚美MAIN的機會。

那時我完全相信自己所說的一切，我只是想要離開這一行，只是不想再繼續當奴隸販子。最後，普萊迪投降了。

後來，每個人都來勸我放棄辭職的念頭。他們三不五時提醒我，我的表現有多好，甚至還有人說我發瘋了。我恍然大悟，沒有人願意接受我想要自動離職的事實，至少有部分原因，可能是因為那會迫使他們回過頭來看看自己。如果我的離開不算瘋狂，那麼他們就得想想自己留下來是否神智健全。如果把我看成一個失去理智的人，事情會單純點。

特別困擾的則是我部門員工的反應。在他們看來，是我拋棄了他們，目前眼下又沒有夠厲害的接班人選。然而，我心意已定。經過這麼多年的猶豫不決，我現在決心做個了斷。

遺憾的是，事情不如我想像的順利。

沒錯，我沒有工作了，又因為離完全合夥人的資格還早得很，所擁有的股票現值還不夠我退休。如果再多待個幾年，或許就能如我過去所願，在四十歲變成百萬富翁。可是，我現年三十五，離這個目標還有好長一段路要走。波士頓的四月，又冷又陰沉。

有一天，普萊迪打電話給我，懇求我到他辦公室。「有一位客戶威脅要跟我們解約，」他說：「他們之所以聘用我們，是因為要你擔任專家證人（Expert Witness），為他們出庭作證。」

關於這件事，我想了很多。等我坐到普萊迪辦公桌對面的時候，主意已經拿定。我抬出價碼——我要求約聘費比原來的薪水多出三倍以上。出乎意料之外，他竟然同意了。就這樣，我開始了新一階段的職業生涯。

接下來那幾年，我以高薪受聘為專家證人，主要客戶是美國的電力公司，他們必須先得到公共建設委員會核准，才能建造新電廠。其中一個客戶是新罕布夏公共事業服務公司（Public Service Company of New Hampshire），我的工作是在法庭宣誓之下，解釋高度爭議性的希布魯克（Seabrook）核電廠的經濟可行性。

雖然我不再直接與拉丁美洲有牽連，但還是繼續密切注意那裡發生的事情。身為專家證人，每次出庭之間的空檔時間不少，我和寶拉保持聯繫，也恢復了昔日在厄瓜多和平工作團的舊交情。厄瓜多突然間躍上了國際石油政爭的舞台中央。

羅爾多斯繼續往前邁進。他認真地實踐選舉諾言，對石油公司發動毫不保留的攻擊。巴拿馬運河兩岸許多沒人注意或為人刻意忽略的事情，他似乎都看得很清楚。他也熟悉那股威脅將世界變成全球帝國的暗潮，威脅著要將他的百姓邊緣化，貶抑至奴隸的角色。我在報上看到有關他的消息，不但對他信守承諾感到感動，也對他洞悉事情的能力印象深刻。

這些更深層的問題點明了一項事實：我們正進入世界政治活動的新紀元。

一九八〇年十一月，卡特競選連任敗給了雷根。他和杜里荷所簽訂的巴拿馬合約，以及伊朗情勢，特別是美國大使館人員被綁架、營救人質行動失敗等，都是敗選的主要原因。

然而，一些更微妙的改變正在發生。一位以世界和平為最大目標、致力於減少美國倚賴石油的總統，被一位相信美國的正統地位是站在世界金字塔頂端，由軍事力量高舉，認為控制各地油田是天命論一部分的人所取代。一位在白宮屋頂安裝太陽能板的總統，被一位方住進白宮即拆掉能源板的人所取代。

卡特或許是位效能不彰的政治人物，不過他的願景卻和「獨立宣言」一致。如今回顧起來，他似乎就是一位天真的老古董，退回到當年形塑這個國家，並吸引如此多先輩投奔而來的理想。如果我們拿他來和前任或續任的總統相比，他簡直是異類。他的世界觀真的和EHM太不一致了。

毫無疑問，雷根絕對是全球帝國的建立者、金權政體的公僕。

在他競選的過程，我就發現他是這樣的人。

他曾是好萊塢電影明星，專門聽從有錢大亨的指示，而他也很清楚該怎麼聽從指示。這就是雷根的特徵。他招待那些從執行長辦公室出發，在公司、銀行董事會與政府大廳之間往返的人。他會替那些看似幫助他，實則掌控政府的人服務——比方像副總統老布希、國務卿舒茲、國防部長溫柏格、錢尼、赫姆斯、麥納瑪拉。他會宣揚那些人想要的東西：一個掌控世界及所有資源的美國、一個聽從美國指揮的世界、一支強制執行由美國寫下規則的美國軍隊、一個支持由美國擔任全球帝國執行長的國際貿易及銀行制度。

展望未來，我們似乎進入一個非常適合EHM的時代。在歷史的此刻退出，是我另一個扭轉命運的抉擇。我愈是反省這一切，對自己愈感安心。我知道我退出的正是時候。

長期而言，這究竟代表了何種意義，我沒有水晶球，無從預知；不過，從歷史上看，帝國是不會持久的，鐘擺始終是在兩個方向之間來回擺動。

就我的觀點，像羅爾多斯這樣的人給予我們希望。我相信厄瓜多新上任的總統了解當前情勢的許多微妙之處。我知道他一直仰慕杜里荷，並為卡特在巴拿馬運河問題所表現的勇氣和立場喝采。我也確信他不會猶豫退縮。我只希望，他的堅忍剛毅能夠為其他國家領袖點亮燭光，他們需要像羅爾多斯和杜里荷這樣的典範來獲得啟發。

一九八一年上旬，羅爾多斯政府正式向厄瓜多國會提出新的碳氫化合物法案。如果正式實施，便可改革厄國和石油公司的關係。從許多標準來看，這些是全面革新、甚至激進的法案。它側重在改變生意經營的方式，影響所及，會延伸到厄瓜多以外，深入拉丁美洲的許多國家，甚至擴及全世界。[1]

石油公司的反應正如預期——他們要拔除所有的障礙。公關人員全力毀謗羅爾多斯，遊說團體傾力掃蕩基多及華府，公事包裡塞滿了威脅利誘的計畫。他們企圖將現代厄瓜多的第一位民選總統描繪成另一個卡斯楚。然而，羅斯多爾並未屈服於這些羞辱，他採取反擊，揭發石油公司和政客共謀、與宗教界勾結的內幕。儘管他並未握有明確的證據，他公開指控夏季語言學院和石油公司串通，還極為大膽地採取行動，勒令夏季語言學院離開厄國。[2]

就在他將法案送進國會之後幾個星期、驅逐夏季語言學院傳教士出境的前幾天後，羅爾多斯警告所有的外國利益團體（不只是石油公司），除非他們實施可以幫助厄瓜多人民的計畫案，否則就得強制離境。他在基多的阿達華巴奧林匹克體育場（Atahualpa Olympic Stadium）舉行重要演說，之後便直接前往厄國南方一處小社區。

在那裡，他命喪直昇機墜毀的烈焰中，時為一九八一年五月二十四日。[3]

這個消息舉世震驚。拉丁美洲群情激憤，所有南半球的報紙激烈地報導：「美國中情局暗殺！」除了華府和石油公司痛恨羅爾多斯，還有很多情況也支持這樣的說法，隨著更多事實浮出檯面，這些懷疑更加昇高。雖然沒有具體證明，不過目擊者宣稱，羅爾多斯曾經收到有人欲取其性命的預警，他也採取了一些預防措施，包括乘坐兩架直昇機移動。就在最後一刻，其中一位安全官說服他登上誘餌直昇機。結果爆炸了。

儘管世界的反應如此激烈，這些消息幾乎沒有上過美國的報紙。

奧斯瓦爾多．烏爾塔多（Osvaldo Hurtado）繼任為總統。他重新讓夏季語言學院及石油公司在國內進行活動，也針對夏季語言學院成員發出特別簽證。在該年年底，他實施一連串野心勃勃的計畫，增加德士古及其他外國公司在瓜亞基爾灣（Gulf of Guayaquil）及亞馬遜河流域的石油開採量。[4]

杜里荷追悼羅爾多斯，稱他為「兄弟」。他也坦承曾經作過被暗殺的噩夢，看見自己在一團火球裡，從天空掉下。未料一語成讖。

第二十七章——巴拿馬：又一位總統身亡

羅爾多斯的身亡讓我震驚不已。

或許我不該有此反應，我不是天真不解世事的人。我知道阿本斯、莫沙德、阿葉德，和許多名不見經傳的人，其生命遭到摧毀或重創，只因為他們起身抵抗金權政體。儘管如此，我依然感到錯愕不已。這起轟動事件做得實在太露骨了。

我們在沙烏地阿拉伯空前成功之後，我曾以為如此肆無忌憚的行動將成為過去。我還以為豺狼全部都關回籠子裡了，直到現在才明白，我錯了。

我認為羅爾多斯之死並不是一樁意外。許多蛛絲馬跡顯示，那是中情局精心設計的暗殺。據我了解，他們的手段如此露骨，是想要傳達訊息。而雷根新政府，加上其好萊塢牛仔的快槍手形象，正是傳達該訊息的理想工具。他們要昭告杜里荷及所有反對金權政體的聖戰士：豺狼又回來了。

然而，杜里荷是不會屈服的。他就像羅爾多斯一樣，拒絕向恐嚇屈服。他驅逐夏季語言學院，斷然拒絕與雷根政府重新談判運河條約。

羅爾多斯去世之後兩個月，杜里荷的噩夢成真了。一九八一年七月三十一日，他在一場墜機意外中喪生。

拉丁美洲和全世界一片譁然。杜里荷已經具有全球知名度，受到世人尊敬，因為他迫使美國放棄巴拿馬運河的所有權，物歸原主，並持續抵抗雷根。他是人權鬥士，願意敞開雙臂，接納不同政治背景的流亡者（包括伊朗前國王），也是一位有魅力、勇於伸張社會正義的人，許多人都認為他會獲得諾貝爾和平獎提名。

現在，他死了。

新聞媒體和社論再次刊登斗大的標題：「美國中情局暗殺！」

葛林在巴拿馬旅館與我相遇的那次旅途中，萌生撰寫《一代將領》的念頭。書的開頭是這麼寫的：

一九八一年八月，我的行囊已經收拾好，準備第五次動身前往巴拿馬。忽然，一通電話傳來消息：杜里荷將軍身亡。他曾是我的好友，也是款待我的主人。他搭乘小飛機飛往巴拿馬山區寇克萊希多（Coclesito）的私人寓所，卻不幸於中途失事墜毀，機上無人生還。幾天後，其安全侍從官「啾啾士官長」（Sergeant Chuchu，又名荷西．馬丁尼〔José de Jesús Martínez〕，前巴拿馬大學馬克斯哲學教授、數學教授兼詩人）在電話中告訴我：「那架飛機上有炸彈。我知道機上有炸彈，不過我不方便在電話中告訴你原因。」[1]

各地民眾哀悼杜里荷的去世，他是貧困無依者的屏障，因而廣受敬重。民眾大聲疾呼，要求華府調查中情局的行為。

然而，這類調查行動根本不會發生。有人痛恨杜里荷，其中還包括權傾一世之士。杜里荷去世之前，雷根總統、布希副總統、國防部長溫柏格、美國參謀首長聯席會議（Joint Chiefs of Staff）及許多極有影響力的企業執行長，早就公開表示不喜歡他。

軍事將領更是被這一紙杜里荷－卡特條約所激怒，因為該條約強迫他們關閉美洲學校和美國南方司令部熱帶戰鬥訓練中心。這些官員面臨嚴重問題，他們必須想辦法拒絕簽定新合約，否則只能另覓願意安置這些機構的國家——在二十世紀末葉，這幾乎是不可能的事。當然，他們還有另外一個選擇：除掉杜里荷，與繼任者重新協商。

杜里荷的企業敵人不乏大型跨國公司。這些公司大都與美國政客密切掛勾，全都和剝削拉丁美洲勞工及天然資源——石油、木材、錫、銅、鋁土、農地——脫不了關係。這些企業包括製造公司、通訊公司、貨運和交通運輸企業集團，以及工程或其他技術相關的企業。

貝泰集團是私人公司與美國政府關係密切的最佳例子。

我對貝泰非常熟悉，MAIN經常和他們合作，我個人還與裡頭的總建築師結為好友。貝泰是美國最有影響力的工程營建公司，其總裁與資深主管，如舒茲、溫柏格等人非常鄙視杜里荷，因為他厚著臉皮博得了一件日本計畫案，用更新穎、更有效率的方法來取代現有運河。[2]此舉不但會迫使美國拱手讓出巴拿馬所有權，還會將貝泰屏除在二十世紀最精采、甚至是最有利可圖的工程計畫案之外。

杜里荷勇敢面對這些人，他以高雅、迷人又豐富的幽默感來處理一切。現在他不在了，接班人諾瑞加（Manuel Noriega）取而代之。諾瑞加欠缺杜里荷的機智、魅力和才幹，許多人甚至懷疑，如果他要對抗世界上像雷根、布希和貝泰這種對手，根本一點勝算也沒有。

這場悲劇讓我身心交瘁。我花了許多時間思考當年與杜里荷的對談。有天深夜，我獨坐良久，凝視雜誌上一幀他的照片，回想起初抵巴拿馬的那個夜晚：我搭乘一輛計程車行駛在風雨中，車子在一幅他的巨照看板前停下來。

「奧瑪的理想是自由；發明飛彈不是用來戕害理想！」

記憶中的標語叫我不寒而慄，現在的心境，一如當年那個風雨交加的夜晚。

當時，我怎會料到杜里荷與卡特攜手合作，將巴拿馬運河所有權交還給理當擁有它的人民；又怎麼會得知，這場勝利，加上他努力消弭拉丁美洲社會主義者和獨裁者之間的歧見，竟然會觸怒雷根－布希政權，引來殺機。[3]我如何能夠知曉，他一如平常搭乘雙水獺（Twin Otter）飛機在夜間飛行，竟會慘遭殺害。我又怎麼會料到，在美國本土以外的世界大都相信，杜里荷五十二歲英年早逝，不過是中情局一系列暗殺行動下的另一名冤魂。

倘若杜里荷還在，他勢必會想辦法平息蔓延在許多中南美洲國家、與日俱增的暴力。從他的過去來看，我們相信他一定會想出妥善的辦法，來減緩國際石油公司對厄瓜多、哥倫比亞及祕魯等國境內亞馬遜河流域的破壞。而這樣的行動結果，或許可緩和一些嚴重衝突，這些衝突被華府視為恐怖主義和毒品戰爭，但杜里荷視之為絕望的百姓為保衛家族和家園而採取的行動。

最重要的，我深信他會成為美洲、亞洲和非洲新一代領袖的楷模——這些並不是中情局、國安局及ＥＨＭ所能容忍的。

第二十八章 我的能源公司、安隆、小布希

杜里荷去世時，我已經有好幾個月沒見到寶拉了。我和另外幾個女子約會，其中一位是溫妮芙瑞（Winifred Grant），我在ＭＡＩＮ認識她，是一位年輕的環境設計師，父親正好是貝泰的總建築師。寶拉正和一位哥倫比亞記者交往，但我們還是朋友。

專家證人的工作讓我很掙扎，特別是替希布魯克核能發電廠辯護的案子。我經常覺得好像又出賣了自己，重新扮演昔日的角色，就只為了錢。

這段時間，溫妮芙瑞對我的幫助真是太大了。她公開承認自己是一位環保主義者，不過也了解持續增加電力供應的必要。她成長於舊金山東灣的柏克萊，畢業於加州大學柏克萊分校，是個自由派的思想者，人生觀和我父母及安的清教徒思想截然不同。

我們的關係穩定發展。溫妮芙瑞向ＭＡＩＮ申請留職停薪，和我一起駕著船，悠閒地沿著大西洋岸駛往佛羅里達州，途中經常停靠不同碼頭，好讓我飛去出庭作證。

最後，我們抵達佛羅里達的西棕櫚海灘，租了一間公寓。我們結了婚，女兒潔西卡在一九八二年五月十七日出生。我當時三十六歲，和一同參加拉梅茲生產訓練課程的男士相比，算是比較老的了。

希布魯克這件案子的部分工作內容，是去說服新罕布夏公共建設委員會，核能發電是該州最好也最經濟的發電方式。諷刺的是，我愈深入研究這個議題，愈發懷疑自己辯詞的真實性。當時的文獻資料日新月異，顯示出這方面的研究正在蓬勃發展。更多證據顯示，還有很多不同形式的能源不但比核能優越，經濟效益也更好。

核能發電比較安全的舊理論，逐漸不再有人提起。許多嚴肅的問題一一被提出，包括備用系統是否健全、操作人員的訓練、人類容易犯錯的天性、設備疲乏、核廢料不當處理等等。對於客戶期望我（而我也收了錢）在法庭宣誓下所從事的職務，我愈發感到不安。我也開始相信，有些生產能源的新技術的確對環境有所助益，特別是一些利用廢物再生的能源技術。

於是，有一天，我告知新罕布夏公共事業服務公司的老闆，我不能再幫他們出庭作證了。我放棄這份優渥的工作，決定自己開公司，推動一些最新的科技理論付諸實現。儘管投資必須承擔風險，而且此時是溫妮芙瑞第一次自組家庭，她依然全力支持我。

就在一九八二年潔西卡出生之後的幾個月，我成立了獨立電力系統公司（Independent Power Systems，IPS），公司使命乃發展有利於環境的發電廠，建立可供其他公司參考並效法的發電模式。這是一項高風險的行業，許多同業到最後都相繼倒閉。然而，許多「巧合」幫了我一把。事實上，我十分確信有貴人多次相助，可能是為了回報我過去提供的服務，並獎勵我信守保持緘默的承諾。

詹柏帝接受泛美開發銀行的高階職位。他同意在IPS董事會擔任一職，並以財務來支持這家剛剛起步的公司。

我們得到很多公司支持，有信孚銀行（Bankers Trust）、ESI能源公司（ESI Energy）、保德信保險公司（Prudential Insurance Company）、查德本與派克律師事務所（Chadbourne and Parke，華爾街一間主要的律師事務所，前美國參議員、總統候選人及前國務卿艾德．慕斯基〔Ed Muskie〕為合夥人）、瑞利燃爐公司（Riley Stoker Corporation，阿什蘭石油〔Ashland Oil〕所持有的一間工程公司，專門設計製造精密創新的發電廠鍋爐）。我們甚至得到國會的支持，單獨給予IPS特定項目的免稅優惠，讓我們在與同業競爭上獲得相當的優勢。

一九八六年，IPS和貝泰不約而同運用最創新、最尖端的廢炭料燃燒技術，興建出不會造成酸雨的發電廠。比起碳排放，當時人們比較關注酸雨的問題（二氧化硫、二氧化氮及懸浮微粒）。到了八〇年代末期，這兩家發電廠已經全面革新公共事業的面貌，直接催生了新的國家汙染防治條例。我們一勞永逸地證明，許多所謂的廢棄物可以轉變成電力，也可以採用不會產生酸雨的方式來燃燒煤炭，一舉破除公共事業長久以來所抱持的反對看法。我們的發電廠也證明，此類未經驗證的尖端科技，可以由小型獨立公司透過華爾街及其他傳統方式來投資發展。[1]另一附加價值就是，IPS的發電廠可以將熱氣排放到三英畝半的水耕溫室，而無須排放到冷卻池或冷卻塔。

身為IPS總裁，讓我有機會一探能源業的內幕。我和該行業最有影響力的人士打交道，有律師、說客、投資銀行家，以及各大公司的高階主管。我還有另一項優勢——我有一位在貝泰工作三十年、晉升到總建築師的岳父。他現在負責沙烏地阿拉伯的新興城市建設計畫，那正是我在一九七〇年代籌畫沙烏地阿拉伯洗錢案的直接成果。溫妮芙瑞成長的地方，就靠近貝泰的舊金山世界總部，她也是公司家族的成員，從柏克萊畢業以後，第一份工作就在貝泰。

能源工業正在進行大規模重整。

大型工程公司暗中圖謀接管（或至少是競相爭取）過去在地方上獨大的公共事業公

司。「撤銷管制規定」是當時盛行的口號，而法規朝令夕改。

讓法院和國會皆感頭痛的這段時期，正是野心家大展鴻圖的好時機，機會俯拾皆是。業界權威人士稱這段期間為「能源的西部拓荒」時代。

MAIN成了這段時期的落魄敗將。詹柏帝說得沒錯，霍爾已經跟現實脫節了，但是沒有人敢告訴他。普萊迪一直沒有實權，MAIN的管理階層不但沒有善用工業界的這段整合期，甚至還做出一連串致命的錯誤決策。就在詹柏帝創下漂亮的營運紀錄之後沒幾年，MAIN便放棄了經濟殺手的角色，並陷入嚴重的財務危機。合夥人將MAIN轉售給一家打了一手好牌的大型工程營建公司。

一九八〇年，我拿到的公司股票每股現值將近三十美元，才不過四年時間，留在公司的合夥人只能用不到一半的價錢來出脫手中的股票。曾經風光一時的百年老店，就在這樣的羞辱中結束營業。

看到公司倒閉，我內心著實難過，不過也慶幸自己離開得早。MAIN這塊招牌在新業主的經營下還使用了一段時間，後來就撤掉了。這個曾經在全球各國享有舉足輕重地位的商標，如今消聲匿跡。

MAIN正是未能因應能源工業變遷而失敗的案例。

另一個相對的例子，卻也讓我們這些圈內人士嘖嘖稱奇，那就是安隆。安隆是這個行業迅速崛起的公司之一，它似乎無中生有，一夕之間就這麼冒出頭，開始進行大型交易。商界會議正式開始前，通常先是一陣閒聊，好讓與會人士就座，倒好咖啡，整理文件；那一陣子，這些閒聊話題全部圍繞著安隆打轉。局外人個個狐疑，究竟安隆有什麼通天本事可以做到如此規模。知道內情的人只是微笑不語。偶爾被逼問急了，他們就談新穎的管理策略，談什麼「創意集資」，談他們只聘用知道怎麼打通全世界權力核心的執行長。

以我看來，這簡直就是經濟殺手那套伎倆的舊調新彈。全球帝國正迅速加快腳步。

我們這些關心石油和國際情勢的人，還經常談到另一個話題，那就是副總統的兒子，小布希。他的第一家能源公司阿布西托（Arbusto，「布希」的西班牙文）面臨倒閉，一九八四年和七彩光（Spectrum 7）合併才挽回頹勢。沒多久，七彩光又瀕臨破產危機，於是在一九八六年讓哈肯能源收購。小布希則留在董事會擔任董事兼顧問，年薪十二萬美元（一九八六年的幣值）。[2]

我們都認為，背後有個當美國副總統的父親，對這起聘用案一定大有影響，畢竟以小布希擔任石油業高階主管的「成就」看來，他根本沒資格擔當這些職務。

而無巧不成書，哈肯能源也利用這機會，有史以來首次將觸角伸入國際，開始積極尋求中東的石油投資。《浮華世界》報導：「小布希坐穩董事職位之後，奇妙的事情便逐一在哈肯能源展開——新投資案、意想不到的資金來源、出乎意料的探勘權。」[3]

一九八九年，艾莫可（Amoco）石油公司與巴林政府磋商離岸石油探勘權。老布希當選總統之後沒多久，負責向新任駐巴林大使查爾斯·侯斯特勒（Charles Hostler）簡報的國務院顧問麥克·阿敏（Michael Ameen），安排了巴林（Bharain）政府與哈肯能源會商離岸鑽井權。

一夕之間，艾莫可就被哈肯能源給取代。哈肯能源從來沒有在美國東南部以外的地區做過石油探勘，更沒做過離岸鑽井工程，卻拿到巴林的獨家探勘權，這在阿拉伯世界簡直是前所未聞。哈肯能源的股價在幾個星期之內漲了二〇%，從每股四·五〇美元漲到五·五〇美元。[4]

即使是能源界的老前輩，也感到相當震驚。

「我希望小布希不要做出讓他父親付出代價的事情。」有一位專長在能源工業的律師朋友這麼說，他是共和黨的重要支持者。我們在華爾街附近世貿中心頂樓的酒吧喝著雞尾酒。他很洩氣地說：「我真不知道這到底值不值得。」他又惋惜地搖搖頭，繼續說道：「拿總統職位做兒子事業的代價，值得嗎？」

我倒沒有同業朋友們那麼吃驚，我想，我的看法比較與眾不同。我曾經替科威特、沙烏地阿拉伯、埃及及伊朗政府做過事。我對中東的政治手腕很熟悉，我知道布希（一如安隆的諸位執行長）正是我們經濟殺手所建立的網絡的一分子；他們就是封建諸侯及農莊莊主。[5]

第二十九章——收賄

在人生的這個階段，我體認到世界經濟進入了一個新紀元，局勢風起雲湧。曾經是我偶像的麥納瑪拉，此時當上了國防部長和世界銀行總裁，扶搖直上的速度令我驚心不已。麥納瑪拉的經濟策略受到凱因斯啟發，他所提倡的積極領導統御已經普遍盛行。

經濟殺手的思想已經遍及各行各業，滲透到各階層主管。他們雖然不見得受聘於國安局，不曾接受國安局的人格分析，但全都在執行類似的任務。

此時唯一的不同是，公司主管級的經濟殺手不見得需要涉及國際銀行體系的資金操作。舊手法（我使用的手法）繼續茁壯的同時，新花樣也以更邪惡的形式出現。

一九八〇年代，由中階主管升遷的年輕男女普遍相信，增加利潤是唯一的目標，為了達到目的可以不擇手段。全球帝國不過是一條增加利潤的道路罷了。

能源工業正是這股新趨勢的典型，而我就正從事這門產業。

美國國會在一九七八年通過「公用事業管制政策法案」（The Public Utility Regulatory Policy Act，PURPA），歷經一連串法律挑戰，終於在一九八二年生效。國會原本希望藉由這項立法，鼓勵小型獨立公司發展替代燃料，創新生產電力的方式。根據條文，大型公共事業公司必須以合理的價格購買小公司生產的能源（使用「避免成本損失」〔Avoided Cost〕法）。這項政策源起於卡特總統希望降低美國對石油的倚賴——不僅是進口石油，而是全面降低石油依賴。法律的用意很明顯，是為了鼓勵替代能源，促進能夠反映美國企業精神的獨立公司發展。

然而，實際結果卻大相逕庭。

一九八〇到九〇年代，重點已經從「企業家精神」轉移到「撤銷管制規定」。芝加哥經濟學派成員米爾頓．傅利曼（Milton Friedman）提倡，不論會造成多少社會或環境成本，企業的唯一目標就是將利潤最大化，他也認為政府出手管制會產生反效果，實屬多餘，並以此論述贏得了諾貝爾經濟學獎。結合麥納瑪拉的積極領導統御主張，這種信條啟發了無數執行長讓自家公司一心只求獲利。能源工業裡財力最雄厚的公司，將這些觀念解釋為可以無所不用其極的通行證，只為了獲得更多控制權、市占率及增加獲利，而不願實踐PURPA的精神，革新生產方式和開發新能源。

我驚駭地看見大部分的小型獨立公司，都被主要的工程公司或公共事業公司併吞。大型公司找到可以成立控股公司的法律漏洞，讓他們既能擁有受法規管制的公共事業公司，又能經營不受法規限制的獨立能源生產公司。許多公司採取侵略性的措施，將獨立公司逼到破產，再一舉加以併購。有些則乾脆自行發展獨立公司。

減低石油倚賴的理想功敗垂成。雷根得到石油公司大力幫助，布希本身就是石油商人發跡。雷根與布希政府中的許多關鍵人物和內閣成員，若非原本即為石油公司的人馬，要不就是來自與石油密切相關的工程營建公司。再進一步分析，石油和營建公司不止效忠一黨一派，許多民主黨人士也受惠於他們，還欠他們一番恩情。

IPS的願景一直是生產有利於環境的能源，堅持PURPA的目標，似乎也過得一帆風順。我們是少數幾家不但能夠存活，而且還相當興旺的獨立公司。我毫無疑問地知道這全得歸功於當年我對金權政體的效力。

能源界發生的變化，正是當時全球趨勢的一個表徵。各國的政府和企業領導人都支持費利曼的「利潤最大化」信條。所有對社會福利、環境和生活品質的關懷，全部被貪婪拋諸腦後。

在這轉變的過程中，對於私人企業的強調與日俱增。最初還有理論來支持，像是資本主義優於共產主義，可以阻擋共產主義的發展等等。到最後，連這樣的辯護也不必了。它形成一種先入為主的觀念：計畫案交由財力雄厚的投資者執行，必定優於政府。世界銀行這類的國際組織率先引進這個觀念，提倡撤銷管制，主張原本由政府管理的公共事業應該民營化，包括自來水和下水道系統、通訊網路、公共電力傳輸等。

其造成的結果，讓經濟殺手的思想輕易地擴散到更龐大的族群，各行各業的主管被派去執行以往只有少數招募來的人所從事的任務。這些主管散布在全球各地，尋找最廉價的勞工、最容易取得的資源、最廣大的市場，手段毫不留情。正如之前的經濟殺手──就像我在印尼、巴拿馬、哥倫比亞一樣──他們會找到各種藉口，將自身的惡端合理化。他們也一樣設下天羅地網，誘惑目標社會或國家落入圈套。他們保證讓國家變得更富裕，只要讓私人企業來還清債務。他們興建學校及高速公路，捐贈電話、電視及醫療服務。然而，要是其他地方發現了更廉價的勞工，或更容易取得的資源，他們便一走了之。

一個曾經燃起希望卻又被拋棄的社會，後果通常不堪設想，但是他們在採取這種策略之時，顯然沒有一絲猶豫，也不曾問問自己的良心。

我有時不禁懷疑，這一切對他們的心理究竟有何影響，他們曾否像我當年那樣，有過一絲的懷疑？他們是否曾在汙穢的運河邊，看見一位年輕女子試著入浴淨身，另一個老翁同時在上游排便？難道沒有像派克一樣的人物，提出讓人難以回答的質疑？

雖然我享有IPS的成功，也滿意自己的家庭生活，卻一直無法抵擋內心沮喪的時刻。我現在是一個年輕女孩的父親，我對她即將繼承的未來感到憂心。過去我所扮演的角色，讓我背負著沉甸甸的罪惡感。

回顧過往，可以看見一個令人不安的歷史走向。

現代的國際金融體系，建立於二次大戰結束前，由多國領袖在新罕布夏州（我的故鄉）的布列頓森林（Bretton Wood）會議中所制定。世界銀行及國際貨幣基金組織之所以成立，是為了重建傷痕累累的歐洲，它們也不負使命，達到非凡的成功。該體制於是迅速擴張，很快便得到美國主要盟友的認可，並視其為經濟蕭條的萬靈丹。當時我們都很肯定，它會幫助我們免於淪落到邪惡的共產主義。

然而，我不禁自問，這一切會將我們帶到何種境地？到了一九八〇年代末期，蘇聯和全球的共產運動業已瓦解，遏阻共產主義顯然不再是目標了。同樣明顯的是，根植於資本主義的全球帝國勢將暢行無阻。

世界局勢論壇（State of the World Forum）主席吉姆．蓋瑞森（Jim Garrison）觀察到：

由各方看來，藉由「經濟全球化」及神話般的「自由市場」資本主義所整合的世界，具有名符其實的「帝國」本質……沒有任何國家抗拒得了全球化的力量。很少有國家能夠躲過世界銀行、國際貨幣基金組織或世界貿易組織的「結構調整」和「有條件的限制」。儘管有多麼不恰當，這些國際金融機構依然形塑了經濟全球化的意義，制定遊戲規則，讓順從者獲得獎賞、違背者遭到懲罰。全球化力量之強大，讓我們在有生之年，非常可能看到這樣的整合出現（即使以不平衡的方式）——全世界所有國家的經濟將整合成單一自由市場機制。[1]

我反覆思考這些問題，到了一九八七年，我覺得該是把真相寫出來的時候了，書名就叫作《一個經濟殺手的良知》。

可是我不想默默進行這項工作，即使到現在，我也不是那種離群索居的作者，我必須和別人討論正在進行的計畫。我可以從他人身上得到啟發，也會和其他人聯絡，請他們幫我一起回憶，為過去發生的事情下一個註腳。我特別想要將其他經濟殺手和豺狼的故事加入其中，於是我開始聯繫我認識的人。

接著，我接到一通匿名電話，威脅要取我和我的年幼女兒潔西卡的性命。然後又一通。我嚇壞了，我見識過那些豺狼可以做出什麼樣的事，但我同時也不知該如何是好。克勞汀曾警告我這是條不歸路，現在那些話在我心中迴盪。我還有什麼選擇？

接到第二通恐嚇電話的隔天，有位MAIN的前合夥人跟我聯絡，他拿出石威公司的顧問合約，開出非常誘人的條件。石威是當時首屈一指的工程建設公司，力圖在瞬息萬變的能源界打造一席之地。這位聯絡人向我解釋，我所要服務的對象，是他們新成立的子公司，一間模仿我的IPS這種獨立能源發展公司而成立的事業。當我得知不必再牽涉任何與國際計畫案或經濟殺手相關的事情，我鬆了一口氣。

他說，實際上我也不需要做很多事。我是少數成立獨立能源公司又經營成功的人士，在業界的名聲非常響亮。石威對我最感興趣的就是利用這個資歷，將我的名字列入顧問名單，這是合法的，也是一般業界的做法。這個價碼特別吸引我，況且當時我正考慮出售IPS。加入石威的工作既穩定，顧問費又優渥，真是何樂而不為。

他雇用我的當天，石威的執行長與我私下共進午餐。我們非正式地聊了一陣。在聊天的過程，我發現內心有一部分非常渴望回到顧問這行，拋下能源公司複雜的經營責任，卸下同時必須面對上百人的職責，也不必再承擔發電廠建造與運作的一切義務。我知道他準備開出優渥的價碼，而我心裡也盤算好該如何運用這筆顧問費。在我想做的事情當中，我打算用這筆錢支持我的寫作計畫，以及成立一個非營利組織。

就在餐後甜點時間，這位東道主和我聊起我的寫作事業。

他直直地看著我的眼睛。「你打算寫關於我們的專業的書嗎？」

我的胃一陣緊抽。我突然意識到這一切所為何來。我想起了那些恐嚇。

我毫不猶豫地說：「沒有。我在寫一本原住民如何處理壓力的書，但我不會試著出版任何有關這門產業的書。」

「很高興聽你這麼講。」他說：「我們公司很重視隱私。就和ＭＡＩＮ一樣。」

「我了解。」

他身體往後坐，面帶微笑，看來似乎鬆了一口氣。「當然，談論處理壓力之類的書是完全可以接受的。這些東西有時候對職業生涯還會有幫助。身為石威工程公司的顧問，你可以出版那一類的書籍，沒有關係。」

「那就好。」

「是啊，那些完全可以接受。不過，我們心照不宣，你的書裡絕對不能提到我們公司的名字，不要提到任何有關這行的性質，或你在MAIN的工作內容。你也不要提到任何政治議題，或任何與國際銀行、發展計畫有關的東西。」他盯著我。「這是攸關機密的事情。」

「那當然。」我向他保證。在那一瞬間，我的心臟似乎停止跳動。熟悉的感覺又回來了，似乎又回到印尼和派克在一起、回到斐岱爾的座車穿越巴拿馬市大街小巷、和寶拉坐在哥倫比亞的咖啡店裡。

我又出賣自己了。

雖然從法律上來說，這不是賄賂，一切公開合法：公司付我錢，將我列為顧問，需要意見的時候便和我聯絡，偶爾開會時露露面等，可是我知道自己被雇用的真正原因是什麼。

他每年給我的顧問費，相當於執行長的待遇。

那天下午我坐在機場，愣愣地等候飛回佛羅里達的班機。

我覺得自己像個妓女。甚至更糟，我覺得自己背叛了女兒、背叛了家庭和國家。

然而，我告訴自己，我沒有其他的選擇。我知道要是我不接受這個賄賂，那些豺狼會毫不猶豫就殺了我女兒和我，以及任何威脅要撕去經濟殺手體系向這個世界所呈現的「真相」假面，暴露出背後實情的人。

第三十章——美國入侵巴拿馬

杜里荷去世了，但巴拿馬在我心中依然占有特殊的地位。住在佛羅里達州，很容易取得中美洲的消息。杜里荷的同情心和堅強意志無人能望其項背，但他的精神依然存留。在他過世之後，試圖化解南半球歧見的努力持續進行，巴拿馬依然堅持美國必須履行運河條約。

杜里荷的繼任者諾瑞加，起初似乎也承諾要追隨這位導師的腳步。我從來沒見過他本人，不過從很多描述和報導看來，最初他也致力於造福拉丁美洲的貧民和受壓迫者。他最重要的其中一項計畫便是繼續實踐新運河的構想，由日本人出資營建。可想而知，他遭到華府及美國私人企業極大的反彈。

諾瑞加寫道：

美國國務卿舒茲曾經是貝泰跨國營建公司的執行長；國防部長溫柏格曾任貝泰的副總裁。貝泰一心一意想從運河工程獲得龐大利潤……雷根和布希政府擔心日本人終將主導運河營建計畫，這不僅牽涉到立場錯誤的安全顧慮，更有商業競爭的問題。美國營建公司眼看就要損失上億美元了。[1]

但諾瑞加畢竟不是杜里荷，沒有他的領導魅力和清廉。隨著時間過去，諾瑞加也傳出貪腐和販毒的醜陋名聲，甚至還被懷疑與美國中情局聯手策畫杜里荷的暗殺，以及安排刺殺政敵雨果．斯巴達孚拉（Hugo Spadafora）。

諾瑞加在巴拿馬國防軍的G－2單位擔任上校時嶄露頭角，G－2是情報指揮部，私下和美國中情局互通有無。他在任內和中情局局長威廉．凱西（William J. Casey）發展出密切關係。中情局利用這層關係，進一步推展在加勒比海及中南美洲的情治工作。舉例來說，一九八三年雷根政府入侵格瑞納達（Grenada）之前，欲事先警告卡斯楚，凱西於是透過諾瑞加傳遞消息。諾瑞加上校還協助中情局滲透到哥倫比亞及其他國家的毒品走私集團。

到了一九八四年，諾瑞加晉升將軍，擔任巴拿馬軍隊的最高指揮官。

據報導，那年凱西抵達巴拿馬市訪問時，美國中情局駐巴拿馬主任在機場迎接，當時凱西還問道：「我的小老弟呢？諾瑞加在哪裡？」諾瑞加將軍訪問華府的時候，兩人私下在凱西的公寓會面。多年之後，諾瑞加承認，和凱西的這層密切關係讓他感到所向無敵。他認為美國中情局就像G－2一樣，是該國政府最堅強的部門。至於巴拿馬運河條約以及運河區的美國軍事基地，儘管諾瑞加的立場與美國相互牴觸，他仍然深信凱西會保護他。[2]

因此，杜里荷一直被國際視為正義與公平的偶像，諾瑞加卻成了貪腐與墮落的象徵。

一九八六年六月十二日，《紐約時報》標題為〈巴拿馬強人傳出涉及毒品交易及洗錢勾當〉的頭條報導，更確認了他的惡名昭彰。撰稿的記者為前普立茲新聞獎得主，報導中宣稱，諾瑞加將軍是拉丁美洲好幾項非法事業的祕密合夥人，他像個雙面間諜，同時替美國及古巴刺探密情。G－2在他的指示下幹掉斯巴達孚拉，諾瑞加還親自坐鎮「指揮巴拿馬最主要的毒品交易」。這篇報導除了附上一張諾瑞加將軍不甚討喜的照片，次日的後續報導還揭發了更多詳情。[3]

綜合這些問題之外，諾瑞加還被一位有形象問題的美國總統給拖累（新聞記者稱之為老布希的「無能因子」[4]）。因此，當諾瑞加強硬拒絕考慮延長美洲學校的期限十五年時，更顯得格外意義非凡。

諾瑞加將軍在回憶錄中寫下饒有興味的觀察：

即使美國並不樂見這種情形發生，我們依然堅決並驕傲地堅持杜里荷遺留的理念。美方希望繼續延長或重新商談〔美洲學校的〕設置，他們提到，隨著中南美洲與日俱增的戰備需要，他們仍然需要這個單位。然而，美洲學校卻對我們造成困擾，我們不希望殺手及右翼軍隊的訓練基地出現在這塊土地上。[5]

或許正因如此，世界早該有所預期，然而，當一九八九年十二月二十日美國出兵巴拿馬，依然造成舉世震驚。美國發動了據稱是二次大戰以來最大規模的城市空襲。[6]巴拿馬對於美國或其他國家完全不構成任何威脅，平民百姓卻無故遭到攻擊。世界各國的政府、政治人物和新聞媒體，一致譴責美國的片面行動明顯違反國際法。

倘若該次軍事行動乃針對犯下大屠殺或違反人權的國家——如皮諾契特統治下的智利、史托斯納爾（Alfredo Stroessner）統治的巴拉圭、蘇慕薩（Somoza）的尼加拉瓜、達布松（D'Aubuisson）的薩爾瓦多、海珊（Saddam Hussein）的伊拉克等——世人或許尚可理解。然而，巴拿馬並沒有任何類似的犯行；充其量，他們不過是斗膽反對少數權貴政客和企業高官的意願罷了。他們不過是堅持依法執行運河條約，討論社會改革，試圖與日本人商討由日商出資興建新運河的可能性，卻因此慘遭橫禍。

諾瑞加是這麼寫的：

我要把事情講清楚：美國意圖破壞穩定的行動，從一九八六年展開，直到一九八九年入侵巴拿馬，一切都是因為美國不願看到巴拿馬運河的控制權未來可能交還給獨立自主的巴拿馬政權（由日本人出資）……舒茲和溫柏格帶著一副官員行使公權力的面具，洋洋自得於一般人不知道他們背後所代表的龐大經濟利益。他們正在策動一場宣傳活動，目的是將我打倒。[7]

華府將攻擊行動的藉口完全繫乎一人身上。

美國派遣年輕的男女冒著生命危險，泯滅良知來殺害無辜，其中有數不清的兒童。他們以砲火重創巴拿馬廣大區域，唯一的理由就是諾瑞加。他被描繪成邪惡之士、人民公敵、毒品私梟，成了華府對一個只有兩百萬人口的國家進行大規模攻擊的藉口——這些人正巧居住在全球最有價值的地產上。

入侵消息令我十分不安。我知道諾瑞加一定有貼身保鑣，然而我也不得不相信，美國的豺狼大有可能除掉諾瑞加，就和他們對付羅爾多斯與杜里荷一樣。我懷疑他的保鑣大多受過美軍訓練，或許還收了賄賂，讓他們在緊要關頭時故意怠忽職守，要不就是親自執行暗殺。

我愈是想到或讀到這起入侵消息，內心愈加深信，這正暗示著美國政策又回到了建立帝國的老方法，而布希政府決心勝過雷根政權，向世人宣告他為達目的不惜動用大規模武力的決心。

另一方面，拿下巴拿馬的目的，除了要以親美的傀儡政府來取代杜里荷的接班人馬，更要威嚇伊拉克等其他國家，殺雞儆猴。

《紐約時報雜誌》特約編輯，多本著作的作者大衛・哈里斯（Davis Harris）有項極為有趣的觀察。他在二〇〇一年出版的《射月》（*Shooting the Moon*）一書中寫道：

美國在世界各地對付過的上千位統治者、君主、強人、軍權政府、軍閥當中，諾瑞加將軍是唯一一位被美國窮追不捨的人。美國自正式立國兩百二十五年來，這是唯一一次入侵他國並將該國統治者帶回美國審判，關入監獄，理由是該統治者在自家國境的外國勢力範圍內違反了美國法律。[8]

美國在轟炸巴拿馬之後，突然發現自己處在微妙的局面。有一段期間，勢態似乎整個逆轉。布希政府或許扭轉了無能的形象，現在卻面臨合法性的考驗，甚至有以恐怖行動恃強凌弱的嫌疑。有報導揭發，長達三天的時間，美軍禁止所有新聞媒體、紅十字會及外來觀察員進入遭受砲火嚴重轟炸的地區，在這段期間，美國士兵忙著火化、埋葬死者遺體。新聞媒體追問，期間究竟有多少犯罪或不當行為的證據被銷毀，又有多少人因為沒有得到即時醫療救助而死亡。這些問題始終沒有得到答覆。

我們永遠也無法得知入侵的許多真相，以及大屠殺的真正規模。當時的國防部長錢尼宣布死亡總數在五百至六百人之間，獨立人權組織卻估計約有三千至五千人死亡，另外還有兩萬五千人無家可歸。[9]諾瑞加被捕、遣送至邁阿密，被判監禁四十年。他是當時美國境內唯一被裁定的戰犯。[10]

全世界都對這起侵害國際法、用全球最強大的武器對付手無寸鐵的百姓、無謂的攻擊行動感到義憤填膺，然而，美國境內幾乎沒有人知道外界的憤慨，或了解華府所犯下的罪行。新聞報導的層面太膚淺了。這其中有幾個原因，例如政府政策、白宮向出版界及電視媒體高層致電施壓、國會議員怯於反對，唯恐無能因子也成為他們的問題，另外就是那些認為公眾需要英雄而非客觀事實的新聞記者。

唯一的中流砥柱就是彼得．艾斯納（Peter Eisner），《新聞日報》（*Newsday*）的編輯兼美聯社（Associate Press）記者，他報導巴拿馬入侵消息並持續分析多年。在一九九七年出版的《美國俘虜：諾瑞加回憶錄》（*The Memoirs of Manuel Noriega: America's Prisoner*）中，艾斯納寫道：

> 死亡、毀滅與不公，與打倒諾瑞加的名義交織在一起，加上整起事件的重重謊言，一再撼動了美國民主的基本原則……軍人被告知要拯救一國於殘酷、墮落的獨裁者，便奉命到巴拿馬進行殺戮；一旦他們展開行動，其國家（美國）的百姓便踏著密集步伐跟隨其後。[11]

經過長期研究，包括與諾瑞加在邁阿密獄中會談，艾斯納寫道：

從各項要點看來，我不認為有任何證據顯示控訴諾瑞加的罪名可以成立。我也不認為以他身為外國軍事領袖或國家統治者的行為，足以做為入侵巴拿馬的藉口，或構成對美國安全的威脅。[12]

艾斯納的結論是：

根據我對入侵巴拿馬前後及過程中的政治局勢分析和報告，我的結論是，美國入侵巴拿馬是件濫用武力的惡行。入侵行為主要為了滿足狂妄的美國政客和其巴拿馬黨羽，代價則是慘無人道的殺戮。[13]

阿里亞斯家族及杜里荷之前的寡頭政權，是巴拿馬脫離哥倫比亞，過渡到杜里荷擔任總統這段期間的傀儡政府，如今再度掌權。新的運河條約成了懸而未決的問題。官方文件是一回事，華府實際上已經再度掌控了水道。

我思索這些事件，回想起我在ＭＡＩＮ的經歷，不禁反覆自問：究竟有多少決策——包括具有重大歷史意義、影響成千上萬百姓的決定——是基於某些人的私人動機，而非受到正義的驅使？有多少政府高官的決策，是出自個人貪婪，而非為了效忠國家？有多少戰爭，是因為一國總統不想被選民視為懦弱，而出兵征伐？

儘管我已經答應石威的總裁，然而心頭的挫折、對入侵巴拿馬的無力感，再度刺激我重新執筆，然而這次我決定將重點放在杜里荷身上。我借用他的故事，將許多影響深遠卻不公不義的事情攤開，並藉此消除自己的罪惡感。不過這次我決定保持緘默，不再尋求朋友或同儕的意見了。

在書寫過程中，我對我們經濟殺手在許多地方完成的工作規模感到萬分驚愕。我試著將重點擺在幾個比較特別的國家，卻驚訝地發現，有太多地方在我完成任務離開之後，情況變得更糟。

我對自己的腐化程度驚駭不已。

雖然我已經大量地自我反省，然而我領悟到，當自己身在其中的時候，往往過於專注日常活動，而未能看清大局。也因此，當我在印尼的時候，會為了派克的話而煩心，為拉西那群年輕朋友所提出的問題煩惱不已。在巴拿馬，我曾因為斐岱爾帶我見識貧民窟、運河區和小迪斯可舞廳所帶來的意義，內心深深被打動。在伊朗，我也因為與亞敏及博士的一席談話而深感憂心。而現在，撰寫此書才讓我看清事實梗概。我這才了解到，自己一直無法看清大局，因而無法了解我自身的行為所代表的真正意義。

這聽起來多簡單、多明顯啊，而這些經歷的本質卻又是多麼地隱而不現。這令我聯想起軍人。軍人起初是很天真的。他或許會質疑殺人究竟道德與否，然而，大部分時間他必須面對自己的恐懼，專注於生死存亡的關頭。當他殺了第一個敵人，可能會陷入無法自拔的情緒。他會想知道這位死者的家人究竟有何反應，並感到自責。然而，隨著時間過去，隨著愈來愈多的戰鬥、格殺更多人，他的心腸變硬了。他變成了一名職業軍人。

就某個角度而言，我也成了一名職業軍人。承認該事實不啻為我敞開一扇大門，讓我更容易了解犯罪和帝國建立的過程。我現在明白，為什麼有這麼多人犯下滔天的暴虐惡行——比方說，為什麼善良、愛家的伊朗人會去擔任國王的祕密警察，為什麼善良的德國人會聽從希特勒的命令，又為什麼善良的美國男女會去轟炸巴拿馬市。

身為一位經濟殺手，我從來沒有直接從國安局或任何政府單位支領一分錢；MAIN付我薪水。

我是一介平民百姓，替一間私人公司做事。了解這層關係，讓我更能看清現在的企業執行長是如何演變成經濟殺手。

新一代的軍人逐漸站上世界舞台，他們對於自身的行為逐漸感到麻木。

我寫下：

今天，這些男男女女到泰國、菲律賓、波札那（Botswana）、玻利維亞及世界各地，希望在當地找到渴望工作的人。他們懷著明確意圖來到這些地方，剝削不幸的人——那些子女嚴重營養不良，甚至挨餓的人，那些住在貧民窟裡、喪失改善生活的期望、根本不敢奢想明天的人。這些男女離開他們在曼哈頓、舊金山或芝加哥的高級辦公室，搭乘豪華噴射客機穿梭在五洲四海，住進頭等旅館，在一國最高級的餐館用餐。之後便出去搜尋這些絕望的人。

今天，奴隸交易依舊存在，只是奴隸販子已經不用再走進非洲森林尋找高檔貨色，以便在查爾斯頓、迦太基那或哈瓦那賣得好價錢。他們只要招募這些絕望的人，蓋幾家工廠，生產夾克、牛仔褲、運動鞋、汽車零件、電腦配件，或數千種可以賣到中意的市場上的產品就行了。他們甚至可以選擇不親自去經營這些工廠，只要雇個當地生意人，讓他們去做這些齷齪的事情。

這些男女認為自己是正直的人。他們帶著名勝古蹟的照片回家給孩子看。他們參加專題研討會，在會中拍拍彼此的肩膀寒暄，交換如何和遠地客戶的怪癖習性打交道的訣竅。他們的上司雇用律師幫他們擔保，他們的所作所為都是合法。在需要的時候，有一群心理醫師和人力資源部門專家可以說服他們，他們是在幫助絕望的人。

舊式的奴隸販子告訴自己，他所經手的奴隸不全然是人類，這是給奴隸機會成為基督徒。他也了解，這些奴隸是他的社會的經濟命脈，也是他個人生存的基礎。現代的奴隸販子則說服他或她自己，這些絕望的人一天賺一塊錢，總比完全沒有錢賺要好多了，這是給他們機會融入更大世界的社群。他可以了解，這些絕望的人是公司的經濟命脈，也是他個人生活的基礎。他從來沒有想過，無論是他個人，他的生活方式，或是背後所代表的經濟制度，對這個世界到底造成什麼影響；對於子孫的未來，最終又會造成什麼衝擊。

第三十一章 經濟殺手在伊拉克挫敗

我在一九八〇年代擔任IPS的總裁，從八〇年代晚期到九〇年代的大部分時間，則擔任石威工程的顧問，這些身分讓我得以接觸到多數人不知道的伊拉克消息。

事實上，在八〇年代，許多美國人對伊拉克這個國家所知非常有限，根本不在他們關心的範圍。可是我卻對那裡發生的一切極感興趣。

我和世界銀行、美國國際開發署、國際貨幣基金組織及其他跨國金融機構的老朋友保持聯繫，一些在貝泰、哈利波頓和其他主要工程公司的朋友（包括我岳父在內），也常保持聯絡。很多受雇於IPS的轉包商或其他獨立電力公司的工程師，也參與了中東的計畫。我很清楚，經濟殺手在伊拉克十分賣力地工作。

雷根和布希政府決心將伊拉克變成另一個沙烏地阿拉伯。有不少理由足以吸引海珊跟隨沙國皇室的腳步，他只要觀察沙國從洗錢事件得到的好處就行了。自從協議敲定之後，一座座現代化的城市便從沙國的沙漠昇起，利雅德蒐集垃圾的山羊改頭換面，變成光鮮亮麗的現代卡車。現在，沙烏地阿拉伯享受著世界最先進的科技成果：運用尖端科技的海水淡化廠、汙水處理系統、通訊網路、電力供應設施。

海珊一定也很清楚，凡是涉及國際法的事情，沙烏地阿拉伯總是享有特殊待遇。華府的友人對沙國的許多行徑視若無睹，例如向狂熱組織提供金援——其中有許多激進分子團體被視為與恐怖主義幾無二致——或是包庇亡命之徒。事實上，在阿富汗戰爭時，美國曾積極向沙烏地阿拉伯尋求並獲得金援，以支持賓拉登抵抗蘇聯。雷根和布希政府不但在這件事情上鼓勵沙國，甚至還對許多國家施壓，要他們起而效尤——或至少裝作沒這回事。

一九八〇年代，經濟殺手在巴格達（Baghdad）積極活動。他們相信海珊終究會理解到他的前途一片光明，而我也不得不同意這種假設。畢竟，伊拉克和華府一旦達成類似沙烏地阿拉伯的協議，海珊便可為所欲為地統治國家，甚至拓展他在世界各地的影響勢力。

儘管他是一個病態的獨裁者，雙手沾滿大屠殺的鮮血，其怪癖和殘酷惡行讓人聯想到希特勒，然而這些似乎都不重要。

美國曾經不只一次容忍、甚至支持像他這樣的人。

我們樂得拿美國政府債券和他交換油元，以換得源源不斷的石油供應。我們也樂意簽定合約，用債券產生的利息來雇用美國公司，全面改善伊拉克的公共基礎建設，打造新城市，將沙漠化為綠洲。我們也願意賣給他坦克車、戰鬥機，替他建造化學工廠及核能電廠，一如我們以往在許多國家的作為，就算這些科技可以拿來發展先進武器，我們依舊照做不誤。

伊拉克對美國非常重要，重要性遠比表面所見深遠多了。伊拉克和一般大眾的想像並不一樣，其重要性不單在於石油。它也極具水資源和地緣政治的重要性。底格里斯河和幼發拉底河雙雙流經伊拉克，因此，伊拉克掌控了該區域所有國家日益重要的水資源。在能源及工程領域的專家眼中，水在一九八〇年代的重要性——無論政治或經濟上——漸趨明顯。在企業私有化的熱潮下，許多對小型獨立電力公司虎視眈眈的大企業，現在已將目標轉向非洲、拉丁美洲及中東的水資源系統私有化。

除了石油和水，伊拉克位處至為敏感的戰略位置。它和伊朗、科威特、沙烏地阿拉伯、約旦、敘利亞及土耳其接壤，又擁有一段波斯灣海岸線。它同時位於以色列和前蘇聯的飛彈射程之內。對軍事戰略家而言，現代伊拉克的戰略位置重要性，相當於當年法國和印地安人戰役及美國獨立戰爭時的哈德遜河谷。十八世紀時，英、法及美方都很清楚，誰控制了哈德遜河谷，誰就掌控了美洲大陸。今日，眾所周知，無論誰掌控了伊拉克，誰就握有掌控中東的關鍵。

除了上述因素之外，在美國科技和工程專家的眼中，伊拉克也是一片大好市場。它位在全世界蘊藏量最豐富的油田之上（據某些估計，其含量甚至超過沙烏地阿拉伯），光憑這點，便足以保證伊拉克有足夠的財力來進行龐大的基礎建設和工業化計畫。所有的主要玩家——工程建設公司，電腦系統供應商，飛機、飛彈和坦克製造商，藥廠，化學公司等——全部將焦點放在伊拉克。

然而，到了一九八〇年代晚期，事態漸趨明顯，海珊根本不吃經濟殺手這一套。這成了老布希政府的一大挫折，也很難堪。如同巴拿馬，伊拉克再次強化了老布希無能的形象。

正當老布希尋求解套的時候，海珊自投羅網。

一九九〇年八月，伊拉克入侵富藏石油的科威特領土。布希譴責海珊違反國際公約，雖然他自己不到一年前才以同樣方式入侵巴拿馬。

可想而知，老布希最後下令進行全面軍事攻擊。五萬美國大軍被遣往戰場，加入多國聯合部隊。一九九一年年初，首先展開以伊拉克地面部隊和百姓為目標的空襲，隨後是一百小時的地面攻擊，美國以壓倒性的火力和裝備一舉擊潰伊拉克。科威特安全了。暴力統治者終於遭到懲罰，卻沒有被繩之以法。老布希在美國的民調支持度暴增為九〇%。

伊拉克入侵事件發生時，我正在波士頓參加會議——那是少數幾次石威真正請我出面的事情。我還清楚記得，老布希的決定受到熱烈支持。石威公司上下歡欣鼓舞，當然不只是為了表達對獨裁者的反對態度。對他們而言，美國在伊拉克的勝利還意味潛在的龐大利益、晉升機會及加薪等諸多好處。

興奮的不只有我們這些因為戰爭而直接受益的生意人。全美上下似乎一致渴望看見國家用軍事力量來肯定自我。我相信這種心態來自許多原因，尤其是當雷根擊敗卡特、伊朗人質被釋放，以及雷根宣布重新談判巴拿馬運河條約時，美國人的理念與思維已然改變。老布希入侵巴拿馬正好煽起了這股悶燒已久的火苗。

然而，在愛國的詞藻及要求行動的呼聲之下，我相信美國商業利益團體（以及大部分替美國企業工作的人）看待世界的方式，已經發生更微妙的轉變。一個多國參與、邁向全球帝國的目標已經成為現實。全球化和私有化這雙重理念，已經在我們內心占據了顯著的分量。

最後，這不僅關係到美國。全球帝國的本質在於跨越疆界。原先我們所認知的美國企業，現在已經成為不折不扣的國際企業，從法理上來看也是如此。他們在世界各地設立公司，可以從各種法規當中選擇最有利的來遵循。

各式各樣的全球貿易協定及組織，也幫助事情更容易進行。

「民主」、「社會主義」及「資本主義」這類名詞幾乎已被淘汰。金權政體不但已經成為事實，它更使盡全力發揮自己，好成為世界經濟和政治唯一的主要影響力，而參與其中的每一個人都會不擇手段鞏固全球帝國的權力。

事情出現奇怪的轉折，我也被迫屈服在金權政體之下，當時是一九九〇年十一月，我把IPS出售了。對於我和合夥人來講，這是一樁有利可圖的交易，不過我們出售公司的原因，主要是遭到阿什蘭石油的強力施壓。以我的經驗，跟他們抗爭必定會在許多方面付出高昂的代價，而出售公司可以讓我們從中獲得巨大的利益。

不過諷刺的是，石油公司成了我那間非傳統能源公司的新東家，有一部分的我覺得自己是個叛徒。

石威需要我的時間很少。他們偶爾會要求我飛到波士頓出席會議，或幫忙準備提案。有時候，我會被派到像里約熱內盧等地方，跟當地的社會運動者及煽動者熱絡一下。有一次我還搭乘私人噴射機飛到瓜地馬拉。我經常打電話給專案經理，提醒他們我也是員工之一，而且我有空可以幫忙。拿這麼多錢卻沒做什麼事，讓我良心不安。我對這個行業非常熟悉，也希望能貢獻一些有用的東西。不過，他們根本就不這麼想。

我像是一個夾在中間的人，這讓我十分困擾。我希望能做些事情來證明自己還有存在的價值，也希望藉此將負面的過去導正回來。我暗中繼續不定時地寫著《一個經濟殺手的良知》，不過，我倒沒有拿這本書會出版的想法來欺騙自己。

一九九一年，我創立了「夢想改變」（Dream Change）這個非營利組織，理念來自舒阿爾人的生活哲學「你的生活、整個世界正如你所夢想」——只要你相信你能，就一定做得到。

我開始帶領一小群人進入亞馬遜河流域，和舒阿爾人一起生活一段時間並向他們學習。舒阿爾人很樂於與我們分享他們的環境管理知識，以及原住民的傳統療法。接下來幾年，有興趣參與這類行程的人快速增加，「夢想改變」也同樣開始迅速發展。致力於改變工業國家的人對地球的想法，並改變我們和地球的關係，「夢想改變」在世界各地開發出許多追隨者，協助人們在不同國家成立類似使命的組織。

「夢想改變」能成功，要特別歸功於兩位關鍵人物。琳・羅伯茲（Llyn Roberts）擁有佛教心理學的碩士學位，並舉辦極具影響力的工作坊，教導薩滿教與內在轉化。她也擔任「夢想改變」的執行長許多年，並帶隊前往安地斯山脈區域、亞馬遜河流域及亞洲大草原（Asian Steppe）。伊芙・布魯斯（Eve Bruce）醫生開創性地將薩滿治療法應用在現代醫學中，向醫學界展示了重要性。她出版了《薩滿醫生》（*Shaman M.D.*）一書，帶隊前往亞馬遜流域、安地斯山脈區域及非洲，還開發了「夢想改變」的網站。該網站更榮獲《時代雜誌》評選為十三個最能反映地球日（Earth Day）理想與目標的網站之一。[1]

整個一九九〇年代，我逐漸涉入非營利的領域，協助成立幾個組織，並擔任一些理事會的理事長。許多非常投入「夢想改變」的人，也紛紛推動建立其他組織。他們和拉丁美洲原住民一起工作，有亞馬遜河的舒阿爾及阿丘阿爾族（Archuar）、安地斯山脈的克丘亞人（Quechua）、瓜地馬拉的馬雅人。他們有時也在美國和歐洲教導大眾認識這些文化。

由比爾（Bill）及琳恩・特維斯特（Lynne Twist）與我共同創立的帕查帕瑪聯盟（Pachamama Alliance）在募款上格外成功。這些捐款用來阻止石油公司進入原住民土地，保護雨林不受工業化汙染，並發展各式各樣的課程，讓人們能意識到全世界這類保護活動的重要性。

石威也認可這些慈善工作，它和公司所贊助的聯合勸募協會（United Way）目標一致。

我也寫了更多書，一直小心翼翼只專注在原住民的文化傳承，避免提到我的經濟殺手活動。這些事情除了可以紓解我的無聊，還能讓我繼續和我所喜愛的拉丁美洲及政治議題保持接觸。

雖然我試著告訴自己，這些非營利組織和寫書活動能讓我心理平衡，我亦可藉此彌補過去所做的事，然而我發現說服自己愈來愈困難。

在我內心深處，我知道自己在不斷限縮對女兒的責任。潔西卡繼承了一個數百萬兒童一出生便負債、且永遠無法清償的世界。而我必須為此負起責任。

我的書愈來愈受歡迎，尤其是《世界正如你的夢想》（*The World Is As You Dream It*）。這本書的成功，使得主持研習會和演講的邀約不斷增加。有時，當我在波士頓、紐約或米蘭站在聽眾面前，一陣諷刺感襲上心頭。如果世界真如你所夢想，為何我會夢到如此的世界？為何在如此的噩夢裡，我有辦法扮演這麼積極的角色？

一九九七年，我受邀到加勒比海聖約翰島的一處度假勝地，替歐美加學院（Omega Institute）的研習會進行為期一週的教學活動。我在深夜抵達，第二天早晨醒來時，我走到房間外面的小陽台，赫然發現眼前所見的海灣，竟然是十七年前我決定向MAIN提出辭呈的同一個地點。我頹喪地倒在椅子上，整個人陷入翻攪的情緒當中。

那一整個星期，我將大部分的空閒時間都消磨在這個陽台上，俯瞰著萊恩斯特海灣，試著釐清自己的感覺。

我覺悟到自己雖然已經辭職，卻沒有採取下一步行動。我一直採取中間立場，因而必須付出驚人的代價。

那個星期結束時，我已經做出結論，這個世界並不是我所夢想的，我必須完全實踐我傳授給學生的理念：盡其所能改變我的夢想，而且必須反映我人生真正想要的東西。

回家之後，我決定放棄顧問的職務。

石威當初任用我的總裁已經退休。一位年輕人上台，年紀比我年輕，顯然也不在乎我把故事說出來。他正在實行節約成本的方案，很高興不用再付這麼高的顧問費了。

我決定將寫了好久的書完成，光是這個決定就讓我心情無比輕鬆。

我把自己寫作的想法和親近的朋友分享，他們大都是非營利組織的人，參與原住民文化和雨林保護的工作者。

然而，出乎我意料之外，他們十分錯愕。他們擔心說出真相之後會影響我的教學工作，傷害到我所支持的非營利組織。我們有許多人在協助亞馬遜河流域的原住民保護家園，不受石油公司侵害；他們告訴我，如果我全盤托出，勢必有損我的信譽，還可能會重挫所有的行動。有些人甚至以放棄支持來要脅我。

無可奈何之下，我再次放棄了寫作的念頭，轉而專注在帶領人們深入亞馬遜河，一探未經現代社會洗禮的地區，認識那些仍和自然和諧共處的人們。

事實上，二〇〇一年九月十一日當天，我正好就在那裡。

第三十二章 九一一事件於我的餘波

二〇〇一年九月十日，我在厄瓜多境內的亞馬遜河與夏肯．強匹（Shakaim Chumpi）一起沿河而下，他是我《舒阿爾人的精神》（*Spirit of Shuar*）這本書的共同作者。當時，我們帶領一個十六位北美人的團體深入雨林，準備前往拜訪他的部落。這些遠道而來的人希望能認識他的族人，並協助他們保護珍貴的雨林。

夏肯在厄瓜多與祕魯最近一次的衝突中參戰。大部分石油消耗國的人民對這場戰役聞所未聞，然而，戰事的起因卻是為了他們的石油供應。兩國的邊界紛爭已經存在多年，但直到最近問題才變得迫切起來，因為石油公司必須知道究竟該和哪一國進行磋商，以取得某塊石油蘊藏區的開採權。邊界必須清楚界定才行。

舒阿爾人是厄瓜多的第一道防線。他們證明了自己是驍勇善戰的勇士，經常以寡敵眾、擊敗裝備更優良的武力。舒阿爾人對這場戰役背後的政治意圖一無所知，也不曉得糾紛結果可能會為石油公司敞開大門。他們起而抗敵是因為悠久的戰士傳統，更不容許外國士兵入侵他們的領土。

我們划槳順流而下，看見一群聒噪不休的鸚鵡從頭頂飛過，我問夏肯，雙方是否還繼續維持停戰協議。

「是的。」他說：「不過，我恐怕得跟你說，我們現在準備向你們開戰了。」他繼續解釋說，他當然不是指我個人或我們這夥人。「你們是朋友，」他表示，他指的是想要進入叢林攻擊他們的石油公司和軍隊。

「我們親眼看見他們對華拉尼（Huaorani）部落幹的好事。他們破壞華拉尼的森林，汙染河流，還殺了好多人，連小孩都殺。今天，華拉尼人已經瀕臨滅絕，連一個族都談不上了。我們不會讓這種事情發生在我們身上。我們不會讓石油公司踏進我們的領土，祕魯人也別想進來。我們所有人都發誓要奮戰到最後一兵一卒。」[1]

那天晚上，我們這夥人聚在一棟美麗的舒阿爾長屋中央，圍著火堆坐著。長屋是利用竹片搭建，屋頂再蓋上茅草。我把夏肯和我的談話內容告訴他們。所有的人都感到疑惑，究竟世界上有多少人對石油公司和美國有類似的感覺。又有多少人像舒阿爾人一樣，害怕我們會干涉他們的生活、破壞他們的文化及土地？有多少人仇恨我們？

第二天早晨，我走進一間裝有無線電對講機的小辦公室，準備安排飛行員過幾天來接我們回去。就在洽談的時候，突然聽到一聲叫喊。

「我的天！」無線電那頭的男子大喊：「紐約被攻擊了。」他把原本在播放音樂的收音機音量調高。接下來半個鐘頭，我們跟著即時新聞追蹤發生在美國的事件。就和其他人一樣，那是我永遠也無法忘懷的一刻。

我回到佛羅里達的家中後，知道自己非得去一趟世貿原址不可，於是安排飛到紐約。我在午後抵達位於住宅區的旅館，登記住房。那是一個陽光普照的十一月天，氣溫反常地宜人。我滿懷熱情地漫步在中央公園，隨後信步走向曾經度過無數時光的市區。

當我走近的時候，滿腔的熱情卻被一股驚悚取代。眼前是一片令人難以置信的毀滅情景，駭人的景象和氣味排山倒海而來——壯觀的高樓如今成了燒融、扭曲的鋼筋殘骸、破瓦殘礫，陣陣腐臭的煙味，殘骸和屍體的焦味撲鼻而來。我曾經在電視上看過這些畫面，然而，一旦置身現場，感受截然不同。

我對眼前的景象毫無心理準備，尤其是人們的樣子。

他們在附近徘徊，是那些原本就在附近生活或工作的生還者。一位埃及人在他的補鞋小舖外頭蹓躂，搖搖頭，一副無法置信的神情。

「實在沒有辦法接受。」他喃喃自語道。「我失去好多客戶、好多朋友。我的侄子也死在那上面。」他指向藍天。「我好像看到他往下跳。我不知道……好多人跳樓，他們手牽著手，或是展開手臂，好像他們會飛一樣。」

人們彼此交談的方式，實在不可思議，尤其這裡是紐約市區。一切似乎盡在不言中。人們的目光交會，縱然神情憂鬱，眼神卻交換著同情與憐憫，一個淺笑勝過千言萬語。

可是好像還有什麼東西，讓這個地方給人的感覺有所不同。剛開始，我還說不出個所以然，後來才恍然大悟：是光線。

回想當年我千里迢迢到這裡為IPS籌措資金，那時候的下曼哈頓還是個陰暗的幽谷，我經常在世貿頂樓的「世界之窗」（Windows on the World）餐廳和銀行投資專員一起用餐，討論策略。

如果你想看到陽光，就非得到這種高度才行。

現在，陽光直接照射街頭。峽谷已經裂開大口，我們站在廢墟旁邊的街道上，陽光就這麼直接地溫暖了人們。

我禁不住想著，難道是這天空的視野、陽光，讓此地的人們敞開了心胸？這樣的念頭，讓我覺得有些罪惡感。

我從三一教堂的街角轉彎，往華爾街方向前去。紐約又回到裹在陰暗裡的老樣子，沒有天空，沒有光線。行人形色匆匆，彼此漠視。一名警員對著一輛熄火的車子大吼。

我坐在沿途遇到的第一座臺階上，就在十四號的門牌前。不知道從哪裡傳來一陣陣大型風扇的噪音，好像是從紐約證券交易所大樓厚重的石牆後頭傳來。我看著過往行人。他們匆促的腳步來來往往，離開辦公室，趕著回家，趕去餐廳或酒吧談生意。少數人並肩走在一起，一面交談。然而，大部分的人都是獨來獨往，默默走在街上。我試著和他們眼神交會，卻徒勞無功。

街頭有輛車子的防盜器響起，吸引了我的注意。有個人從辦公室衝出來，拿著車鑰匙對準車子。警鈴聲停了。我默默坐在那裡良久。過了一陣子，我從口袋掏出一張折得乾淨整齊、寫滿統計數字的紙片。

然後，我看見了他。他拖著步伐走在街上，低頭盯著自己的腳。他有一撮細長的山羊鬍，穿著一件骯髒的大衣，在華爾街這個溫暖的下午，這樣的大衣看起來特別不相稱。我知道他是阿富汗人。

他的眼光瞥向我。只那麼一秒鐘的遲疑，他便踏上階梯。他禮貌地向我點點頭，坐在我旁邊，中間還隔著一、兩碼的空間。從他直視前方的眼神看來，我知道，這場對話得由我來決定開場與否。

「很舒服的下午。」

「太美了。」他的口音很重。「像這種時候，我們最需要陽光了。」

「你是說，因為世貿大樓？」

他點點頭。

「你從阿富汗來的？」

他看我一眼。「有這麼明顯嗎？」

「我走過很多地方。最近才去過喜馬拉雅山的喀什米爾。」

「喀什米爾。」他抓抓鬍鬚。「正在打仗。」

「是啊，印度和巴基斯坦，印度教徒和穆斯林。有時候想想，真不了解宗教究竟是為了什麼。不是嗎？」

他的眼神與我交會。深棕色、幾近黑色的眼眸，透著令人動容的智慧和哀愁。他把眼神轉向紐約證券交易所，用有著疤痕的長手指，指向那座大廈。

我同意他要表達的意思：「也或許是為了經濟，而不是宗教。」

「你是軍人？」

我忍俊不住。「不是，我是經濟顧問。」我把寫滿統計數字的紙拿給他看。「這些是我的武器。」

他伸手接過去看。「數字。」

「全世界的統計數字。」

他瞧了一會兒，然後微微一笑。「我不懂這些。」他把紙張交還給我。

「這些數字告訴我們，每天有兩萬四千人死於饑荒。」我沒對他提到九月十一日那天，不到三千人死在世貿現場。

他輕吹了聲口哨，想了一想，隨後嘆氣。「我差點也成了其中一個。我原來在坎大哈（Kandahar）附近有一座小小的石榴園。俄國人來了，伊斯蘭游擊分子藏在樹後、水渠裡。」他舉起手，像拿著來福槍一樣指著。「埋伏攻擊。」他放下手來。「我所有的果樹和水渠全部被破壞了。」

「後來，你怎麼辦？」

他朝我手上那張紙點點頭。「那上面看得出叫化子嗎？」

上面沒寫，不過我還有印象。「世界上大概有八千萬個吧，我想。」

「我曾經是其中一個。」他搖搖頭，似乎陷入思緒當中。我們坐著沉默了幾分鐘，隨後他又開口。「我不喜歡乞討。我的孩子死了。所以我種罌粟。」

「鴉片？」

他聳聳肩。「沒樹、沒水。那是唯一養家活口的方式。」

我覺得喉嚨有東西哽住，難過、沮喪混雜著罪惡感。「我們認為種罌粟邪惡不道德，可是很多最有錢的人是靠著毒品發財。」

他的眼光與我交會，似乎看透我的靈魂。

「你曾是個軍人。」他一面說著，一面點頭強調這個再單純不過的事實。然後，他慢慢起身，蹣跚步下階梯。

我希望他能留下，卻感到無力說出任何話。

好不容易，我站起身來，跟在他後面。走到最後一階，有個標誌吸引了我，讓我停下腳步。上面有一張我們坐著的背後那棟大廈的照片。這是由「紐約史跡步道」（Heritage Trails of New York）所豎立的牌子，上面寫著：

讓莫索洛斯陵墓（Mausoleum Of Halicarnassus）安放在威尼斯聖馬可教堂的鐘塔頂

端，矗立於華爾街與百老匯的街角——此即華爾街十四號的設計概念。這座當時世界最高的銀行大樓，高度五百三十九英尺，最早為信孚銀行（Bankers Trust）總部，全國財力最雄厚的金融機構之一。

我懷著敬畏地站在那裡，抬頭看著這棟建築。就在上一次的世紀之交，華爾街十四號扮演著後來世貿中心的角色，它一度是權力、經濟主宰的象徵。信孚銀行曾經在此落址，也是我為了能源公司所尋求的貸款銀行之一。那是我命運的一部分——正如這位阿富汗老先生的巧喻——注定成為一名軍人。

今天我來到此地，和那位老先生交談，似乎是個有點奇怪的巧合。巧合。這兩個字讓我停了下來。我們對巧合的反應，塑造了我們的人生。面對這個巧合，我又該如何回應呢？

我繼續往前走，眼光掃掠人群面孔，找不著他的蹤影。走到下一棟建築，有一尊龐大的雕像，覆蓋著一塊藍色塑膠布。建築物石牆上的一塊浮雕表示，這裡是聯邦國家記念堂（Federal Hall），華爾街二十六號，一七八九年四月三十日，華盛頓在此宣誓就職美國第一任總統，成為被賦予責任去捍衛全人類生命、自由和追求幸福之權利的第一人。這裡距離世貿原址這麼近，距離華爾街這麼近。

我走過轉角，來到松木街。迎面正對著大通銀行（Chase Manhattan Bank）的世界總部，由大衛．洛克斐勒一手打造。這家機構埋下油元的種子，然後由我們這樣的人來收成。這是一家為經濟殺手提供服務的銀行，宣揚全球帝國的高手，從各方面來看，不啻為金權政體的最佳象徵。

我記得曾經讀過，世貿中心是大衛．洛克斐勒在一九六〇年代著手的一項計畫，然而在最近幾年，這個商業中心被比作一個沉重的包袱。外界盛傳它已不合乎金融作業環境，不適合現代光纖和網路科技，電梯系統既沒效率，維護又昂貴。那兩棟高樓一度被戲稱為「大衛」和「尼爾森」＊，如今這個包袱已經消失。

我繼續緩慢地走著，幾乎不願再邁出下一步。儘管有午後的和煦，我卻感到一陣寒意，一股莫名的焦慮和不祥的預感緊扣住我。我不知道這感覺來自何方，我試著擺脫它，加快腳步。最後發現自己又再度面對那個悶燒的大坑洞，扭曲的金屬，地面上的一塊大瘡疤。我靠在一棟僥倖逃過劫難的大樓，注視這個窪坑。我試著想像從崩塌中的大樓倉皇逃出的人群，匆匆趕到現場搶救的消防人員，還有那些絕望的跳樓者。然而，沒有一樣進入我腦海。

相反地，我看見賓拉登從某個人手中收下金錢和價值數百萬元的武器，這人受雇於某間與美國政府簽有合約的顧問公司。然後，我看見自己坐在一台電腦前面，螢幕一片空白。

我環顧四周，在世貿原址以外，紐約其他躲過攻擊的街道如今已回復正常。我心想，今天走過這條街的人們，究竟對這一切作何感想——不只是這兩棟高樓的毀滅，還有那些被摧毀的石榴園、每天飽受饑荒之苦的兩萬四千人。我心想，如果他們能有足夠的時間從工作崗位、狂飲汽油的車子或貸款利息當中抽身，去思考自己對這個世界的貢獻，他們的腦海是否會閃過這些事情？這個世界終將要傳給他們的子孫。我又想著，他們對阿富汗的了解究竟有多少——不是電視上的阿富汗，不是那個駐紮了美軍及坦克的阿富汗，而是像那位老者的阿富汗。我也不知道每天去世的兩萬四千人又怎麼想。

然而，我再次看見自己坐在一片空白的電腦螢幕前面。

我強迫自己將注意力回到世貿原址。此時此刻，有一點完全可以肯定：美國正尋思

＊譯註：指的是洛克斐勒家族的大衛與尼爾森兄弟。建造世貿大樓的構想最初由大衛・洛克斐勒提出，獲得當時擔任紐約州長的哥哥尼爾森・洛克斐勒支持，計劃得以實現。

報復，焦點將放在像阿富汗和伊拉克這樣的國家。然而，我想到的是全世界的其他人，他們仇視我們的企業、我們的軍隊、政策，還有我們邁向全球帝國的腳步。

我在想，巴拿馬、厄瓜多、印尼、伊朗、瓜地馬拉以及非洲絕大部分地方的人，又作何感想？

我離開倚靠的那面牆。一個矮小、黝黑的人影揮舞著報紙，用西班牙語大聲叫喊。我停下腳步。

「委內瑞拉即將爆發革命！」他大聲喊叫，聲音穿過嘈雜的交通、喇叭聲和摩肩擦踵的人群。

我向他買了一份報紙，站在原地瀏覽頭條新聞。上面提到委內瑞拉反美的民選總統查維茲（Hugo Chávez），還有美國的拉丁美洲政策在當地引發的仇恨暗流。

委內瑞拉的人民呢？他們又怎麼想？

第三十三章

委內瑞拉：被海珊拯救的國家

我觀察委內瑞拉很多年了。它是因為石油而從貧窮轉為富裕的典型例子，也是一個由於石油財富而引起混亂、貧富不均、被金權政體無恥剝削的典型國家。這個國家正是像我這樣的老式經濟殺手，與企業型態的新式經濟殺手相互結合的縮影。

那天我在世貿原址看到的報導，是一九九八年選舉的直接結果，當年查維茲受貧民和受剝削者歡迎，以壓倒性的勝利當選總統。[1]他上任後立即採取強硬措施，控制了法庭及其他機構，解散委內瑞拉國會。他譴責美國為「無恥的帝國主義」，強烈反對全球化，實施碳氫化合物法律，其內容和名稱都很類似羅爾多斯墜機前在厄瓜多實施的政策。該法律對外國石油公司徵收雙倍的開採費。之後，查維茲又違反國營的委內瑞拉石油公司（Petróleos de Venezuela）以往的獨立經營模式，啟用親信擔任高層人員。

委內瑞拉的石油對世界經濟具有非常重要的影響。二〇〇二年，該國是世界第四大石油輸出國，美國的第三大石油供應國。[2]委內瑞拉石油公司有四萬名員工，年營業額五百億美元，占了該國出口收入的八〇%，是委內瑞拉最重要的經濟命脈。[3]查維茲一舉拿下石油工業的掌控權，立時將自己推上世界舞台，成了主要玩家。

許多委內瑞拉人視之為天意，八十年前的一個開端，如今水到渠成。一九二二年十二月十四日，距離馬拉開波（Maracaibo）盆地不遠的地方，一大股石油自地底迸發衝天。接連三天，每天有十萬桶的原油噴向空中，這起地質事件永遠改變了委內瑞拉。到了一九三〇年，該國已是世界第一大石油輸出國。委內瑞拉人認為石油將能解決他們所有的問題。

接下來四十年，石油帶來的收益讓委內瑞拉從世界最赤貧的國家搖身成為拉丁美洲最富裕的國家之一。該國所有重要的統計數字均獲改善，如保健、教育、就業、壽命及嬰兒存活率等。商業繁榮興盛。

在一九七三年OPEC石油禁運時期，石油價格攀升，委內瑞拉的國家預算增加四倍。經濟殺手這時開始行動。國際銀行在委國浮濫放款，以支付龐大的基礎工業建設，和南美洲最高的摩天大樓計畫。隨後，到了一九八〇年代，企業型態的經濟殺手登陸。這是他們初試身手的最佳機會。委內瑞拉中產階級已經成長到相當數量，為大量的商品提供了成熟的市場，而另一方面，委內瑞拉仍有廣大的貧民人口，可提供工廠及血汗工廠所需的勞力。

孰料，石油價格崩盤，委內瑞拉無力償還債務。

一九八九年，國際貨幣基金組織實施嚴格的緊縮政策，並對首都卡拉卡斯（Caracas）施壓，要他們在多方面支持金權政體。委內瑞拉的人民反應激烈，兩百多人不幸死於暴動。原先以為石油能帶來源源不絕的支持，也不過是個錯覺。從一九七八到二〇〇三年間，委內瑞拉平均個人所得降幅超過四〇%。[4]

隨著貧民人口日增，怨恨之情愈烈。中產階級與貧民對立，導致兩極化。一如其他在經濟上依賴石油的國家經常發生的情況，委內瑞拉的人口統計資料徹底改變。衰頹的經濟拖垮了中產階級，很多人落到貧民階層。

新的人口統計資料正好替查維茲布好舞台，也為與華府的衝突埋下伏筆。新總統一上任，立刻對小布希政權提出挑戰。就在九一一攻擊事件之前，華府尚在權衡：如果經濟殺手失敗了，是否該派遣另一批豺狼？

九一一事件打亂了事情的優先順序。小布希和他的顧問團極力號召世界各國支持美國在阿富汗的行動，並入侵伊拉克。除此之外，美國的經濟也面臨衰退。一時之間，委內瑞拉問題不再是當務之急。不過，情勢很明顯，布希和查維茲之間遲早會爆發衝突。在伊拉克和中東石油供應吃緊之際，華府不能長此坐視委內瑞拉不管。

在世貿原址及華爾街附近徘徊，巧遇阿富汗老人，看到委內瑞拉查維茲的相關新聞，這一切都將我帶回我逃避多年的情結，強迫我更認真檢視過去三十年來所作所為造成的結果。我先前已體認到我身為經濟殺手的工作造成的負面影響，但現在我必須仔細思考這可能會如何直接影響女兒那一代人。這個想法讓我重新恢復了幹勁。我知道我不能再拖延下去，應該採取行動去彌補一切。我必須將我的過去全盤托出，用盡一切方法讓人們看清在全球發生的不公不義，了解為什麼世上有這麼多地方仇視美國。

我再次開始寫書，然而在執筆過程中，卻發現我的故事似乎有點過時，必須讓它和最新發展接軌。

我考慮到阿富汗、伊拉克及委內瑞拉走一趟，並寫一篇和這三個國家有關的當代評論。這些國家是當今國際事務最具諷刺意味的具體呈現：都曾經遭受政治動亂的打擊，最後均落入極不適格的領袖手裡，包括阿富汗暴虐的塔利班神學士（Taliban）政權、精神病態的海珊、外交無能的查維茲。然而，金權政體根本無意解決這些國家更深一層的問題，而是採取逆我者亡的態度，暗中剷除違逆美國石油政策的領導人。

從很多方面來看，委內瑞拉的情況最複雜，因為儘管阿富汗的軍事介入已經發生，伊拉克看來也避免不了，美國政府對查維茲的態度至今卻尚未明朗。就我所知，問題不在查維茲是不是個好的領導人，而在於華府如何面對一個阻擋金權政體邁向全球帝國之路的領導人。

但還沒來得及安排這趟行程，我的計畫又再度被打斷。為了非營利組織的工作，我在二〇〇二年又去了好幾趟南美洲。有一次，來自委內瑞拉的一家人也加入我們的亞馬遜河之旅，他們在查維茲當政時期，生意失敗破產。我們後來成為好朋友，也聽了他們的說法。我也遇見幾個經濟狀況相當不錯的拉丁美洲人，他們則認為查維茲是他們的救星。卡斯卡拉爆發的事件，正是由經濟殺手打造的世界所出現的症狀。

到了二〇〇二年十二月，委內瑞拉和伊拉克的危急狀況一觸及發。這兩國似乎發展出完全對比的情況。在伊拉克，無論是經濟殺手或豺狼的一切精心努力，完全無法讓海珊順從，現在只能祭出最後的手段——軍事入侵。在委內瑞拉，小布希政府則套用當年柯密特．羅斯福在伊朗的模式。《紐約時報》這麼寫著：

成千上萬的委內瑞拉百姓今日走上街頭，宣布支持全國大罷工。這項行動目前已經進入第二十八天，他們強力要求罷黜查維茲總統。

總計有三萬名石油工人參加這次罷工，他們威脅要讓這個世界第五大產油國在未來數月陷入混亂……

這幾天罷工陷入僵局。查維茲動用未參與罷工之員工，試圖讓國營石油公司正常運作。然而，由企業聯盟和勞工領袖率領的反對者仍堅稱，罷工運動將可逼迫該石油公司瓦解，進而讓查維斯政府垮台。5

這幾乎是中情局扳倒莫沙德、扶植國王上台的翻版。兩者相似程度無可比擬。五十年之後，彷彿歷史重演，石油依然是牽動一切的力量。

查維茲的支持者與反對者持續發生衝突。有十多人被射殺身亡，超過數十人受傷。隔天，我和一位老朋友談話，他涉入中情局殺手業務已有多年。他和我一樣，從來沒有直接替政府單位做過事，卻一直在不同國家從事祕密行動。他告訴我，曾經有一個私人承包商跟他接觸，要他去卡拉卡斯煽動示威，賄賂軍官（他們多半在美洲學校受過訓練），要這些人起來反對民選總統。他拒絕了該項任務，不過他透露：「接下任務的人，知道他自己在做什麼。」6

石油公司的執行長們和華爾街害怕石油價格上漲、美國的石油存量下跌。以中東的局勢看來，我知道布希政府會傾全力推翻查維茲。

之後，消息傳來，政變成功了，查維茲被放逐。

《紐約時報》拿這起風波來回顧歷史，並點出這次在委內瑞拉扮演當年柯密特．羅斯福角色的人：

> 美國……於冷戰時期及結束之後，在中南美洲全面支持獨裁政權，目的在維護自身政治及經濟利益。
>
> 中情局在瓜地馬拉這個蕞爾小國策動政變，於一九五四年推翻了民選政府，支持繼任的右翼政府對抗一小撮左派反對團體，時間長達四十年。其間造成約二十萬百姓不幸喪生。
>
> 在智利，一場中情局支持的政變讓皮諾契特將軍從一九七三年至九〇年間掌權。在祕魯，脆弱的民主政府仍持續揭發中情局的真面目，指出中情局十年來暗中支持現已被罷黜的總統藤森謙也（Alberto K. Fujimori），以及他聲名狼藉的前情報局長蒙迪席諾斯（Vladimiro L. Montesinos）。

一九八九年，美國不得不入侵巴拿馬，以推翻該國毒販頭子兼獨裁者諾瑞加，而在過去二十年間，他一直是美國情報單位極有價值的消息來源。一九八〇年代，美國力圖在尼加拉瓜扶植勢力，對抗左派，甚至不計任何代價，販賣武器給伊朗以換取現金，還導致雷根政府資深官員遭到起訴。

當年被調查的人物當中還包括奧圖．賴克（Otto J. Reich），一名拉丁美洲鬥爭老將。但是賴克被指控的罪名從來沒有成立，後來還成為美國駐委內瑞拉大使。現在則由總統欽點為助理國務卿，負責美洲事務。查維茲垮台正是他的成就之一。[7]

如果賴克和小布希政權因為推翻查維茲而大肆慶功，這場慶功宴可能也得突然結束。

事情出奇轉變，不到七十二小時的時間，查維茲又占了上風，重新奪回政權。查維茲和伊朗的莫沙德不一樣，雖然美國已經使盡手段挑撥高階軍官背叛，查維茲還是有辦法讓軍隊效忠他，與他站在同一邊。除此之外，極有影響力的國營石油公司也站在他這一邊。委內瑞拉石油公司成功抵擋了數千名罷工勞工，恢復正常營運。

障礙掃除之後，查維茲加緊政府對石油公司員工的控制，清除幾位不忠、受到唆使背叛他的軍官，並將主要反對派人士驅逐出境。兩位知名的反對派領袖被判處二十年徒刑，他們是與華府有關聯的特務，曾經和中情局豺狼聯手主導全國罷工。[8]

最後，這一系列事件對小布希政府是一場災禍。《洛杉磯時報》就有如下的報導：

> 小布希政府官員星期二承認，他們已經和委內瑞拉軍事及人民領袖商討數月，談論剷除委內瑞拉總統查維茲之事……政府處理這次流產政變的手法，已經面臨愈來愈嚴密的檢視。[9]

很明顯地，不但經濟殺手失敗了，就連這些豺狼也落敗。

二〇〇三年的委內瑞拉，出人意表地迥異於一九五三年的伊朗。我不知道這一切是個預兆或只是單一反常現象，也不知道華府接下來會作何應對。

至少在目前，我相信委內瑞拉的嚴重危機已經解決，而多虧了海珊，查維茲得已保全一命。小布希政府不可能同時拿下阿富汗、伊拉克及委內瑞拉。目前既無軍事力量，亦無政治籌碼來進行此事。不過，我知道局勢轉變是很快的，在不久的將來，查維茲總統可能會面臨更激烈的反對。儘管如此，委內瑞拉是一個見證——除了結局不同，五十年來一切都沒有改變。

在寫下這些章節、這本書還在初稿階段時，我根本沒料到查維茲會在幾年內死去，也沒料到美國在中東的戰事會陷入沒晚沒了的困局，更沒料到俄羅斯會重新踏上世界舞台，以及中國的經濟殺手能智取西方對手、威脅美國在五大洲的霸權，或是金權政體成功展開了史上第一個全球帝國的統治。

事實上，接下來的十二年，將是個與過往歷史截然不同的故事。

第五部

二〇〇四年～迄今

第三十四章　我中了毒計嗎？

自《經濟殺手的告白》出版後，事態變得更糟了。

十二年前，我期待這類書籍能讓人民覺醒，讓他們開始著手改變世界。事實很明顯：我和其他人創造了一個支撐著金權政體的EHM系統。經濟殺手、企業權貴、華爾街的貴族強盜、政府和豺狼以及他們在全世界的網絡組織，攜手創造了一個辜負所有人的全球經濟體。這種經濟體建立在戰爭、開戰的威脅、債務與極端的物質主義之基礎上，掠奪地球的資源、自我毀滅。最終，就連最有錢的那群人都會成為死亡經濟體的受害者。

我們大部分人都對這種經濟模式完全買單。我們都是共謀者——通常都是不自覺的。

現在，改變的時刻已經到來。

我曾希望藉由曝光這些事實，讓人們意識到這些事，進而採取行動，讓二〇一六年的此刻能有全新的故事可以訴說。

人們確實醒悟了。世界各地產生了許多抗議活動，例如在地的占領運動*，以及冰島、厄瓜多、希臘等差異甚鉅的國家的全國性運動，還有如阿拉伯之春（Arab Spring）、拉丁美洲的美洲玻利瓦爾聯盟（Bolivarian Alliance for the Peoples of Our America，簡稱ALBA）的區域性運動。這些活動在在顯示出，人民明白我們的世界正在崩潰。

但我沒預料到經濟殺手系統有多麼靈活，又是多麼堅定地維護及促進死亡經濟體的發展。我同樣沒有預料到會有全新品種的經濟殺手和豺狼出現。

我曾在本書的上一版本中清楚表示過，我並不相信驅動經濟殺手系統的力量，是一小群想要掌控世界的人在這個系統背後謀劃邪惡非法的祕密計畫。我從未相信有某種龐大的「大陰謀」存在。

但後來發生了一件奇怪的事。

---

*譯註：占領運動（Occupy Movements），指民眾自發組織，長時間占據城中要道的和平抗爭活動，以表達對社會不公義現象的不滿及訴求。占領運動始於二〇一一年因不滿資本主義、貧富差距懸殊的占領華爾街運動（Occupy Wall Street），後被全世界超過九百個城市的抗爭者仿效。

二〇〇五年三月下旬，《經濟殺手的告白》出版後過不到五個月，我在一個星期一飛到紐約，準備要在隔天於聯合國發表演說。我當時的身體狀況非常健康，至少就我所知是如此。有個男人在那段時間不斷糾纏我的公關，想要獲得訪談的機會，他自稱是自由記者，但因為他的來歷不清，加上我那時已經接受了大量的採訪邀約，因此她一直回絕他。但此人提議他可以到紐約拉瓜地亞機場（LaGuardia Airport）接機，帶我吃午餐，再送我到當晚留宿的朋友家，於是我的公關便徵詢我的意見，而我默許了。

走出機場時，他已經在等我了。他帶我去了一間小咖啡館，說他有多敬佩我的著作，又問了一些我還是經濟殺手時的生活情景（在那時已是標準的訪談問題），然後載我到位於紐約上西區的朋友家去。

我再也沒見過那個男人，而那場會面也沒什麼值得記住的特殊之處——但兩個小時後，我開始出現嚴重的內出血症狀。我流失了差不多身體一半的血液，陷入休克狀態，被迅速送往雷諾克斯山醫院（Lenox Hill Hospital）。結果我住院了兩星期，還割除了七〇%以上的大腸。

我躺在醫院病床時，我思忖或許這場病是要我放慢腳步——我讓身體太過操勞了，我應該要減少寫作和巡迴演講的時間。

紐約的腸胃科醫生說我得的是嚴重大腸憩室炎所導致的併發症。我非常震驚，因為不久前我才做過大腸鏡檢查。我在佛州的醫生當時向我保證，我並沒有出現癌症的徵兆，而那也是我最關心的問題。他說我患有大腸憩室，但「就跟許多你這個年紀的人一樣」，最後他建議我五年後再回去檢查即可。

當然了，我預定在聯合國發表的演說取消了，其他眾多媒體活動也是。我動手術的消息很快就傳出去，也因此收到了大量的電子郵件。許多人表達了對我的支持，也關心我的身體健康。有些信來自那些指責我是叛國者的人，有些人則篤定地認為我被下毒了。

我徵詢腸胃科醫生的意見，而他「相當確定」我並沒有被下毒，但他也知道「永遠不要說不可能」。無論如何，這件事還是讓我開始思考，並開始閱讀更多有關陰謀論的資料。

直到現在，我還是不相信大陰謀論。以我的經驗來看，這種由一群非法密謀主宰世界的人所組成的祕密俱樂部，並不存在。

但是，我確實知道經濟殺手系統一部分的能力是煽動許多小陰謀，而這個「小」的意思，是指這些陰謀都有特定目的。這種陰謀，也就是為了達成非法目標的祕密行動，早從我剛上學唸書的年紀就開始了，例如中情局在一九五三年煽動政變，拉下伊朗民選總理莫沙德，將伊朗國王推上大位。在我就讀高中的那幾年，他們也依然沒有停下腳步——想想一九六三年在古巴由中情局在背後協助的豬玀灣事件（Bay of Pigs Invasion）吧。但直到我成為經濟殺手、中情局策動了一九八一年厄瓜多總統羅爾多斯和巴拿馬總統杜里荷（這兩位都是我的客戶）的暗殺時，我才強烈意識到這些祕密行動。而當我在二〇〇二年開始撰寫這本書的原始版本時，又發生了美國帶頭策動推翻委內瑞拉總統烏戈·查維茲的陰謀。接下來，又有了伊拉克持有大規模毀滅武器的陰謀性謊言，緊接在後的是一連串針對中東和非洲領導者及政權的陰謀。

我還是經濟殺手時，大部分陰謀計策的目標是為美國及發展中國家的大企業增進利益——為了達到這個目的，什麼手段都派得上用場，包括使政權領導者垮台或直接下手殺害，讓美國的公司能進一步掠奪他們的資源。

動完結腸手術後，我閒散地待在家，一邊閱讀各種報告，發覺情勢愈趨明顯——我曾在印尼、巴拿馬、埃及、伊朗、沙烏地阿拉伯和其他國家使用的手段，現在正在歐洲及美國上演。

九一一事件之後，我們面臨了所謂全球恐怖主義的威脅，更是強化了這些陰謀，讓掌控全球企業的頂層有錢人獲得更多權力。

其中最受人矚目的有實施「自由」貿易協定（北美自由貿易協定〔ＮＡＦＴＡ〕及中美洲自由貿易協定〔ＣＡＦＴＡ〕）的種種陰謀，還有最近生效的跨太平洋夥伴全面進步協定（Trans-Pacific Partnership，ＴＰＰ）、跨大西洋貿易投資夥伴協定（Transatlantic Trade and Investment Partnership，ＴＴＩＰ），讓世界各國的企業獲得凌駕政府的實質權力，說服政治人物通過各種法律，允許有錢人不用繳稅、控制媒體、利用媒體影響政策，以及讓美國公民心懷恐懼，因而挑起一場又一場的戰爭。

藉由這些林林總總的陰謀，經濟殺手體系的魔爪得以伸到比一九七〇年代時還要更遠的地方。但儘管寫了這麼多，我必須承認我遺漏了大部分在檯面下發生的暗潮洶湧。過去使用的老把戲經過改良，變得更加精進，新的手段也接連誕生，而這個體系的中心思想仍維持不變：一種以債務作為奴役手段的政治經濟意識形態，並用恐懼癱瘓人民，強化對他們的控制。

在我那個時代，絕大多數美國人和世界上其他地方的人都信了這一套，認為只要能保護我們不受共產破壞分子的侵擾，所有行動都有其正當性。現在，這份恐懼轉向了伊斯蘭恐怖分子、移民和任何可能妨礙企業前進腳步的人。在背後運作的信條與先前相差無幾，但對世界造成的影響卻更加深遠。

在等待身體從手術復原的同時，我也陷入了罪惡感的深淵。我在半夜從噩夢中驚坐而起，對那些國家領導者威脅利誘的記憶在眼前揮之不去。我還沒有辦法好好面對我身為經濟殺手的過去。

我自問為何我能做這份工作長達十年之久，但接著我才意識到，要逃離這一行是何等困難。讓我無法脫身的不只是金錢的誘惑、搭乘頭等艙旅行、住在最高級的旅館和其他好處，也不僅是MAIN的同事和上司們給我的壓力，還有這份工作、我的頭銜所散發的氛圍——意即我的文化背景灌輸給我的認知。我所接受的教育，讓我成為一個兜售美國的美國人，不僅自己相信、也要說服別人相信共產政權準備要摧毀我們。

有一天，一位朋友用電子郵件寄給我一張海報的照片，跟掛在我小學的男生廁所外的那張很像。海報中有一名看起來面目邪惡的男子，旁邊寫了一個問句：「你的廁所正在滋生布爾什維克＊人嗎？」那是一張史考特牌（Scott）的擦手紙廣告，下方的文案這麼寫道：「無法提供像樣、舒適的廁所用品，員工就不會再尊敬公司。」這則廣告強烈地傳達了一個訊息：不買美國人的帳，就跟叛國沒什麼兩樣。

這張照片讓我開始思考形塑我人生最重要的那些時光。

蘇聯發射第一顆人造衛星史普尼克（Sputnik）之後，我們都相信核彈頭也即將問世。每個星期的演習時間，令人毛骨悚然的警報聲讓我們倉皇躲到桌子底下，躲避想像中的蘇聯飛彈。各種電影和電視節目要我們提高警覺，像是扣人心弦的影集《三面間諜》（*I Led Three Lives*），改編自一位FBI探員的回憶錄，講述他在美國的共產黨組織中臥底的故事。就像那張海報中的邪惡布爾什維克男子一樣，共諜（Red provocateurs）就在我們身邊，隨時準備出擊。

等到我加入經濟殺手的行列時，我們在越南——一個被視為中蘇共產傀儡的國家——節節敗退的局勢已經顯而易見。他們告訴我們，「骨牌效應」即將發生，下一個是印尼，再來是泰國、南韓、菲律賓和其他諸國都會落入共產魔爪之中。不用多久，赤化狂潮就會橫掃歐洲和美國，民主制度和資本主義都將面臨末日，除非我們出手阻止。而這表示我們要不擇手段，宣傳像史考特這種公司——他們將自己描繪為對抗共產主義的堡壘。

深入探索自己的罪惡感，協助我看清那些年我是多麼輕易就欺騙自己。我開始理解

＊譯註：布爾什維克（Bolsheviks），俄國社會民主工黨中的一個派別，在俄語中意為「多數派」，領袖人物為列寧。

到有數百萬人跟我同在類似的處境。他們不再被教導要懼怕共產主義，但他們仍然畏懼俄羅斯、中國、北韓，還有蓋達組織及其他恐怖分子。[1]他們或許沒有旅行到異國，親身面對他們的公司在當地造成的結果；他們也沒有親自站在亞馬遜雨林噴出的石油噴井旁，或是親眼看見血汗工廠的工人睡覺的破爛小屋。他們用電視麻痺自己，聽信學校、銀行、人際關係專家和政府官員給他們的說詞，確信自己正在對人類進步做出貢獻。

但在他們的內心深處，他們知道真相並非如此。他們（也就是我們）明白，這些說詞都是假的。現在是時候承認我們自己也是共謀了。

在我動完手術不久後，我去了一趟波士頓，重新和我的前波大教授霍華德・津恩（Howard Zinn）取得聯繫，他也是《美國人民的歷史》（*A People's History of the United States*）一書的作者。儘管現年八十餘歲，他還是積極從事社會運動，意圖改革這個他認為是個失敗實驗品的體系。我向他分享這種時常要吞沒我的罪惡感，而他勸我要打開心胸面對它。

「不要害怕罪惡感。」他說，「你有罪，我們都有罪。我們得承認，雖然大集團公司擁有宣傳機器，我們卻允許自己被他們愚弄。你能夠成為一個典範，讓人們看到出口和救贖的機會來自於著手改變。」

我告訴他，我時常認為美國的中產階級（Middle-class）就像中世紀的資產階級（Bourgeoisie），也就是那些住在城堡城牆外的城鎮（Bourgs）、占了人口大部分的人民。「我們繳稅讓士兵和豺狼可以保護我們，不受鄰近城堡的騎士侵擾。」

「正是如此。」他露出令無數學生著迷並受到啟發的招牌微笑，「我們會無所不用其極，去維持一個辜負我們所有人的體制。」

在我手術後的那段日子以及與津恩討論的內容中，我開始明白，我從《經濟殺手的告白》出版後學到最重要的教訓，跟我還是和平工作團志工、與安地斯山區製磚工人一起工作時學到的相去不遠：經濟殺手系統之所以能夠運作，是因為我們其他人允許它運作。我們頂多是裝作沒這回事，但有時更是積極提供支持。最困擾我的事情之一，是必須承認我不光只是裝作沒這回事，還說服許多人積極支持這個系統。我對自己許下承諾，我會更加勤奮，更加仔細觀察我生活的社群、我的國家和整個世界正在發生什麼事。

雖然我下定決心要採納津恩的建議，同時我也發現我嫉妒起另外一個人，因為他並沒有產生良心的掙扎。此人是我的一位朋友，我在佛州調養身體的那段時間，他給予了我極大的支持，而他似乎對自己採取的暴力行動絲毫不抱疑問。他是一位豺狼，當時暫時離開了中東，正在短期休假。

第三十五章——豺狼的自白：席塞爾共和國的陰謀

我從成年之後便花了許多時間學習武術，到了一九九九年，我已經跟著一位韓裔師父李青龍（Chung Young Lee）學武了十五年，就在南加州的我家附近上課。

有一天，在下午的課開始之前，一個陌生人走進我們的道場。他身長約一八〇公分，走起路來有如運動員般敏捷。他的笑容看似友善，但渾身卻散發著一股威脅感。他自稱傑克（Jack）[1]，段位已是黑帶，想看看是否要報名參加道場的課程。李師父邀他換上道服，一起上課。

身為資深的黑帶學生，我負責在課後跟他對打，評估他的實力。他在穿護具時，李師父走近我，對我說：「小心點。」他拍拍我的肩膀，「防禦好。」

練習才剛開始，我就能看出傑克的動作十分敏捷老練。到了實際對打的時候，我們站到對方面前，對彼此鞠躬。李師父比出開始的信號，傑克立刻對我使出迴旋踢。我擋下攻擊，用後踢反擊。他往側邊閃過，接著我的胸口便吃上一記前踢，整個人摔倒在地。

我和李師父的直覺是對的。我學到了教訓。我可不想惹毛傑克這樣的對手。

課程結束後，我們三人聊了起來，傑克提到他曾在許多國家擔任「安全顧問」，那些地方都是政治熱點（Political Hot Spots）。他沒有向我們分享細節，但我和李師父邊聽邊向彼此使眼色。最後，他報了名，加入我們的道場。

接下來幾個月裡，我特意多花時間和傑克打交道，有時會和他共進午餐或喝杯啤酒。我很確定他就是一名豺狼，正在等待下一件任務的來臨。一想到能更了解他的生活，就讓我感到興奮。我們用言語交鋒向彼此試探了好一段時間。某一天，他說起自己曾在七〇年代去過一趟席塞爾（Seychelles），而我簡直不敢相信他說的話。

七〇年代晚期，MAIN的高級副總裁，也是退役陸軍上將的查克．諾貝爾（Chuck Noble）要我準備前往席塞爾，一個十分靠近迪戈加西亞島（Diego Garcia）的印度洋島國，而美國最具戰略地位的軍事基地之一，就在迪戈加西亞島上。席塞爾總統弗朗斯－阿爾貝．勒內（France-Albert René）當時威脅要曝光華府在迪戈加西亞島的祕密，這些祕密一旦公諸於世，將迫使美國關閉一處對他們在中東、非洲和亞洲部分地區的行動不可或缺的設施。

我的工作就是要對勒內威脅利誘，讓他改變心意。但很快便發生了多起改變局勢的事件。

一名在勒內身邊臥底的探員判斷他和羅爾多斯和杜里荷一樣，都無法被收買，我的工作因而被取消。一九八一年，一隊豺狼被派去暗殺勒內，他們的包機在席塞爾降落後，偽裝便曝光了，雙方隨即展開了交火。豺狼小隊被團團包圍，人數和火力都居於劣勢，於是便挾持了一架印度航空的波音七〇七。其中六位隊員認為飛機一起飛就會被擊落，因此決定留在地面，試圖混入人群逃跑。挾持飛機的隊員則強迫波音七〇七的機上組員飛往南非。

留下來的六位豺狼最後被逮捕入獄，其中四名被判了死刑，其餘兩名則判處長期徒刑。那架被挾持的波音七〇七降落目的地，就被南非軍隊團團包圍，同樣被抓了起來。[2]

我盯著傑克，腦子好奇地轉個不停。

「我在七〇年代晚期差點就要過去那裡。」我說，「和他們的總統合作。」

他定定地看著我。「阿爾貝・勒內？」

「你聽過他？」

「我曾試過要殺了他。」他對我友善地咧嘴一笑。「但我不是很想聊這個。」

我能理解他不想說的原因。對我來說，知道他曾是豺狼小隊的一員就足夠了。那天稍晚，我回家查閱檔案，看到他的名字就在那裡。他是波音七〇七的劫機者之一，在南非受審期間登上了報紙。

我從未過問傑克在席塞爾發生的事。向他打探只會讓他不信任我，於是我們聊起他更久以前的過去。

他在貝魯特（Beirut）的戰亂中長大，是一名公司主管的兒子，也是美國公民，但他的童年卻與六〇年代晚期到七〇年代早期那段「愛的集會」*年代中，在美國街頭玩耍的青少年相去甚遠。傑克不是看著那些「花之子」†在噴水池裡跳舞，而是看著母親

---

*譯註：愛的集會（love-in），概念取自「sit-in」（以靜坐方式抗議公權力、拒絕離場以示決心），並以冥想、愛、音樂、性愛、迷幻藥為主的和平公共集會，後成為美國六、七〇年代嬉皮文化的重要象徵。

†譯註：花之子（flower children），嬉皮的同義詞，源自於在反越戰的示威遊行中，許多年輕人將花朵送給武裝警察，傳達和平的寓意。

在孩子面前遭到強暴、無數AK－47讓整個城市屍橫遍野。滿十八歲不久後，巴勒斯坦解放組織（Palestine Liberation Orgabization）綁架了傑克，指控他是以色列的間諜，對他施以酷刑，威脅要處決他。最後他們釋放了傑克，但那場經歷改變了他的一生。

「那些混蛋根本沒嚇倒我。」他說道，「他們惹毛了我，讓我知道我注定要成為戰士。」

他去了羅德西亞（Rhodesia，現名為辛巴威〔Zimbabwe〕），那裡的軍隊以令人喪膽的效率與殘酷而聞名，也是世界第一的傭兵訓練營。傑克在那裡脫穎而出，被選中加入南非特種部隊（South African Special Forces Brigade），成為菁英。這群戰士更為人所知的名字是Recces（偵察突擊隊〔Reconnaissance Commandos〕的縮寫），被認為是世界上最致命的部隊。傑克從Recces畢業的時候，他早已建立起讓中情局深感興趣的名聲。

傑克不時會從道場消失好一段時間。他熱愛衝浪，常常帶回來許多衝浪的照片，但李師父和我都會討論傑克去衝浪的國家發生的暴力事件——印尼的炸彈攻擊、黎巴嫩的暴動，還有南非一場刺殺行動。

接著又發生了九一一事件，還有二〇〇三年的入侵伊拉克。傑克接下了一件前往中束的任務。他只肯說：「我的工作就是這樣。我會在那邊跟老朋友相聚，例如和我一起去席塞爾的那些人。」

直到二〇〇五年動完手術後，我才再次見到他。他當時回到美國休一個月的假，每天都來探望我，強迫我不斷增加走路的距離。

「我得讓你趕快恢復，你就能打趴李師父了。」他總是對我這麼說。

他從不多談工作的情況，而是給我看他拍的照片：在田野工作的伊拉克人、騎著駱駝的孩子、美麗的夕陽，都是攝影技巧高超的作品。他也給我看鏡頭下被炸毀的建築物、毀壞的軍用車，還有從爆炸的車輛逃出的人們。

我送了他一本《經濟殺手的告白》，他用二十四小時就讀完了。

「你說出了真實的故事。」他告訴我，「我希望你能寫得更多、更深入。」他願意公開透明，讓我很驚訝。當我這麼告訴他時，他回答：「我們沒什麼好隱瞞的。」

就在那時，我開口提起那個迴避已久的主題。「如果你們成功刺殺了勒內，你們下一步打算怎麼做？」

他只停頓了一下子。「盡快逃出那裡，變成幽靈——咻。」他說完便笑出聲。

他繼續解釋，肯亞軍隊在奈洛比（Nairobi）安排了一架載滿傘兵的飛機，一旦豺狼成功暗殺勒內，肯亞軍就會立刻出面承認他們是政變的主謀，而傑克和他的隊員會搭乘民航飛機前往其他國家。

他點點頭。

「這麼說來，」我問道，「沒人會知道是一群白人傭兵主導這場政變囉？」

「你們會消失無蹤，全世界只會知道是一支非洲軍隊從大陸進攻，殺死勒內，摧毀他的政府，讓前總統重回大位？」

「原本是這樣計畫的。」

「中情局、南非、迪戈加西亞島都不會出現在新聞上。」我輕吹了聲口哨，「好個騙局啊！」

「很聰明吧？」

「是啊。」我沒對他說，那直接攻擊了美國政治體系的基石，也沒告訴他，當選民被刻意欺瞞時，民主制度就形同一場鬧劇。「可是——你們被抓了。」

「沒錯。」他感傷地望向遠方，接著又露出開朗的表情。「不過，你知道嗎？最後一切都解決了。南非軍隊和政府都是我們的好友。印度航空的飛機降落後，我們接受審判，被判有罪——幾個月後，我們就被低調地釋放了。」他對我會意地咧嘴一笑，「而我們所謂的失敗，最後可是大獲成功。南非政府賄賂勒內三百萬美金，讓他釋放那六個隊員。沒人被處決，也沒人在監獄待太久。後來勒內也願意配合，從未曝光迪戈加西亞島的祕密，還成了美國的朋友。」

我告訴他那位臥底探員認為勒內不可能被收買，這也是我的工作被取消的原因，而他的判斷看來是錯的。

「也可能是因為，」傑克說，「勒內腦子轉過來了。別忘記他可是與死神擦肩而過。」他舉起雙手，合在一起。「我們的刺殺行動說服了他，讓他相信中情局是來真的。」

我思考了一下他說的話，想起羅爾多斯和杜里荷。「在你出任務的不到幾個月前，中情局才殺了厄瓜多和巴拿馬的總統，因為他們不肯配合參與我們的遊戲。」

「正是如此。」他微笑道，「別以為他們的死沒有給勒內先生留下什麼深刻的印象。」

「他現在在哪裡？」

「勒內嗎？他剛從總統職位退休了，這中間過了整整二十年！這些年來，迪戈加西亞島都是美國對中東、非洲和亞洲發動突擊的發射臺。」

豺狼在席塞爾的故事就能解釋很多事情。表面上那場行動看起來失敗了，但實際上卻讓華府美夢成真。這比總統真的被暗殺還來得好。刺殺行動嚇到了他，讓他願意配合接受賄賂，成為帝國的溫馴僕人。重要的情報員雖然被捕，但很快又回到了崗位上，而所有在報紙上讀到或從他人口中聽說發生在席塞爾機場的攻擊事件、那架被劫機的印度航空波音七〇七的人，都會相信那是恐怖分子（共產黨人）下的手，為的是推翻一個合法正當的政府。一般大眾根本無從得知，那其實是一場出了岔子的中情局陰謀。

第三十六章 厄瓜多反抗行動

在我手術後休養的期間，我一直在思考被下毒的可能性。

我不願相信國安局或中情局想殺我——光是這個念頭就太嚇人了。我試著說服自己，政府夠聰明，知道我如果死得太早，就會讓書大賣，這可不是他們想要的結果。我告訴自己，如果我真被下了毒，那位帶我去吃午餐的「記者」肯定是出於私怨才這麼做，因為他跟那些寫電子郵件指控我是叛國者的人抱著同樣的想法。不論真相為何，那些郵件讓我知道，我做了許多讓別人恨我的事。我怎麼可能不感到內疚？

與日俱增的罪惡感，讓我想起在厄瓜多亞馬遜流域與舒阿爾人一起生活時的一段經驗。

當時我病得非常重，什麼東西也吃不下，在短時間內體重劇烈下滑。離我們最近的路是要在茂密的叢林走上兩天（以健康之人的腳程計算），再搭兩天顛簸的巴士，才能找到醫生——對我來說根本是不可能的任務，因為我幾乎連站都站不起來。我放棄了，準備迎接死亡。但後來一位舒阿爾傳統治療師——薩滿——治好了我，他名叫通杜安姆（Tunduam）。

在那場徹夜的薩滿之旅中，我意識到自己是吃清淡的新罕布夏食物長大的，而現在生活在我周遭的是一群飲食習慣截然不同的人。不光只是他們的食物——由於河水充斥有機物，舒阿爾人會在飲用水中混入一種用口水幫助發酵的啤酒。

我毫無選擇，只能吃他們的食物、喝他們的啤酒。那天晚上，我意識到每當我進食時，腦海裡都會有個聲音告訴我，這些飲食會殺了我。但我也看到舒阿爾人都十分強壯健康。

隨著夜晚的時間流逝，我愈來愈明白，害死我的不是這些飲食，而是我的心態。隔天早上，我完全恢復了健康。

過了幾天，通杜安姆說我欠他一份恩情，因此我得成為他的學徒。我一點都不想學。我讀過商學院，我知道薩滿教根本沒有前途可言。但他救了我一命，我欠他這一筆。

和通杜安姆相處的那段時間裡，我向他學習心態的力量，從而領悟「敢於做夢，就能實現」這句古諺的真相。

我先前的心態充滿了妄想偏執和罪惡感，我得改變這一點。

❖　❖　❖

動完手術不久後的某一天，我走進家附近的樹林，倚著一棵巨大的橡樹坐下，閉上雙眼。我在腦海中想像通杜安姆的樣子，感受自身與自然世界的連結。舒阿爾人和許多原住民文化一樣，相信改變心態的關鍵在於心。我將雙手覆在心口上。

我安靜地坐了好一會兒，直到茅塞頓開的那一刻來臨：要得到救贖，我就必須奉獻自己，盡一切所能創造更好的世界。我誤以為只要寫書、坦承一切就夠了。現在我明白了，救贖來自於毫無保留的付出，堅持不懈地採取行動。

我原以為在摘除了大部分大腸後，就應該減少工作時間，這個想法真是大錯特錯。辛恩說得對。現在我知道我必須重新振作起來，成為作家和演講者。我必須成為行動家，而最好的方式，就是更積極參與由我創辦或跟其他人共同建立的非營利組織。

「夢想改變」在創立後的十五年間完成了許多壯舉。我們帶領許多人進入亞馬遜流域、安地斯山區、亞洲大草原、非洲和中美洲，向原住民的薩滿學習；我們在美國及歐洲開辦研習工作坊，並與歐美加學院合作，每年舉辦薩滿集會，讓世界各地的原住民導師和美國的數百位參與者連結在一起。然而，在我動完手術後，「夢想改變」的執行長琳和我便決定減少組織的活動。琳當時正忙於寫她自己的書，後來出版了《薩滿靈氣治療》（*Shamanic Reiki*）和《化身為更高意識》（*Shapeshifting into Higher Consciousness*）二書；我當時則因為《經濟殺手的告白》出版後的各種活動而分身乏術。

帕查帕瑪聯盟則是非常活躍，它的歷史與我息息相關。

一九九四年，我的厄瓜多友人丹尼爾·庫伯曼（Daniel Koupermann）堅持要我到厄瓜多亞馬遜流域深處，和阿丘阿爾人的領袖們見面。阿丘阿爾人與通杜安姆及舒阿爾人一樣，都相信這個世界正如每個人所夢想，而他們都共有一個夢。阿丘阿爾人說，石油公司和來自各國的大企業威脅要摧毀他們的土地和文化，也危及世界上所有人類的存亡。他們希望我提供協助，讓他們和來自那些國家的人民成為夥伴。

我將這個訊息傳達給當時剛認識不久的琳恩·特維斯特，她是位十分有力的行動主義者。一九九五年，她和丈夫比爾與我帶領一小群人進入叢林，和阿丘阿爾人見面。到了旅程的尾聲，這些人共捐了超過十萬美金，建立後來成為帕查帕瑪聯盟的非營利組織。

從那之後，我基本上就不再參與任何活動，但比爾和琳恩仍懷著無比堅定的決心繼續向前。他倆是我見過最專注、無私、有效率的人，而他們也確實成功讓改變發生。到了二〇〇五年，我動完手術、心態也轉變之後，他們能做的已經不僅僅只是幫助阿丘阿爾人。從帕查帕瑪聯盟衍生的帕查帕瑪基金會（Fundación Pachamama）是由厄瓜多人組成的非營利組織，致力於不讓其他原住民居住的土地落入石油公司的掌握。「覺醒夢想家」（Awakening the Dreamer）研討會是為時四小時的課程，內容也包含了諸多啟發人心的影片，這個課程在網路上迅速傳播，很快便擴散至超過八十個國家。

我打電話給比爾和琳恩，跟他們說我想更積極參與組織的活動。他們十分熱情地答應了。

於是，我很快便回到了厄瓜多。那段時間，位於基多的帕查帕瑪基金會辦公室忙碌得不可開交。過去十年，這個國家經歷了許多政治動盪，在十年內換了八任總統。現在，一位跟過去截然不同的政治人物浮上了檯面。

他名叫拉斐爾·科雷亞（Rafael Correa），來自中產階級收入較低的家庭，在他五歲時，父親因走私毒品而入獄服刑。他曾說，雖然他從不姑息這種違法活動，但能理解像他父親那樣的人「急需餵飽他們的家人」。

科雷亞從瓜亞基爾（Guayaquil）的一所天主教大學得到獎學金，又於比利時的大學獲得經濟學碩士學位，同樣也獲得了獎學金。之後，他進入伊利諾大學（University of Illinois）就讀，得到了經濟學博士學位。

這位新科總統候選人是個相當世故老練的角色。他相貌英俊、聰慧又富有魅力，除了母語西班牙語以外，他還會說英語、法語及克丘亞語（Quechua）。他的妻子是比利時人，而他也非常熟悉歐美政治情勢。他提出改革性的政見，包括約束大型石油公司及保護雨林，但同時他也十分清楚他所對抗的體系會帶來什麼樣的危險。[1]

當我讀到科雷亞的政見以及他於二〇〇六年當選的結果時，不禁想起另一位厄瓜多人，也就是我的前客戶，羅爾多斯總統。我曾信誓旦旦地告訴他，石油能幫助他的國家償還那些前任獨裁軍閥所留下的債務，想到當時的情景，我心中頓時充滿無限悔恨。我曾向他保證，拖欠世界銀行的債款不是個好主意，他一定得答應德士古石油公司提出的交易。結果他沒聽我的話，而是要求德士古交出收益的一部分，並實施類似美國法律規定的環境保護措施。

我坐在位於基多的旅館房間裡，觀看一支羅爾多斯在一九八一年五月於基多足球場發表的動人演說。他呼籲人民將自己的國家視為英雄，視為在擺脫一切壓迫、爭取解放與自由的奮鬥中，帶頭作戰的世界領袖。到了演講的尾聲，他的結語震撼了我的心：「祖國萬歲！」看著他的私人飛機墜毀、讓他步向死亡的影像紀錄時，悲傷和愧疚吞沒了我。

羅爾多斯死後不到三個月，我的另一位客戶巴拿馬總統杜里荷，也以同樣的方式遭暗殺身亡。

現在，科雷亞這位總統候選人喚起了大眾對羅爾多斯的記憶。他引述《經濟殺手的告白》的書中內容，公開表示經濟殺手曾與他接觸，也清楚知道豺狼的威脅。

比爾、琳恩、丹尼爾和我決定一起帶領帕查帕瑪聯盟的主要支持者每年度的參訪旅行。我們帶他們去卡帕威（Kapawi），一個由阿丘阿爾人在雨林裡建立的生態旅遊旅舍，這是他們對我們的夥伴關係中，一部分的承諾。

前往阿丘阿爾人領地的旅途中，從基多到殼城小型機場的這段車程，沿路景色相當壯麗。殼城是霧氣繚繞的邊境前哨站和軍事基地，在原始的叢林中披荊斬棘建造而成，為賜予它名字的殼牌（Shell）石油公司提供服務。這段路途既曲折顛簸又美得令人屏息，從安第斯山頂端一路向下進入雨林，其間的海拔落差將近八千英尺。道路的一側聳立著陡峭的懸崖，不時出現奔流的瀑布和鮮豔的鳳梨科植物；另一側則是險峻的萬丈深淵，底部蜿蜒的帕斯塔薩河（Pastaza River）一路流向三千英里外的大西洋。

在這條路上行駛時，我常常想起第一次來到這裡的時候，許多事物在這些年間產生了莫大的變化。一九六八年，德士古石油公司才剛在厄瓜多亞馬遜流域發現石油。現在，石油占了這個國家約一半的出口收益。我初來乍到不久後，一條跨越安地斯山脈的輸油管便拉了起來，從當時算起，已有超過五十萬桶的石油洩漏至脆弱的雨林裡，遠超過瓦爾狄茲號*漏油量的兩倍之多。[2]

一條由經濟殺手組織的國際財團建造，要價十點三億美元、全長三百英里的輸油管，承諾讓厄瓜多成為美國的前十大石油供給國。[3] 大片大片的雨林被砍伐，金剛鸚鵡和美洲豹消失無蹤，三個厄瓜多原住民文化瀕臨滅絕，清澈的溪流化為燃燒的汙水溝。

近年來，在帕查帕瑪基金會的援助下，原住民各族開始反擊。

二〇〇三年五月七日，我的友人史蒂芬．唐齊格（Steven Donziger）帶領一群美國律師，代表超過三千名厄瓜多人對雪佛龍公司提出告訴，求償十億美金。他們主張從一九七一年到一九九二年間，這間巨型石油公司每天將超過四百萬加侖的重金屬、受石油汙染的有毒廢水和致癌物質傾倒至坑洞和河流裡，還留下將近三百五十個未封起的廢棄物掩埋坑，持續毒殺人類和動物。[4]

從基多通往殼城的路上，可以看見帕斯塔薩河上立起了一道巨大的灰牆，成為戲劇性地象徵了這個國家經歷的變化。對比四周的景色，滴著水的水泥建物顯得非常突兀、豪不自然。這是阿格楊（Agoyan）水力廠發電計畫的產物，促進了許多工業的發展，也讓少數厄瓜多家族變得相當富有。

每當我開車經過阿格楊瀑布，都得面對一個事實：這是出於我的工作成果而發展起來的諸多開發計畫之一。而因為這些開發計畫獲得資金的方式是那樣，到了科雷亞決定競選總統的時候，厄瓜多已將大部分的國家預算用來償還債款。國際貨幣組織信誓旦旦地告訴厄瓜多，唯一終止這個債務循環的方式，就是將雨林底下蘊藏的大量石油賣給石油公司。

科雷亞承諾，若他當選總統，就會改變這一切。

他的得票率高達將近百分之六十。

二〇〇七年，科雷亞一就任總統，便開始兌現他的競選政見。他拒絕支付許多厄瓜

＊譯註：瓦爾狄茲號（Exxon Valdes）。一九八九年，瓦爾狄茲號在阿拉斯加州威廉王子灣觸礁，導致超過一千一百萬加侖的原油流入大海，嚴重破壞當地生態環境。

多欠下的債款，聲稱這些債務是中情局支持的軍閥獨裁者在經濟殺手的賄賂下所簽署（我相當清楚這是事實）。他關閉了美國在拉丁美洲最大的軍事基地，撤回原先對中情局在哥倫比亞與叛軍開戰的援助，並命令厄瓜多中央銀行將投資美國的資金轉而投入國內開發計畫，還監督修憲，讓厄瓜多成為世界上第一個將不可讓售的自然資源列入法律規範的國家（對大企業的帳面損益產生威脅）。他讓厄瓜多加入美洲玻利瓦爾聯盟（Bolivarian Alliance for the Peoples of Our America，ALBA），對抗美國欲透過美洲自由貿易區（Free Trade Area of the Americas）掌握經濟霸權的意圖。

但科雷亞最有勇氣的舉動，是與石油公司重新談判合約。他堅持石油公司不能再以「利潤」來判定厄瓜多能從石油中獲得的收益多寡——這已是大型石油公司與發展中國家談合約的常見手段，讓他們得以一直用作帳來欺騙這些國家。科雷亞要求石油歸屬於厄瓜多所有，石油公司只能從每桶生產出來的石油收取費用。

經濟殺手接著出馬，對總統和他的親信提供合法和非法的賄賂——只要他們收手，但科雷亞斷然拒絕。

宏都拉斯總統曼努埃爾．賽拉亞（Manuel Zelaya）隨後被豺狼主導的政變推翻。那場政變劇烈衝擊了整個拉丁美洲，特別是科雷亞總統本人。

第三十七章　中情局出擊宏都拉斯

我在二〇〇九年飛到巴拿馬，就在宏都拉斯民選總統賽拉亞被政變推翻之後。我想見見巴拿馬的權勢人物，以及那些對拉丁美洲政治有第一手經驗的人。

我和來自阿根廷、哥倫比亞、瓜地馬拉、巴拿馬和美國的企業、政府、非營利組織領袖談話，也跟老師、計程車司機、餐廳服務生、小商家和工會活動分子談話。許多人相信政變發生的原因是由於賽拉亞提倡將基本工資提高百分之六十，讓金吉達品牌國際（Chiquita Brands International，前身為聯合水果公司）、道爾食品公司（Dole Food Company）這兩間美國企業怒不可遏。

夕陽往等待進入巴拿馬運河的停泊船隻後方落下時，我正和同意以匿名身分和我聊聊的巴拿馬商人「約爾」（Joel）坐在咖啡館的戶外座位。

約爾的英雄杜里荷在他五歲的時候死去，而他想聽聽我和杜里荷之間的過去。那天下午，罪惡感深深刺進了我的心。就像大多數拉丁美洲人一樣，約爾說他和朋友們知道害死杜里荷的墜機事件是中情局的暗殺計畫，而他們痛恨美國。

「但情況改變了。」他說，「就像你們原諒了日本和德國，我們也原諒你們。」

他垂眼望向啤酒杯。「在宏都拉斯發生的事……嗯，喚起了某些回憶和過往的怨恨。」他繼續解釋道，他在國際貨幣組織的友人被派往宏都拉斯，要說服賽拉亞改變政策。

約爾形容那位朋友：「正如同你們這一行的行事作風，他嘗試了所有方法：提供世界銀行的貸款，讓宏都拉斯背上更多債務，也提出讓賽拉亞與他的朋友拿到好處的開發計畫。但這些辦法都無效時，就輪到恐懼的把戲……」他把玩著手中的玻璃杯。

「賽拉亞該聽話的，但他沒有，於是你所謂的『豺狼』便上場了。」他看向我。「至少他們沒殺了賽拉亞。杜里荷應該也要有這種運氣才對。」他對我露出心口不一的微笑。「但這不只跟宏都拉斯有關。那些美國公司執行長知道，如果宏都拉斯的每小時工資提高，其他的拉丁美洲國家也會如法炮製。宏都拉斯和海地的工資是其他國家的指標，沒人會讓薪資低於這個指標。」

我們談了許多在賽拉亞的三年半任期中，被引進宏都拉斯的自由主義政策。這些政策包括小農津貼、提供給貧窮孩童的免費教育與餐點、降低在地企業與房產擁有者的銀行貸款利率、為負擔不起的人民提供免費電力，以及提高最低薪資。這些政策成功了，讓宏都拉斯的貧窮線下降了將近百分之十。

約爾看向停泊的船隻。「美國人的記憶力可能沒那麼好，」他說，「但在拉丁美洲，我們沒忘記你們的老羅斯福總統——」他指向前方，「在一九〇三年偷走了那些土地，好為那些船建造運河。我們沒忘記你的公司和華府在這塊大陸的政治裡所扮演的角色。你們的政府和前國務卿季辛吉（Henry Kissinger）最後終於承認主導了種種政變和暗殺，儘管他們多年來都強烈否認。我們一直以來都知道那些現在已成公開紀錄的事情，例如瓜地馬拉的民選總統阿本斯在一九五四年被中情局推翻，是因為他反抗聯合水果公司。讓智利民選總統阿葉德在一九七三年下台的政變，是由國際電話與電報公司（International Telephone and Telegraph〔ITT〕），當時最有影響力的跨國企業之一）開始，再由中情局執行。」他朝船隻揮揮手。「我們沒忘記格瑞那達（Grenada）、海地，或由中情局扶植的阿根廷和巴西獨裁者，也沒忘記瓜地馬拉、尼加拉瓜或薩爾瓦多。我們沒忘記杜里荷、羅爾多斯，或是二〇〇二年欲推翻查維茲的失敗行動。」

他瞥向我，「需要我繼續說下去嗎？」

我說我很清楚那些歷史，又補充道：「這就是為什麼我要寫下我的所作所為，也是我現在來巴拿馬的原因。」

「再讓我說最後一件事。」他說，「你當然已經知道，指揮宏都拉斯政變的巴格斯（Romeo Vásquez）將軍，是畢業自你們惡名昭彰的中情局學校吧？」

「美洲學校。」

「沒錯，杜里荷稱之為『刺客學校』。」他指著運河，「那所學校從前就位在運河區，直到杜里荷把他們趕走。現在，那所學校則是在美國某處。」

「喬治亞州的班寧堡（Fort Benning）。」

❖　❖　❖

那天深夜，我在旅館房間裡上網讀了不少西班牙文寫成的報告，證實了巴拿馬商人告訴我的事。宏都拉斯一旦將最低工資提高百分之六十，就會嚴重衝擊每一間經營礦坑、旅館、商店、餐廳的企業，或是那些靠血汗工廠和製造廠生產商品，並在這塊大陸銷售的公司。

這些報告讓我想起一九六八年，我剛成為和平工作團志工的第一個星期裡，那位和我共進晚餐的地震學家所說的話：「我們擁有這個國家。」

美國的主流媒體為大型企業所擁有，他們在報導宏都拉斯的相關新聞時，紛紛指控賽拉亞試圖修憲以再次連任，才引發了政變。賽拉亞確實提倡舉行修憲公投，但根據我在巴拿馬的所見所聞及西班牙媒體的網路報導，那場政變根本無關乎修憲，而是跟這位被罷黜的總統想要提高最低工資的決心有密切關聯。

我從巴拿馬回到美國後，發現雖然主流媒體忽視了真正的故事，英國媒體卻道出了實情。英國《衛報》（*The Guardian*）的報導寫道：

宏都拉斯政變政府的兩位首席顧問皆與美國國務卿交情密切。蘭尼．戴維斯（Lanny Davis）是一名有力的說客，也是柯林頓總統的私人律師，更在競選中支持希拉蕊……另一名政變政府雇用的顧問則是班奈特．拉特克利夫（Bennett Ratcliff），同樣是與柯林頓有密切關係的說客。[1]

新聞節目《民主吧！》（*Democracy Now!*）報導，華盛頓的科文頓與柏靈律師事務所（Covington & Burling）成為金吉達品牌國際的律師代表，而歐巴馬總統任內的司法部長艾瑞克・霍爾德（Eric Holder）曾是該律師事務所的合夥人。金吉達曾被控訴在哥倫比亞雇用「刺殺部隊」，霍爾德當時便是辯護律師。審判期間，金吉達承認雇用被美國政府列為恐怖分子團體的組織。哥倫比亞法院認定金吉達有罪，而金吉達同意支付兩千五百萬美金的罰金。

二〇一一年五月二十一日，《民主吧！》主持人艾咪・古德曼（Amy Goodman）與賽拉亞進行訪談，這位前總統表示：

> 我加入美洲玻利瓦爾聯盟後，陰謀就展開了，一場針對我心理層面的卑劣戰爭於焉開始，由奧托・萊許（Otto Reich，前美國駐委內瑞拉大使、拉丁美洲事務助理國務卿）起頭。美國前國務次卿羅傑・諾列加（Roger Noriega）、羅伯・卡爾莫納（Robert Carmona）和中情局創立的阿卡迪亞基金會（Arcadia Foundation）和右翼分子、軍事集團聯手，合力策劃了一個陰謀。他們聲稱我是共產分子，還說我正在攻擊南半球的安全。[2]

二〇〇九年十二月，我詢問辛恩，他怎麼看賽拉亞被政變推翻一事對厄瓜多來說意義為何。「這個嘛。」他沉思道，「如果我是科雷亞，就會擔心我會成為下一個。」

這句話不幸成真。

二〇一〇年一月二十七日，辛恩死於心臟病發，享壽八十七歲。他沒能見證二〇一〇年九月三十日發生的政變，企圖推翻厄瓜多總統科雷亞，由一名美洲學校的畢業生帶頭指揮，整場行動處處都有中情局參與其中的跡象。但是，不像其他發生在拉丁美洲的政變，這次並非由軍隊發起，而是警察。警方和軍方在基多街頭展開戰鬥。軍隊獲得勝利，科雷亞仍大權在握。

許多觀察家相信這場失敗的政變是一種警告，而非真心要拉下總統。不論真相為何，科雷亞幾乎是立刻就撤回他針對大型石油公司發起的政策，並宣布將會把大片大片的雨林拍賣給石油公司。

在那些日子裡，我常常思考辛恩說的話。我非常想知道他對厄瓜多發生的種種事件會有什麼看法。他的機智與幽默往往能讓不幸的新聞變得更能理解。他的過世讓這個世界失去一位優秀的思想家——他同時也是睿智的歷史觀察家和解讀歷史教訓的敏銳評譯者。我失去了這位身兼導師及予我莫大鼓舞的朋友。我再次承諾，我要追隨他帶給我的啟發。

第三十八章 友善的銀行家

厄瓜多在隔年準備拍賣雨林土地給石油公司的時候，我寫了好幾篇部落格文章，譴責科雷亞的決定。在我收到的回應中，有一則是來自大通銀行（Chase）的主管，那間銀行就位於我南加州的家附近，那時是二〇一一年下旬。

「你怒氣沖沖，」他寫道，「對厄瓜多那種地方發生的恐怖情事憤怒不已。那你怎麼看這裡——你的國家——發生的事？」他在電子郵件的最末邀請我與他提早共進晚餐。

我和他坐在棕櫚灘花園（Palm Beach Gardens）的河畔餐廳（River House）的陽臺上。從我們的桌子能看到近岸內航道（Intracoastal Waterway）和價值幾百萬美金的遊艇接二連三地往南前進，準備在礁島群（Keys）過冬。

「我讀了《經濟殺手的告白》後，追蹤了你的部落格。」服務生小心翼翼地將紅酒倒進他的玻璃杯時，這位銀行家對我說道，「我很好奇為什麼你沒有揭露我們這些銀行家在家鄉的所作所為。我們跟你們經濟殺手使用一樣的手段，只不過是用在我們的同胞身上。」

他接著告訴我，近幾年來，銀行家不斷說服客戶購買超過他們經濟能力可負擔的房產。「一對年輕的新婚夫婦來找我們。」他說，「要貸款買一間三十萬美金的房屋，而我們說服他們去買五十萬美金的房子。」他搖晃杯中的酒液，仔細看著底部的沉澱物。「我們告訴他們：『你可能會手頭拮据一段時間，但很快你的房子就會價值一百萬美金。』」他難過地搖搖頭，「他們被告知要相信銀行家，而以前我這個位置的人會說服潛在債務人不要借那麼多錢，而不是反過來。我們本該要盡可能避免因無法償還貸款而徵收房產，但現在一切都不同了。」

「為什麼改變了？」

「我問過自己很多次這個問題了，但不確定答案是什麼。那些事大多數都發生在這個千禧年，也許跟九一一事件有關，或是海平面上升、冰川融化、恐懼、我們對有限生命的感受。油水撈多少算多少，能撈就撈，壓榨其他人。」他舉起酒杯，「喝酒、跳舞、消費，開心過日子。對我們銀行家來說，一切都是錢、錢、錢。我們試圖讓客戶相信沒有明天，賓拉登會殺死我們全部人，所以借錢吧，買大房子、好車子……」他啜一口紅酒，「當市場停滯時，銀行就徵收資產，重新包裝貸款，最後獲得龐大的收益，而數千名像那對年輕夫婦的人就會破產。」他看向近岸內航道，伸手指著前方。

一艘遊艇行駛而過，上頭有兩位小麥膚色、身穿比基尼的金髮女子，以及兩名擁有健身房身材的男人，甲板上還停放了一輛亮紅色的寶馬迷你（Mini Cooper）。

「這就足以解釋一切，對不對？」他說，「我敢說那位船主是靠壓榨別人賺錢。這一切都建立在債務上。」他從公事包拿出一個牛皮紙文件夾。「這是一篇跟我同事有關的文章，你應該會覺得有趣。」

他遞給我一篇紐約時報的社論，標題是〈銀行家的懊悔自白〉（A Banker Speaks, with Regret）。文中引用了大通銀行房屋貸款（Chase Home Finance）的副總裁詹姆斯·賽克斯通（James Theckston），說他和團隊核准了共二十億美金的房屋貸款。他承認某些貸款「沒有證明文件」，又補充道：「申請貸款時，你不用寫下職業、收入、資產……根本是瘋了，但銀行制定了許多方案，就為了核准那種貸款。」[1]

服務生幫我們上了菜。吃晚餐的時候，我們粗略地討論正在美國及大部分國家上演的經濟危機。

「你知道嗎，」這位銀行家說道，「整個體制都腐敗了。不論是過高的房貸或大學學貸，都是為了用債務奴役所有人。擁有自己的家或接受大學教育當然並非壞事，但問題是所有人都相信我們應該要不顧一切擁有『好生活』。不計任何代價，就為了實現美國夢——包括讓自己債台高築。」

我提起一名最近參加我的研討會的女性。她剛從法律學校畢業，曾立志要用這個學位守護無家可歸的人和受虐孩童。但當她發現自己身上背了超過二十萬美金的學貸後，她領悟到自己得先在大型法律事務所工作個好幾年，以償還債務。

「還完債之後，」我補充道，「她想繼續追尋她的夢想。」

「她『想』。」他嘲弄地說，「但實情是，一旦她進入了這個體制，她就上鉤了。她將來會結婚，背上她和丈夫還不起的房貸，生小孩，再借更多貸款……她會被吞噬，將靈魂出賣給銀行。」

我們向彼此道別時，天色已經完全暗下來了。我們站在停車場的燈光下，他對我伸出手。「聽著，」他說，「你寫的那些發生在厄瓜多的事，我也一樣同情。我參加過墨西哥灣漏油事件的淨灘活動，親眼見識過那種事造成的傷害，請不要誤會我的意思。我認為科雷亞要把亞馬遜雨林賣給石油公司，是個天大的錯誤，甚至可說是一種罪行。我的重點是，那只是疾病的其中一個症狀，而這個疾病也正在感染美國。我只是希望你能把這些事寫進你的作品裡。」

這場會面讓我既難過又心煩意亂，同時也感到氣餒，雖然我並不想承認。我開車前往附近的海灘，月光在海面上點亮一條道路。我佇立原地，凝望湧動的波濤。

我想起了我祖母的兄弟，舅公恩內斯特（Ernest），他曾是佛蒙特州（Vermont）的沃特伯里（Waterbury）一間銀行的總裁。五〇年代時，我父母、祖母和我每年都會去探望他和他的妻子梅布兒（Mabel）。舊公會開車帶我們到鎮上四處轉，驕傲地指著他的銀行用貸款資助的商家和屋宅。

唸完五年級的那年夏天，我讀了一本關於股票市場的書。到了下一趟沃特伯里之旅時，我便向舅公請教股票市場的事。

「那就像賭場一樣。」他輕蔑地說道，「我一點都不想跟那種東西扯上關係。我們的錢都來自當地人，因此那些錢也會回歸當地的經濟，分毫不差。」他說，他將每個向他銀行貸款的人都視為合夥人。「我提供他們我所能想到最好的建議。如果有誰還不出錢，我也會把它當作我自己的問題。我毫無保留地幫助有需要的人，和他們一起合力解決困難。」

我坐在沙灘上，看著海面上的月光隨波浪蕩漾。對我舅公來說，他不只是不想徵收資產而已。他堅信自己的工作是推動當地經濟的發展，那是他的職責，也是他生命中的快樂泉源。

舅公和剛才與我用餐的銀行家同樣都是人類，也都是美國人，但他們卻分別代表了兩個截然不同的價值體系。在舅公眼中，債務是一種達成目的的手段，也是債權人和債務人之間的合夥關係。而對現代的銀行家來說，債務是用來讓自己大發橫財的金雞母，並把人們送進經濟殺手的系統裡。

我想起過去是我帶領了這群現代銀行家走到這一步，不禁全身一陣冷顫，我幾乎能想像舅公對我露出鄙視的眼神……

那個夜晚過後，幾個月之內便爆發了一件極其不堪的醜聞，彷彿是為了強調現代銀行家為了從人們身上搾取利潤，能心狠手辣到什麼地步。

二〇一二年，倫敦同業拆放利率（London Interbank Offered Rate，又稱Libor）顯示出巴克萊銀行（Barclays）、瑞銀集團（UBS）、荷蘭合作銀行（Rabobank）、蘇格蘭皇家銀行（Royal Bank of Scotland）和其他跨國銀行是多麼冷血地背叛了大眾的信任。

倫敦同業拆放利率是用來計算價值數百兆的貸款與投資資金的成本，一直以來被視為客觀、以數學方法為基礎而建立的利率指標。沒想到，從一九九一年到二〇一二年間，倫敦同業拆放利率都被各家銀行非法操縱。銀行家因此獲得了龐大、難以估算的不法所得。

這些銀行被裁定有罪之後，判處了超過九十億美金的罰金。[2]截至目前為止，除了一名瑞銀集團的操盤手之外，沒有任何一位銀行高級職員受到起訴。

第三十九章 從越南監獄學到的教訓

二〇一二年，我受邀前往東南亞，一起協助地雷與戰時未爆彈的受害者。在此之前，我拒絕了所有加入董事會和類似活動的邀請，因為夢想改變、帕查帕瑪聯盟的大量工作和各個演講邀約已經讓我分身乏術。

但是，這次對我來說就像一次為過去贖罪的機會。

未爆彈是越戰時期的遺物。如果不是因為那場戰爭，我就不會花八年的時間躲避徵兵，或許也就不會唸完大學、被國安局招募、參加和平工作團、住在亞馬遜流域和安地斯山區，或是成為經濟殺手。在越南發生的事，象徵了在經濟殺手和豺狼失敗後，美軍就會接手全局——或多或少預示了中東現在的情勢。雖然越南在我生命中扮演了非常重要的角色，我卻從未去過那裡。我非常高興地接受了邀請，將參加二〇一三年三月在越南舉辦的會議。

我待在河內的最後一天傍晚，在所有會議結束之後，決定去參觀火爐監獄（*Hỏa Lò Prison*）博物館。火爐監獄曾被稱為「河內希爾頓飯店」，過去關押過許多美軍俘虜。一位參加這幾天會議的女子「茱蒂」（Judy）決定一起加入我的參觀行程。她的年紀與我相當，越戰也影響了她的人生。

茱蒂和我抵達火爐監獄時，失望地發現博物館已經關門了。一名不會說英語的人打手勢要我們下次再來。

當時我扭傷了膝蓋，走路時必須用手杖輔助。這時我的膝蓋開始痛了起來，便坐到附近的長椅上，手杖橫放在大腿。

茱蒂在我身旁坐下。「我很遺憾。」她說，「我知道你很想進去看看。」接著她開朗了起來，「我們可以明天早上去曼谷搭機前再來。」

「明天是星期日。」我回道，「他們可能根本不會開門。」

這時候，一個穿著卡其制服的男人漫步走向放在拱門下的桌子，坐了下來。

「我去問問看。」我將手杖撐在地上，小心地站起身，跛著腳朝他走去。「不好意思。」我說道。

他怒瞪著我。「不說英語。」

我不願讓他的粗魯態度嚇退我，於是露出親切的笑容，對門比了比，揮了揮我的手杖，指向茱蒂。「明天，」我說，「星期日……」

他把椅子往後推，很快站了起來，對我敬了個禮。他指著我的手杖和已經走到我身旁的茱蒂。「太太。」他說，向她一鞠躬。接著他抓住自己的腿，做了個痛苦的表情，悲傷地搖搖頭，發出吸氣的聲音，再放開手，比手勢要我們跟著他走。

我看向茱蒂，一起聳了聳肩。

他再次對我們比手勢，動作更加有力，然後用越南語說了幾句話。我們跟著他穿越充滿陽光的小庭院，來到巨大的金屬門前。他打開鎖，要我們走進去。

室內的光線昏暗。我的眼睛適應之後，發現我們正身處一條長廊，兩側是一間間黑暗的牢籠。他從口袋拿出一張越南鈔票，價值約十美元。他指著鈔票，再指著我和茱蒂，然後向我比了兩根手指。我完全不知道入場費的金額，但兩人二十美元似乎很合理。

「我猜他一定認為你曾經被關在這裡。」茱蒂說，「他也認為我是你太太。」

我吃了一驚。「妳應該說對了。」這個男人是出於憐憫，認為我想讓妻子看看曾奪走我數年時光、讓我成為瘸子的地方。

我付了錢後，他領著我們沿著長廊前進，走進一個大房間。一台巨大的機器聳立在黑暗之中，像隻史前怪物。我猜那可能是某種吊車，但很快便發現我搞錯了。這個裝置是另一種怪物。我張口結舌站在原地，完全不敢置信眼前的景象——那是一個斷頭檯。

「我的天啊！」茱蒂驚叫，指著刻在牆上的文字。

那段文字以英文解釋道，這裡原本是法國人在一八〇〇年代末期蓋成的監獄，用斷頭檯處死了數百名越南人。我繞著房間走，繼續閱讀牆上的說明。火爐監獄的這一區曾被法國人用來關押越南女性，有數百名女性囚犯曾在這裡被酷刑折磨、強暴。其中一道牆的一角被拆除，露出一間隔離監禁的牢房，只跟狗屋差不多大。一具真人大小的人體模型戴上了鐐銬，彎著身體坐在水泥地上，就像盒子裡的娃娃一樣塞在狹小的空間裡。

我呆立原地，盯著人體模型看，心中想著何以人類會對彼此做出如此可怕的事來。對自己的藝術、文學和人道價值如此驕傲的法國人，為什麼能如此殘忍？他們為什麼會想立起那座斷頭檯？為什麼要強暴、折磨越南女性？我想起他們用宗教的理想合理化自己的行為——為了傳播天主教。但他們真正的目的是商業利益，就像現代的經濟殺手一樣。富有的法國上層階級將貧窮的年輕人送上印度支那（Indochina）的殺人戰場，這樣他們的公司就能靠鴉片、茶、咖啡和靛藍染料大賺一筆。這些法國年輕人同樣也是墮落戰爭的受害者。他們不僅成為殺人犯，也成了虐待者和強暴犯。我環顧四周，但沒看到守門人和茱蒂的身影。

我受傷的腿盡可能以最快的速度匆匆離開斷頭檯房，回到長廊，走向通往庭院的門口發出的亮光。右方牆上有個黑暗的開口，我拿出蘋果手機，打開手電筒功能，往裡頭看去。那是一間洞穴般的牢房。雖然空無一物，但我能鮮明地想像裡頭曾關滿了驚恐的女性——有人已遭強暴、折磨，其他人則等著輪到自己。我關掉手電筒，看向通往庭院的方向。

一道暗影出現，將門口的光圈一分為二。「我看夠了。」茱蒂的聲音在牆壁間迴盪。「這個地方讓我起雞皮疙瘩，我要回旅館去了。」

「好，我要再待一會兒，今晚晚餐時見。」

她黑暗的身影離去，我回頭看了一眼黑暗的牢房，一股冷顫傳遍身體。我轉向門口，吐出一口長長的氣，然後沿著長廊前進，手杖一下下敲在地上。

回到充滿陽光的庭院後，我改變了主意。我也已經看夠了。我朝來時的入口走去，但接著穿著制服的守門人便再次現身。他嚴肅地要我隨他到另一條長廊，但我遲疑了。他更加堅持地再次揮手，於是我便順從地跟在他後面。

我們來到一個陰暗的房間，我震驚地看到裡頭有兩排面朝彼此對坐的人。接著我意識到那些人其實也都是人體模型，有著越南男性的相貌，雙腿用腳鐐銬在地上。我行走在兩排人體模型之間，每具人偶的模樣都不一樣，看起來不可思議地栩栩如生。儘管雙腿上了鐐銬，有些人偶以憐憫的姿勢擁抱其他人偶，明顯是在對痛苦的同袍予以慰藉。其中一人正在照料另外一人受傷的手臂。所有人都身形憔悴，從分明可見的肋骨可以看出他們遭受的飢餓。

在兩排隊伍的末端是一個平台，上頭有兩個洞，底下則放著水桶——那是廁所。我想著每個人多常能解開腳鐐，被領去使用廁所（可能還是被鐵鍊拴著走）。

我感到沮喪又孤單。我瞥向來時的門口，卻沒看見守門人的身影。我確確實實孤身一人。我強烈地想要離開這個地方，但我強迫自己朝那兩排人體模型看上最後一眼。它們看起來彷彿有生命似的。我能感受到他們的悲傷和想要活下去的意志。我舉起手杖向他們致敬，然後慢慢離去。

守門人在庭院等著我，旁邊是一座沿著建築物外部建造的金屬樓梯，通往斷頭檯房上方的樓層。雖然受傷的膝蓋正在抽痛，我還是跟他走上樓梯。他打開頂層的門，點亮一盞昏暗的燈。我走進裡頭。

原來這裡是照片展示室，都是在法國人離開很久以後所拍攝。朦朧的光線映照出美國軍人的臉，大多數都是飛行員，有些人排成隊伍立正站好，有些則是在監獄裡進行日常雜務。有一系列特別感人的照片，是一群人正在準備感恩節晚餐，並圍坐在長桌旁一同分享食物。接下來的影像是攝於戰爭結束的時候。囚犯列隊離開監獄，走向歡迎他們的美國軍官，走向自由。

這些照片如實呈現了這些人憂鬱又痛苦的面容，並沒有企圖美化事實，但比起樓下房間的斷頭檯和那些人體模型，兩者的落差傳遞了一則清楚的訊息：越共（Vietcong）對待美國囚犯的方式，比法國人對待越南人的方式要人道得多。我完全不曉得這是不是事實，但我知道美國士兵確實遭到刑求，承認他們自己和美國的所作所為是犯罪行為。

看著這些影像，讓我想起那張著名的照片，一名渾身赤裸的越南孩子正在逃離被燒夷彈火焰吞噬的村莊。我也想起了那些較為近期，在伊拉克的巴格達中央監獄（Abu Ghraib）拍攝的影像。戴著頭罩和手銬的男人血流不止，遭到毒打，被鏈條綑綁、在地上拖行，凶惡的犬隻毫不留情地攻擊他們，而那都是美國士兵和中情局幹員的所作所為。我匆匆往下一個房間前進。

掛在這裡的照片攝於美國從西貢撤退之前，紀錄了美軍在河內的大肆破壞。政府機關建築物、學校，甚至一間佛教寺廟都成了斷壁殘垣。我依稀想起尼克森總統當時在電視上揮舞雙手，聲稱那次攻擊會是邁向勝利的最後一哩路，並宣告美國將會「把他們炸回石器時代」。但從我見過的景象和這些年得知的事物來看，美國當時正在輸掉那場戰爭，而這些照片呈現的是復仇的故事，而非通往勝利的康莊大道。

我再次看向佛教寺廟的殘骸，想知道美國的領袖就在做出這種事的時候，心裡究竟在想什麼。他們難道看不出來，對其他人民與文化如此殘忍無情，有損這個幫助贏得二次大戰的國家所獲得的聲譽嗎？

我離開這個房間和河內被蹂躪的影像，往下一個房間前進。房裡沒有一絲光亮，我佇立原地，望向黑暗。我把手機的手電筒功能打開，踏進室內，環顧四周。房裡空無一物，可能又是一間用來關押囚犯的多人牢房。我向後靠在冰冷的牆壁，滑坐到地上。我讓手機在地上投射出一道光徑，專心感受心裡紊亂的情緒。沒錯，我充滿了愧疚感，整個人悲憤交加，但還有其他我無法辨認的心情。

我為那些在戰爭與監獄中受苦的人感到難過，不論是越南的男男女女、美國士兵，還有所有遭受酷刑、監禁、殘廢或殺害的人，以及他們的家人。我同情虐待囚犯的監獄守衛，也同情那些必須正視自己殺了人的事實的士兵，他們會認知到自己做了什麼可怕的事情——奪取他人性命、讓孩子失去父親、讓死者的父母遭受最為殘酷的悲劇。我同情那些心理受到傷害的人，他們在戰火下倖存，最後卻來到精神治療機構，更不用說那些太多太多自殺的人。

我的視線停留在手機發出的漏斗狀光束，光線跨越了我伸直的雙腿，一路延伸過堅硬的地板，照射到對面牆上。

最後，我終於明白心裡的感覺是什麼了：感謝。當年成功躲避了戰爭，讓我感到一絲感激。我沒有謀殺任何人，沒有轟炸任何城市，沒有朝越南農地噴灑落葉劑（Agent Orange），也沒有埋下任何一顆地雷。

緊接著，罪惡感重新衝擊了我。那些被我賄賂的人呢？那些威脅利誘？被我以進步之名所掠奪的資源？這些事要如何跟謀殺、使人殘廢和強暴相比？強奪豪取、蹂躪熱帶雨林，能拿來和地雷、被夷平的寺廟、在著火的村莊中一絲不掛地尖叫奔跑的孩童比較嗎？我思索著這些疑問，還有最令我感到恐怖的罪惡感。此時，一個聲音突然響起，讓我整個人緊張起來。

那是一扇鐵門猛然關上的聲響，餘音在整個河內希爾頓內迴盪。我跳起來，驚慌地想著獨自被關在這裡過上一夜的可能性。接著我讓自己冷靜下來，倚靠在冰涼的水泥牆上，安慰地告訴自己，守門人不會棄我不顧，畢竟我可是美國人。

接著，這份領悟——我是美國人，所以不會被關在這個地方——讓我感到內臟好似又被打了一拳。為什麼美國人會覺得自己有特權？我們曾試圖摧毀這個國家，卻認為自己有權不用擔心會被丟在監獄博物館過夜。這其中何來正義可言？而偏偏我這個用債務奴役其他國家的人、曾威脅收買許多總統的人，又怎麼認為自己可以在任何地方都感到安全？

冰冷的水泥牆讓我又打了一個冷顫。我怎能拿身為經濟殺手時的所作所為來跟士兵和施虐者比較？接著我明白了，比較根本沒有意義，因為這兩者是彼此相輔相成的。經濟殺手能獲得成功，是仰賴他們的目標對象清楚知道有軍隊在後方伺機而動。

總歸來說，唯一重要的事情，就是我們必須讓改變發生，我們一定要想出更好的辦法。人類必須想出其他辦法來面對自身的恐懼及想要占有更多土地和資源的慾望。我們不能再繼續剝削和破壞這種不健全的模式了。我們得要從麻木不仁中清醒過來。

我把手機的燈光關掉。這個監獄過去曾有許多人在這裡受苦多年，我坐在一片黑暗之中，思索著經濟殺手和豺狼使用的手段，也想著從越戰快要結束、我的經濟殺手職涯才剛展開的那個時代以來，他們的手段已經不同以往了。

第四十章 伊斯坦堡：現代帝國的手段

七〇年代，經濟殺手來自少數幾間跨國公司與顧問公司的經理和顧問。到了現在，數千家跨國公司、顧問公司、投資信託、工業集團和各種協會的經理和顧問都是經濟殺手，包括一大批替上述所有團體做事的說客。

二〇一三年四月，我開始思考過去的經濟殺手與現在的異同之處。當時我才剛結束越南之旅不到一個月，我站在位於伊斯坦堡的旅館房間窗前，眺望古老的建築和清真寺宣禮塔。許多個世紀以來，這個城市曾是諸多帝國的俘虜或權力中心。《經濟殺手的告白》出版後，我數次受邀到伊斯坦堡來，在商業經理人會議上發表演說。這座歷史悠久的城市成了舉行國際會議的中心。

在我那個年代，經濟殺手使用的核心手段是造假的經濟數據，由不實的金融分析、灌水的經濟預測和變造過的帳目所構成。那些手段還包含陰謀、欺詐、威脅利用和勒索，以及我們從未打算要兌現的虛假承諾，或是用債務和恐懼奴役他人。這些手段到今天這個時代還在持續使用。就跟過去一樣，每次的「攻擊」都使用了許多上述的工具，雖然只有那些想要深入挖掘背後故事的人，才可能看得出來。

一如往昔，這些事得以運作順利，是因為我們相信為了要達成目的，可以不擇手段。

最大的變化，是今日的經濟殺手系統也在其他已開發國家運作，而不只有美國而已。他們無所不在，使用的手段也都變化出許多不同的版本。成千上萬個經濟殺手散布在世界各地，創造出了真正的全球帝國。他們不只公開行動，也從事檯面下的勾當。這個系統的根基已經根深柢固，早已成為做生意的常規，因此大部分人都無從警覺。

這些男女說服政府官員制定對自身有利的稅率和管理條例。他們迫使各個國家互相競爭，爭取設置相關設施的機會。他們有能耐將製造工廠設在甲國，在提供租稅庇護的乙國處理銀行業務，在丙國設置客服中心，而總部則位於丁國。這種能耐讓他們握有極大的談判籌碼。每個國家必須和彼此競賽，設法提供限制最寬鬆的發展環境與社會規範，以及最低的薪水和稅率。在許多案例中，政府讓自己債台高築，才能提供補助來買通企業。

過去十年裡，我們目睹這些事在冰島、西班牙、愛爾蘭、希臘和發展中國家（對他們來說早已不是新鮮事）上演。當較為隱密狡詐的手段失靈時，政府官員就會發現，原先以為私生活中無人知曉、不利於聲譽的面向被揭發開來，有時甚至會遭到杜撰。

從那些為經濟殺手使用的手法辯護的藉口，也嗅得出變化的端倪。在過去，是為了保護世界不受共產黨統治、免於越共及革命團體的侵害，或是除去對我們美國富裕生活的威脅。在現今的世界，理由則變成阻止恐怖分子、對抗伊斯蘭極端主義分子、促進經濟成長，或是拯救我們富裕的生活方式。

我在那天稍晚離開了旅館，和前土耳其駐利比亞大使烏魯祖．兀圖克（Uluc Özülker）見面。他是土耳其在聯合國與經濟合作暨發展組織（Organisation for Economic Co-Operation and Development，OECD）的代表，也是備受尊敬的外交官兼學者。

我們坐在一間餐館的陽台，點了土耳其咖啡，一邊享受博斯普魯斯海峽（Bosporus）的壯麗景觀。博斯普魯斯海峽分隔了亞洲與歐洲，是地中海和黑海之間的交通水道。我們談論古代的希臘、羅馬及波斯時代，博斯普魯斯海峽作為經商要道的關鍵角色。

「你在書裡解釋得很清楚。」兀圖克說，「經濟就是通往權力大門的鑰匙。」

我指著一艘貨輪說：「也就是貿易。」

「沒錯。」他微笑道，「還有債務。」他啜了一口濃烈的黑咖啡，是侍者在我們聊天時端上來的。「你強調你的工作就是用債務把國家連接在一起。」他從杯緣上方望向我，「恐懼和債務，兩項帝國最強大的工具。」他把杯子放下。「絕大多數人都認為武力是推動帝國的力量，但戰爭——以及戰爭的威脅——的重要性在於灌輸恐懼。人們害怕失去財富，所以欠下更多債務。」他露出微笑，「不管我們欠的是人情還是金錢，債務都束縛了我們。這就是為什麼經濟殺手的手段會那麼有效，比戰爭還有效。」

我問起他在利比亞的經驗，他說穆安瑪爾．格達費（Muammar Gadhafi）為現代帝國的建立提供了出色的案例研究。「他確實是個嚴厲的獨裁者，但在我看來，他讓大多數人民的生活過得更好。不像你在書裡寫的那些領導人的所作所為——印尼、厄瓜多和其他地方——他用利比亞的石油收益改善了很多事情，但他和蘇聯愈走愈近，讓美國不太高興。」兀圖克繼續解釋，蘇聯解體後，格達費陷入孤立，身處非常危險的情勢，因此他開始著手化解與西方的衝突。「他把自己出賣給了英國和美國，承認利比亞在蘇格蘭洛克比（Lockerbie）發生的泛美航空炸彈攻擊事件中扮演的角色。他也向倫敦和華盛頓保證，他們的公司能取得利比亞的石油，從而解除了大多數對利比亞的經濟制裁。」

「那為什麼美國和英國要支持反抗格達費的叛軍呢？」

「這非常複雜。」兀圖克又啜了一口咖啡，「簡單來說，法國人對這個英國－美國－利比亞的新結盟感到很不滿，也對巴黎在石油交易中處於劣勢非常不悅。」他說薩科齊（Nicolas Sharkozy）總統為那些心懷不滿的部落領袖和各派系集團提供支持，他們來自埃及、其他阿拉伯國家以及利比亞，都想要推翻格達費。英國和美國最後發現，替格達費的政權說話——他們過去可是採取強烈批評的態度——只會引來世界各國的譴責。兀圖克又說：「況且格達費還鼓勵其他阿拉伯國家用利比亞貨幣第納爾（dinar）來出售石油，而不是用美元。」

「根本就是海珊的翻版——還有現在的伊朗。」

「沒錯。如你所知，華盛頓和華爾街將針對美元的攻擊視為戰爭行為，因此英美和法國及其他北約國家在「內戰」中聯手，最後讓格達費垮台、遭到暗殺。柏金斯先生，這正是你書中內容的最佳案例。經濟殺手、豺狼和軍隊通力合作，一開始低調隱密，接著明目張膽。」

他看著一艘船經過。「同樣的事情也發生在這裡。我的國家在一九八〇年發生的政變，美國扮演了具有決定性的角色。」我們談論卡特總統派遣三千名軍人支援政變，也提供了四十億美元的資助。部分的錢透過北大西洋公約組織和經濟合作暨發展組織流入。

毫不意外地，政變之後，國際貨幣基金組織就介入了，協助大企業的民營化和收購行動。兀圖克說：「土耳其被帶領進入了你所謂的金權政體。」

我對他指出，全球化的企業網絡嚴重傷害了全球經濟，透過戰爭或戰爭的威脅建立起來，也濫用地球資源，成為死亡經濟體。

「世界上不到百分之五的人口住在美國，」我說，「我們卻消耗了超過百分之二十五的資源，同時全球卻有一半的人活在絕望的貧窮之中，這根本不是經濟模型。它不能被複製——中國、印度、巴西、土耳其，或是任何其他國家都不能，不管這些地方有多努力想複製。」[1]

「沒錯。」他說，「恐懼、債務，以及另外一個非常重要的戰略：分化與征服。」他說起遜尼派（Sunnis）和什葉派（Shiites）的分裂，以及內戰與部落派系如何製造出權力真空，讓有心人得以大肆剝削。

「在這種爭端之下，」他繼續說道，「兩方人馬都借了更多債、買更多武器、摧毀資源和基礎建設，甚至貸更多款來重建。我們可以看到類似的事情在整個中東世界發生，敘利亞、伊拉克、埃及、阿富汗……好多國家都成了億萬富翁的一塊塊致富積木。」

我向他請教，要將死亡經濟體轉變為「生命經濟體」（life economy），他認為需要怎麼做？「你得追捕那些生意人，那些統治世界的跨國企業執行長和主要利益團體，他們正是問題的根源。」

❖　❖　❖

第二天，在從在從伊斯坦堡返家的飛機上，我眺望著底下的地中海，突然發現除了罪惡感之外，一股憤怒從我心中油然而生。我們的政商領袖將經濟殺手系統拓展至我的時代無法想像之處——就算是飛機下方這塊土地，在所謂的黑暗時期（Dark Ages），由封建君主統御的時代，也無人能想像。

我不禁開始猜想，未來的歷史學家會將這個後九一一時代視為更加黑暗的時代。我們美國人被教導要畏懼物質的匱乏、應該要消費更多、工作得更努力、不斷累積財富、讓自己債台高築，一旦意識到這點，我就更加憤怒。這種心態不再只是攸關個人，而是成為愛國主義的其中一個面向——我們的國家一定要從全世界累積更多資源。

他們向我們保證，為了我們好，用來資助軍隊的債務有其必要——那些封建時代的君主也對他們的臣民提出同樣的理由。

尤其令人火冒三丈的，是在想起我們指出軍事支出減少了我們的福利時，他們告訴我們社會福利計畫會讓人變懶惰，而資助軍隊、補貼暴利事業、鼓勵企業大老用人民的納稅錢做投機生意的政策計畫則能讓經濟起飛——他們說由上而下的經濟發展是可行的，但過去十年來，有大量證據顯示根本不是這麼一回事。

我俯望底下曾將勢不兩立的清教徒英國和天主教法國分隔開來的英吉利海峽（English Channel），震懾於這個系統自我是經濟殺手的年代以來，已經壯大到何種地步，還有在九一一事件之後，經濟殺手系統是如何自食惡果。藉由操弄債務和恐懼、《愛國者法案》（*Patriot Act*）、警察軍事化、大量監控科技的使用、滲透與破壞占領運動，以及民營監獄的急劇擴張，都讓美國政府更有能力邊緣化反對它的人。由企業贊助的各個大型政治行動委員會（Political Action Committee，PAC）有聯合公民（Citizens United）和其他法院判決撐腰，而像科氏兄弟（Koch brothers）的億萬富翁也為全美議會交流理事會（American Legislative Exchange Council，ALEC）這類團體提供資金，他們對民主程序造成破壞，利用媒體作為宣傳機器，藉此贏得選舉。這些人也雇用了一大群律師、說客和戰略家，將種種腐敗行為合法化，影響了政府每個階層。

我回到美國後，發現了讓我更加火大的事情。

雖然厄瓜多總統拉斐爾．科雷亞從政變襲擊中倖存，也宣布厄瓜多將會出售亞馬遜流域的石油探勘權，但他卻再次受到訴諸分化與征服的政治運動攻擊。他被兀圖克口中的「問題的根源」所壓制，也就是控制大企業的那些人。

第四十一章　帕查帕瑪基金會政變

雖然針對科雷亞發動的政變以失敗告終，但就另一個層面而言，它還是成功了。我認為，豺狼們從塞席爾的另一場「失敗」的政變中學到，有時候讓總統繼續活下去比較好。只要受到足夠的驚嚇，他們就會參與這場遊戲，加入那些知道抵抗無用的國家領導者的行列。無論如何，科雷亞改變了過去的立場，在亞馬遜流域十三處被稱作「油田」（Block）的區域、共超過六百萬英畝的土地上，放上了「出售給石油公司」的告示牌。

不過，事情卻沒有照著預期發展。針對石油拍賣的抗議削弱了科雷亞的決心——至少迫使他改變計畫。他心生猶豫，從二〇一二年十二月開始，兩度延後了石油拍賣。

我從越南回到伊斯坦堡後，石油公司和他們的公關人員便展開行動。我從網路上、西班牙報紙和部落格讀到的文章，讓我大受震撼。那些內容和羅爾斯斯出任總統時出現的文章如出一轍。他們的目標是讓住在人口密集的安地斯與海岸地區的厄瓜多人相信，要為更好的學校和醫院籌措資金，並建造發展能源、交通、水資源和汙水處理系統所需的基礎建設——這是唯一讓國家脫離貧窮的方式——那就只能透過開採亞馬遜流域的石油才能辦到。這個論點不斷地被提出，而厄瓜多雖然是南半球最貧窮、人口最密集的國家，卻約有三分之一的土地人煙稀少。而那三分之一剛好就是蘊藏豐富石油的雨林區域。

二〇一三年的夏天，我行經從基多到殼城那條景色壯麗的道路，再從殼城搭乘小飛機與獨木舟，深入阿丘阿爾族的土地。我發現阿丘阿爾人和他們的鄰居——華拉尼部落、克丘亞人（Kichwa）、希瓦爾（Shiwiar）和舒阿爾人——都擔心受怕、滿腔怒火，但一心一意要保護他們的家園。他們理解雨林帶來的無邊價值，不僅是對他們、還是對這個世界上的所有生命來說都是如此。他們把雨林稱為地球的心臟與肺，也指出保護雨林不只本身就是件有價值的事，這裡還是地球上最具生物多樣性的地方，能夠保護大氣層不受二氧化碳破壞，也有許多未經確認、卻可能治療癌症和其他疾病的植物。

比爾．特維斯特和帕查帕瑪聯盟、帕查帕瑪基金會的員工花費大量的時間、心力和金錢，支持這塊區域的原住民。他們讓這些人知道，許多我們這種石油的最大消費者是和他們站在一起的，而我們正努力說服美國人和歐洲人減少消費，也對石油公司施加壓力，不讓他們染指亞馬遜盆地。

對我來說，這是另一個贖罪的機會。

我在六〇年代末期聽過許多不實的故事，描述德士古能對這個國家帶來多少助益。七〇年代，還是經濟殺手的我曾經鼓勵軍事獨裁者讓自己的國家債台高築。我還曾試圖拉攏羅爾多斯加入我們。我感受過罪惡感帶來的劇烈疼痛，但現在我要採取行動，而其中一項就是要加強我在帕查帕瑪聯盟的參與度。

我加入比爾、琳恩及一些主要支持者，一起想出幫助科雷亞的計畫。我們知道他現在的處境很艱難，因此希望能籌劃一場高峰會，讓總統來主持，讓他能被視為一個想要找出替代石油拍賣的方案、通情達理的人。

與此同時，原住民也展開了自己的抗議行動。在帕查帕瑪基金會的支持下，他們從雨林出發，越過安地斯山來到首都，並在總統官邸設立抗議糾察線，要求科雷亞取消石油拍賣。世界各地的媒體都報導了這起抗議行動。但這些努力都沒有讓科雷亞改變心意。他堅持在二〇一三年十二月舉行拍賣會。

但奇蹟發生了，大部分的石油公司都不願靠近，甚至沒有一間美國石油公司出現。在十三塊油田中，只有四塊獲得投標。一位石油公司的高級主管對我承認道：「不值得為此招來負面形象。」

住在人口密集的海岸地區和安地斯山區的厄瓜多人相信石油會成為經濟成長的催化劑，因此他們既失望又憤怒。經濟殺手和中情局也是。世界各地的企業大佬紛紛注意到了這個情況。在厄瓜多發生的事，再次顯示出世人的意識產生了轉變，過去曾被邊緣化的窮人團結了起來，而他們擁有強大的力量。

科雷亞陷入了進退兩難的境地。他的總統大位、甚至是他的性命都朝夕不保。二〇一三年十二月，急需代罪羔羊的科雷亞派出警察，前往帕查帕瑪基金會的辦公室。他們穿著便服，看起來就像一般市民。十五位警官突然出現在門口，對執行長貝倫・佩斯（Belén Paez）秀出警徽，命令她解散組織，並把所有人趕出去。他們鎖上門，用封條貼住，上面則寫著破壞政權的指控。警察接著要求帕查帕瑪基金會將所有電腦、辦公桌和所有資產捐贈給其他組織。雖然政府從未逮捕過我們任何一位員工，他們卻曾數度跟蹤、騷擾貝倫和其他人。

辦公室關閉後，我來到了厄瓜多。我和帕查帕瑪基金會的支持者以及其他非營利、非政府組織的代表會面。不消說，所有人都對科雷亞十分生氣。過去曾支持他的組織和各方人士都公開譴責他的行為。而雖然我和他們立場一致，心裡卻有個念頭揮之不去。

我不斷思考科雷亞的事。是誰與他聯繫？他正在面臨的是什麼？我知道除了我們耳聞、訴說的故事以外，還有更多隱情。

某天傍晚，我獨自坐在基多飯店（Hotel Quito，前身是洲際飯店）頂樓的餐廳裡。這裡就是四十年前，我來到這個國家的第一個星期時，和那名德士古的地震學家共進晚餐的地方。現在，皮欽查火山的壯麗景觀再次呈現在我眼前，聳立在城市上方。就在太陽投下的陰影沿著火山緩緩向下爬行時，我思考著石油在一九六八年看似會帶給這個國家的希望。我思考著科雷亞的世界。

雖然我痛恨他改變心意，還有他對帕查帕瑪基金會採取的行動，但我能理解他的想法。我知道他不可能打敗大型石油公司，也知道他非得為了保住工作而妥協，並在還有勝算的時候作戰。否則的話，他就會像宏都拉斯總統賽拉亞及許多前人一樣被推翻，或遭到暗殺，如同那位他時常憶起的羅爾多斯總統。科雷亞夠聰明，知道如果自己被拉下台，就會有中情局的傀儡接替他的位子。

事實上，科雷亞確實達成了許多成就。他的總統任期長達將近八年，以一個過去十年來換了八位總統的國家來說，這是個里程碑。他在公共計畫投資了許多錢，還創立了政府機構「美好生活」（Buen Vivir），負責查明所有政府部門的所作所為，都是要為所有厄瓜多人民打造更好的生活。[1]他展現出驚人的勇氣，關閉拉丁美洲最大的美軍基地、重新與石油公司談判，讓他們的利益受損，使自己的人民受益。

他是個建立了新標準的範例。

在他執政期間，有三萬名厄瓜多人原告贏得與雪佛龍（現在是德士古的擁有者）的官司。雪佛龍在厄瓜多法庭上被判決有罪，需支付九十五億美元的罰款（雖然雪佛龍雇了一大群律師，持續上訴）。[2]一條新的法規通過，成為世界上第一個保護自然資源不可讓售的權利的法律。根據世界銀行的數據，厄瓜多的貧窮線從二〇一〇年的百分之三十二點八，在二〇一四年降低到了百分之二十二點五。[3]

其中最讓我印象深刻的，是這位擁有經濟博士學位的總統對抗西方放債巨頭的方式。他進行債務審計，檢視過去的國家元首所借的債款是否具有正當性，特別是那些在我才剛成為經濟殺手不久時，由中情局撐腰的獨裁者。這項審計任務揭發了許多「非法且不合理」的外國債務款項。[4]科雷亞拒絕支付三千六百萬美元的利息，選擇不履行債務，激發了世界銀行、國際貨幣基金組織和華爾街的怒火。

結果，這些「非法且不合理」的金融操作並不只有在厄瓜多發生。實際上，美國自己——基本上還有世界上每個國家——都再度成了某些最受敬重的金融機構的犯罪活動受害者。

第四十二章——經濟殺手金融醜聞再現

二〇一四年，另一起重大醜聞再度震撼了金融世界，牽涉其中的幾間銀行同樣也在先前的倫敦同業拆放利率事件及某些新醜聞中出現。巴克萊銀行、花旗集團、摩根大通（JPMorgan Chase）與蘇格蘭皇家銀行都承認操縱匯率，需支付超過二十五億美元的罰款。不到四年，這四間銀行及瑞銀集團再度被開罰十六億美元，而巴克萊銀行也需再支付十三億美元作為相關賠償。[1]

自二〇〇七年起，這些銀行就開始從事某些成員稱之為「卡特爾」（Cartel）的行為。從涉案成員的電子郵件及聊天室對話中，發現了他們為自己的團體取的名字：強盜俱樂部（Bandits' Club）和黑手黨（Mafia）。[2]

美國司法部長羅蕾塔．林奇（Loretta Lynch）將銀行的操縱外匯計謀形容為「厚顏無恥地展現了勾結密謀與對外匯市場的操弄」，她接著稱之為「驚人的陰謀」。[3]光是從美國司法部長口中聽到「勾結密謀」與「陰謀」這兩個詞，就足以說明很多事情，尤其是這些詞是用來形容銀行多年來的暗中串通行為，而這些銀行可是長久以來被視為世上最值得信賴的企業。

這些銀行的舉動證明了只要能帶來龐大的利潤，金權政體就可以合理化一切行為——陰謀、勾結、詐騙、不公正的競爭行為。

這起醜聞的相關報導再次點燃了我的罪惡感。我無法不去懷疑，我在四十年前的作為是否協助開啟了一道閘門，讓這些看似永無止盡的貪汙腐敗一股腦兒傾瀉而出。但隨著我愈讀愈多，我的感受也產生變化，從罪惡感轉變成憤怒。

雖然我得承認我過去的行動等同於替現在的情勢架設好舞台，我仍震驚地注意到我們經濟殺手的作風和現代銀行家的冷血無情之間，存在著多麼懸殊的差異。

在過去，我們努力讓債務合理化。我們創造出精緻的計量經濟模型，證明我們的建設計畫能為目標國家帶來經濟成長。除了要說服那些國家的人民，我們也得說服自己。而這些現代經濟殺手根本不認為自己需要合理化他們的行動。他們明目張膽、目中無人，手段極其殘酷。他們享受身為強盜和黑手黨的角色，誇耀自己是卡特爾的一分子。看到這群新品種的經濟殺手對剝削其他人感到驕傲，讓我既震驚又憤怒。

但我慢慢開始發現，我的怒火並非只針對銀行家，還包括了那些監管者。這起卡特爾陰謀已經持續了至少五年，期間卻沒有受到任何懲罰。究竟有誰在監督？監督行為的缺乏，證明了政府機關長久以來的「勿看、勿聽、勿說」的態度。而這又是經濟殺手系統的另外一個組成部分。掌權者相信他們可以不擇手段協助銀行及其他大公司實現最大化獲利的目標、忽略對社會和環境造成的後果。

懲罰的輕重也恰恰說明了企業和政府之間的友好關係。雖然倫敦同業拆放利率事件和外匯操縱陰謀的罰款總額——超過一百四十億美元——乍看之下很驚人，但仔細檢視後，我發現這個數字和銀行擁有的資產比起來，根本就是九牛一毛。更讓我氣憤的是，沒有一個銀行主管受到涉嫌犯罪活動的起訴，一個都沒有。

我同樣震驚地發現，美國大眾對受到剝削一事變得有多麼麻木。我們樂意戴上眼罩，而這和我在七〇年代剝削的那些國家的態度沒有什麼不同。除了相對銀行家相對隱密的騙局，我們也受到明目張膽的剝削，但我們卻靜靜地把它們視為正常慣例。這些剝削包含了因州及聯邦的公共教育預算減少所造成的學生債務飛漲、國家健保政策的不足所導致的醫療債務增加、吃人不吐骨頭的發薪日貸款（Payday Loan）、用多數人的錢來補助富有少數人的稅賦法規，以及將工作外包給其他國家的行徑。「我們會不擇手段」這句格言不只出現在銀行的董事會議室，現在也可以在國會大堂中聽見。

二〇一五年國際足球總會（ＦＩＦＡ）的收賄醜聞印證了這一點。經濟殺手系統無所不在，不只影響了社會的每一個領域，魔爪也伸進了運動界。根據美國司法部對國際足總高層提出的控告，這些罪犯使用了許多經濟殺手的手段，包括賄賂、詐欺和洗錢，而這一切都是和大銀行攜手完成的。將近二十年來，這些貪腐行為都沒有受到調查，讓許多國家的社群及納稅人付出大把金錢，使少數菁英得以致富。[4]

一開始，看到美國司法部採取行動，讓我鬆了一口氣。事情看似開始往正軌前進，監管者終於開始好好監督了。但接著我看到了不同的角度。

國際足總的醜聞是個障眼法。媒體聚焦在日常生活中並非基本需求的事物上——運動——但同時真正的罪犯卻在對全球經濟上下其手。國際足總的高層人員被戴上手銬，銀行主管卻正把數百萬美元的獎金放入自己口袋。這些銀行主管自承犯下的罪行影響了每一個人，為什麼卻沒人被定罪？

最明顯的答案是，銀行業者是金權政體的一分子，但國際足總的高層不是。司法部揭露了國際足總這麼多惡行，並積極地加以定罪，讓大家的注意力從更大的惡行轉移開來。銀行遊說團大大影響了司法部。銀行的口袋之深、權勢之大，讓他們可以收買民選官員、服務我們的監管者，以及本該讓我們知道一切的媒體。

我再次思考辛恩所說的話。我們曾討論過說客的影響力愈來愈大。「我們投下手中的一票，」他說，「但我們選出的人似乎不再聽我們的話了。他們只服從資助競選活動的人的指令，那些企業說客。」

他指出我過去也幹過類似的事，「你聽從世界銀行的命令。」他頓了頓，「你真的認為世界銀行想要終結貧窮嗎？」

我看到一九六七年仍在就讀商學院的自己，站在世界銀行的大門，讀出寫在上面的格言：「致力於一個沒有貧窮的世界」。我相信這句話，但沒有相信太久。

不到幾年，我便發現這句格言是欺瞞的象徵，而欺瞞正是世界銀行的行事作風。自從這本書的第一版出版後，我便參與了許多座談會及辯論會，其中有許多開發專業人士試圖為世界銀行辯護。他們主張，我過去的工作及世界銀行長久以來的作為有助於終結貧窮。但實際情況卻並非如此。[5]

一份近期的樂施會（Oxfam）報告揭露，全世界將近一半的財富集中在百分之一的人手上，而在十個人中，就有七個人住在過去三十年來經濟愈趨不平等的國家裡。[6]我曾在阿根廷、哥倫比亞、埃及和印尼這類國家推廣世界銀行的計畫，而住在這些國家的貧民窟的人現在也許是人手一支手機沒錯，但他們並沒有脫離貧窮。

事實上，從相對的觀點而言，他們比我還是經濟殺手的時候過得更慘。根據世界銀行的數據，在二〇一一年，世上仍有二十億八千萬人過著一天只能花不到兩美元的貧困生活[7]——考慮到已經付給那些「讓貧窮消失」的全球企業的數十億美元，這可是相當可觀的人數。儘管達到官方「貧困」標準的百分比已經降低，但由於人口的成長和生活水準的改變，實際的貧窮人口數其實是增加的。

過去三十年來，最貧窮的六十個國家已經為五千四百億美元貸款的本金及利息支付了五千五百億，但他們仍須為這些貸款再支付高達五千二百三十億美元的金額。這些國家花在償還債務的支出比健康及教育還多，也比他們每年獲得的外援還多了二十倍。[8]不僅如此，世界銀行的計畫也對世上某些最貧窮的這些人帶來了說不盡的苦難。僅僅在過去十年間，這類計畫迫使大約三千四百萬人離開家園，而這些國家的政府以暴力、施虐和殺害來對待反對世界銀行計劃的人。[9]

我和同事在過去想盡辦法擴張企業資本主義帝國，那才是真正的目標。世界銀行的格言不過是個藉口。我們說服政府領袖相信，如果他們不接受貸款、不付錢讓我們訓練他們的軍隊和建造基礎設施，他們的人民就會被有如史達林的殘暴獨裁者統治。企業資本主義（Corporate Capitalism）能讓他們脫離封建的黑暗時代，走入由美國驅動的現代榮景。

這個系統從《經濟殺手的告白》第一次出版時就開始迅速發展。到了今日，除了世界銀行之外，私人銀行也加入推動這個系統的行列——這些人承認涉入犯罪活動，卻沒有被判處刑期，而是收到數百萬美元的獎金。他們和企業夥伴說服全世界的人相信，成功是由個人資產來定義，而不是對更大社群的貢獻；也說服我們相信私有化和解除管制能保護大眾、政府為需要的人提供協助是既浪費又適得其反的行為、個人債務比政府對公共服務的投資來得好，以及坐擁豪宅、豪華遊艇、以私人噴射機旅行的男男女女是我們應當仿效的偶像。

辛恩能理解為什麼我們大多數人都接受這些陳腔濫調。他說，中產階級落入了代表成功的物質陷阱，他們因擁有了被教導要嚮往的事物而自鳴得意，而他們一點都不想失去這些事物。而那些貧窮的人之所以一點都不擔心，是因為他們必須把全副心力都放在僅僅只是生存上。

這一切都被新品種的經濟殺手用高超的手段操縱得有條有理。

第四十三章——當代的經濟殺手是誰？

在七〇年代，發展中國家被視為貪腐的巢穴。像我這樣的人都安靜低調地行事，但幾乎每個人都認為拉丁美洲、非洲和亞洲政府官員都是靠賄賂發跡。香蕉共和國的政治人物收下塞滿鈔票的信封、答應幫點小忙，這個形象也深深烙印在媒體和好萊塢電影之中。另一方面，美國則被認為是對這種大型貪腐行為不屑一顧——在大多數情況下也確實是如此。

這一點已經徹底改變了。在我還是經濟殺手的時代，所有在美國被視為異常、不可接受且違法的行為，現在通通都成了標準作法。這些作法或許是被包裝在拐彎抹角的言論之中，但掀開表象，底下仍是同一套工具，包括結合了威脅利誘、偽造報告、勒索的手段，有時也會用上暴力，而商業世界和政府的高層都在使用這些手段。

經濟殺手無所不在。他們在白宮與國會來來去去，從華爾街到每間主要公司的董事會議室都找得到他們的身影。高層人士的貪腐能合法化，是因為企業的經濟殺手設計了法案，並向通過法案的政治人物提供資金。

最後一次和辛恩見面時，我問他是從哪裡得到更多對現代經濟殺手的了解。「去研究湯姆．達希爾（Tom Daschle）和克里斯．杜德（Chris Dodd）這類政治人物就對了。」他建議我。

直到辛恩過世、我開始動筆撰寫此書時，我才有時間照著這個建議做。接著，我再次發現，辛恩完全知道該從哪裡下手。

達希爾和克里斯有許多共通點。他倆都是任期極長的傑出參議員——達希爾的任期是一九八七年到二〇〇五年；杜德的任期是一九八一年至二〇一一年。他倆也都是民主黨的明日之星。達希爾是參議院多數黨領袖；杜德是民主黨全國委員會和參議院銀行委員會（Senate Banking Committee）的主席，也曾是總統候選人。他倆都是權勢之人，能接觸美國總統和全世界諸多國家與企業的領袖。

達希爾和杜德將自己塑造成替人民發聲的角色，而不是華盛頓特區的同夥。在達希爾早期的競選活動中，可以看到他總是駕駛一輛破爛的龐蒂克（Pontiac）。杜德則承諾，他絕不會屈服於貪婪又投機的說客。但到頭來，他倆還是雙雙背叛了自己營造的形象，也打破了對選民的承諾。他們代表了一群新品種、有權有勢且非常危險的人，也就是當代經濟殺手。

達希爾離開參議院後，進入了一間法律事務所，而這間事務所透過替健保和其他企業進行政治遊說，得以淨賺數百萬美元。根據報導，他的薪水加獎金超過兩百萬美元，除此之外還有來自私募股權公司的薪水。他頂著諸如「政治顧問」的模糊名號，試圖避免讓自己被視為「說客」，儘管他的工作內容跟說客根本相差無幾——替有利於客戶、能賺大錢的協議進行遊說。

一個有力的例子發生在一間孟加拉（Bangladesh）的成衣工廠於二〇一三年倒塌、超過一千一百人死於非命之後。雖然沒有任何跡象指出達希爾牽涉其中，但他任職的歐華法律事務所（DLA Piper）反對孟加拉履行一項具法律約束力、旨在保護低薪勞工的安全性改革計畫。歐華法律事務所為一項立法進行遊說，大幅限縮富有美國零售商須承擔的責任。在已退休的民主黨參議員喬治・米契爾（George Mitchell）及前參議院助理查理・席勒（Charlie Scheeler）的協助之下，歐華法律事務所企圖以孟加拉的人民和經濟為代價，保護客戶貪得無厭的利益，其中包括與工廠倒塌事件有關的零售商蓋璞（Gap）。[1]

參議員杜德和達希爾一樣，都努力讓自己看起來像個正直清廉的政治人物。他堅稱自己絕不會出賣美國，也永遠不會像他的政治人物同胞一樣成為說客。但在他競選總統時，他的競選團隊接受了來自金融服務產業的贊助——正是他擔任主席的參議院銀行委員會所監督的產業。但他在二〇一〇年自參議院退休後的所作所為，甚至超越了這起顯而易見的利益衝突。儘管他一再強調自己不會成為說客，他還是在二〇一一年取代丹・格里克曼（Dan Glickman），成為美國電影協會（Motion Picture Association of America）的主席和首席說客。[2]

走在辛恩指點我的道路上，我發現這種轉變並不只發生在民主黨員身上。在知名的共和黨員之中，離開參議院後成為說客的人包括（John Ashcroft）、鮑伯・杜爾（Bob Dole）、紐特・金瑞契（Newt Gingrich）、菲爾・格拉姆（Phil Gramm）、查克・赫格爾（Chuck Hagel）、川特・羅特（Trent Lott）、華倫・羅德曼（Warren Rudman）……不管是民主黨員還是共和黨員，這份名單似乎永無止盡。不僅如此，眾議院也不乏這一類人，將自己轉變為經濟殺手。[3]

大多數這種政治人物，加上數千位通過「旋轉門」的男男女女，都不會稱自己為說客。他們替法律事務所工作，使用「諮詢師」、「顧問」或「政府事務顧問」這類迂迴的頭銜，就如同我在聲譽良好的顧問公司使用的正式職稱是「首席經濟學家」。

不過，就像我一樣，他們真正的工作是哄騙政府和大眾屈服於讓富者更富、貧者更貧的政策。他們是經濟殺手，拿錢替金權政體辦事、擴張企業帝國，並讓死亡經濟的觸手伸到世界上的每個角落。他們在暗處行動，卻帶來無可估量的影響。

值得關注的是，美國說客聯盟（American League of Lobbyists）——該產業的職業協會——在二〇一三年將名稱改為政府關係專業人士協會（Association of Government Relations Professionals）。雖然在協會註冊的說客人數在同年減少至過去十年來最低的數字，卻仍有一萬兩千兩百八十一人——這表示參、眾議員與說客的比例是一比二十三，比我還是經濟殺手的時代還多上好幾倍。不過，雖然這個數字看來十分驚人，實際上仍是大大地被低估。美利堅大學（American University）的教授詹姆斯・瑟伯（James Thurber）是研究說客超過三十年的專家，他的研究指出，在線上執業的說客，實際人數高達將近十萬名。根據官方數據，二〇一三年花在遊說活動的年度支出超過三十億美元，但瑟伯估計實際的金額接近九十億美元。[4]

說客的活動缺乏透明、處處充滿了祕密，讓人難以精準估算遊說造成的影響。即便如此，如今在美國做生意的大型公司都擁有超過一百名說客。在提倡改善勞工權益、環境、健保、教育及其他社會服務議題的活動中，代表「我們人民」的工會與公共利益團體每投入一美元，那些大型公司與其協會組織就投入超過三十美元。[5]

負責執法的官員不敢反對說客和他們所代表的公司。以下這段文字出自共同夢想獨立新聞網站（Common Dreams）向軍火工業發表的聲明，但這些內容也同樣適用一般全球公司：

世界上最大的十間國際軍火製造商中，有八間來自美國。軍火工業花費數百萬美元遊說國會和州議會，有效率又氣勢十足地保護自己的地盤，為他們那些在戰場上不總是擁有優勢的產品提出辯護。以F－35戰機為例，那是美國史上最昂貴的武器系統，要價二點五兆美元，卻無法好好運作。這個系統超出預算、操作危險性高，還充滿了缺陷。但是少有立法者敢於違逆這些逼我們吞下苦果的有力公司。[6]

波音公司是這些軍火製造商之一，在我住的這一州被大幅報導。波音是華盛頓特區最大的雇主，底下有八萬名員工，名列全球三大國防承包商之一（另外兩家是洛克希德馬汀〔Lockheed Martin〕和諾斯羅普格魯曼〔Northrop Grumman〕，總部都設在美國）。[7]波音公司的說客日以繼夜地工作，說服華盛頓州官員給予公司龐大的免稅優惠，並揚言如果他們不從，便會將製造777X機型的設備搬到別州。

我聽過太多類似的「合法」賄賂的故事——提供給政府官員親友的顧問預付費用或工作機會，或是對他們設下有損名譽、牽涉性愛或毒品的圈套。雖然這類指控從未成立，但僅僅是傳聞就足以造成影響。婚姻觸礁或嘗試非法毒品的人——或覺得自己有可能會被陷害的人——都向任何可能曝露他們祕密的人低頭屈服。

最後，華盛頓州議會通過一項立法，提供了各州史上金額最龐大的企業減稅措施，估計約達波音八十七億美元的效期價值（Lifetime value）。這條法律確保了這家航空巨擘成為美國收受最多州及地區補貼的企業。[8]對波音公司的經濟殺手來說，這是一場傲人的勝利，而對像我這種華盛頓州的納稅人——以及整體民主制度——來說，則是慘痛的敗仗。

波音公司操弄華盛頓州官員的方式，是一種被稱為「選址顧問」（Site location consultant）的特殊經濟殺手所使用的手法。他們基本上可以被歸類為說客，但其實他們的專業化程度極高。多年來，他們都涉入發展中國家的事務。但如今從波音公司的案例來看，他們已是影響美國事務的主要因素。

商學院和商業規劃師可能會主張，企業在選擇能為當地創造就業機會的設廠地點時，是根據理性的客觀因素分析來決定的，例如與供應商及顧客的距離、勞動市場、現有交通網絡的基礎建設環境以及能源價格，但在許多案例中，最具決定性的因素其實是與地區政府的協議。選址顧問會利用當地社群的恐懼——如果不提供寬鬆的環境及社會規範、低廉的稅率和其他誘因，公司就會拒絕在此設廠——來達成目的。儘管公部門官員通常都很樂意進行這類協議，他們往往會忽視長期造成的結果——使學校、道路、休閒設施和自然資源惡化——諷刺的是，這些都是能為整個社群、包含公司自己的員工帶來好處的資產。[9]

另一方面，選址顧問的薪水通常是由當地社群支付，最後在津貼的談判完成後，還能拿到高達津貼金額的百分之三十的佣金——也就是由公司所支付的費用。

波音公司的協議讓我想起我在阿根廷、哥倫比亞、厄瓜多、埃及、印尼和巴拿馬做過的事。其中最主要的差異在於，美國的現代經濟殺手利用的不是世界銀行的貸款，而是稅賦及津貼政策。這種策略比貸款還有效。公司迴避了留下金錢紀錄或簽署合約的動作，因此也不必建立讓債務人非還錢不可的系統。經濟殺手在美國使用這種作法，讓任何人都不需要籌措資金，只要從稅基中扣除、交給公司就行了。

從本質上來說，這些錢是從美國納稅人身上偷走的。編列給健保、教育和其他社會服務的資金被送去貪婪公司的金庫，成為來自經濟殺手說客和貪汙政治人物的禮物。

我的研究指引我找上國家政策資源中心「好工作優先」（Good Jobs First），他們自二〇〇〇年起便致力於檢驗聯邦政府核發的補助金、貸款和其他津貼。根據該組織的報告，在過去十五年間，聯邦政府已經向商界發出了六百八十億美元的補助金和特殊稅額扣抵。其中三分之二都流向了大公司。

好工作優先組織列出了哪些公司的說客最能成功拿到津貼，名單上包含了陶氏化學（Dow Chemical）、福特汽車（Ford Motor Company）、奇異（General Electric）、通用汽車、高盛、摩根大通、洛克希德馬汀、聯合技術公司（United Technologies），以及占了一百家最賺錢的聯邦政府承包商幾乎一半的公司。總計有高達二百九十八間公司分別收到了六千萬美元或更多的津貼。[10]這些公司搶走了港口、機場、高速公路、公共事業、學校、消防部門和其他服務的津貼，大賺數百萬美元的獲利，卻沒有拿出該付的費用支持那些服務他們和公司員工的機構。

我對化石燃料產業能獲得高額補助一點都不感到意外，但實際金額卻遠遠超出我的預期。

《衛報》近期的調查揭露「煤、石油和天然氣產業獲得了五千五百億美元的津貼，比再生能源獲得的補助還多了四倍。」透過經濟殺手的努力，競選活動受到化石燃料產業大力贊助的政治人物核准了三項典型計畫的補貼：

根據二〇一二年的協議，殼牌在賓夕法尼亞州石化煉油廠將會得到十億六千萬美元（約十億英鎊）的州津貼，而殼牌公司每年獲利兩千六百八十億美元。

二〇一一年開始，美孚石油公司在路易斯安那州巴頓魯治（Baton Rouge）的煉油廠將會得到一億一千九百萬美元的州津貼，而美孚石油每年獲利四百一十億美元。

馬拉松石油公司（Marathon Petroleum）在俄亥俄州的一項工作補助方案從二〇一一年開始，而該公司每年獲利二十四億美元。[11]

最知名——或最惡名昭彰——的可能是農企業的經濟殺手。二〇一五年七月，美國眾議院通過了《安全正確食品標示法案》（*HR1599*），而反對者將這項草案稱為「剝奪美國人民知道的權利」（Deny Americans the Right to Know，DARK），因為這項法案旨在禁止各州政府強制規定基因改造食品的標示。食品雜貨製造商協會（Grocery Manufacturers Association）和孟山都的經濟殺手投入了數百萬美元，就為了讓這個法案通過。

根據《衛報》的報導指出：

「藉由通過這項法案，孟山都與它的農企業好朋友們力圖摧毀數千萬美國人民做出的民主決定。企業影響力大獲全勝，人民的聲音則被忽略。」食品安全中心（Center for Food Safety）執行長安德魯・金柏利（Andrew Kimbrell）表示。

環境工作組織（Environmental Working Group）同樣反對這項法案，並舉出廣大的群眾也支持標示基改食品。

「某些眾議員居然忽視十分之九的美國人民的心願，真是可恥。」環境工作組織的政府事務部副總經理史考特・費柏（Scott Faber）說道。[12]

這些劫貧濟富的計畫當然不只限於軍火、能源和農業產業。在整個經濟光譜上，到處都可以看得到它們的蹤影。另一個例子就是沃爾瑪。

一位近期來造訪美國的舒阿爾友人想看看沃爾瑪這間「最有名的商店」，我說我不在那兒買東西，但很樂意帶他逛逛。在出發前，我和他分享由美國稅收公平組織

（Americans for Tax Fairness）發表的資訊。我倆都被那些內容嚇到了。

那份報告描述了沃爾瑪如何從美國納稅人身上拿走數百萬美元。他們使用的其中一項工具，就是透過境外避稅天堂的龐大網絡，坐擁價值超過七百六十億美元的資產。報告中如此寫道：

> （沃爾瑪）在十五個境外避稅天堂成立了至少七十八間子公司，沒有一間曾公開申報過……

這份名為《沃爾瑪之網：全世界最大的公司如何利用避稅天堂避稅》（*The Walmart Web: How the World's Biggest Corporation Uses Tax Havens to Dodge Taxes*）的分析報告指出，沃爾瑪在盧森堡擁有不下二十二間空殼公司——從二〇〇九年開始共成立了二十間公司，而光是在二〇一五年就成立了五間。根據這份研究，從二〇一一年起，沃爾瑪便陸續將超過四百五十億美元的資產所有權轉移到這些子公司，但根據紀錄，沃爾瑪在二〇一〇至二〇一三年的十億三千萬美元的獲利，只向盧森堡政府繳了不到百分之一的稅金。[13]

我們在沃爾瑪超市看似永無止境的走道上漫步時，我的舒阿爾友人指出，他沒看到有任何人在交談。「在我的國家，」他說，「市場是一個讓大家能知道朋友和鄰居最近過得如何——還有世界發生了什麼事——的地方。在這裡，大家都無視彼此，只是來買東西而已。」他也對有這麼多基本上是同一種東西的產品感到不可思議。他問：「你是如何決定要買藍色包裝的肥皂，還是紅色的，或是黃色的？」

其中最令人擔憂的一份報告估計沃爾瑪的員工透過公共營養、健保和住房協助方案，能拿到來自美國納稅人的補助，總額高達一年超過六十億美元。這棵巨大搖錢樹的擁有者，也就是沃爾瑪家族，名列世界上最富有的富豪。他們和名單上的許多同夥都會批評社會福利，但他們自己才是史上最大的社會福利受益者。[14]

禿鷹基金（Vulture Funds）是另一個證明這種經濟殺手癌症已經轉移的例子。當一個國家不履行債務、陷入經濟混亂時，這些基金便會以低廉的價格買下債務。接下來，當該國經濟開始復甦，這些基金就會要求償還債務加利息，往往還會附加額外的費用。許多人會更進一步控告想要與目標國家合作的企業，嚇跑潛在投資者，讓傷害擴大。

二十六家最大的禿鷹基金從最窮困的國家已經搜刮了十億美元，還有十億三千萬美元等著進入他們的口袋。十億美元可是比全非洲的紅十字國際委員會（International Committee of the Red Cross）二〇一一年的預算還高兩倍。這筆錢可以為聯合國援助索馬利亞飢荒的所有行動提供資金。[15]

禿鷹資金對阿根廷、巴西、剛果（布）（Congo-Brazzaville）、厄瓜多、希臘、冰島和愛爾蘭緊追不捨。不僅如此，他們的目光已經放到任何背有債務和經濟問題的國家，包括義大利和其他歐洲國家。雖然可以舉的例子很多，但秘魯是個典型案例。

一九八三年，秘魯深陷經濟漩渦和社會動盪之中，恐怖活動和難以負擔的外債更是惡化了情勢。經過冗長的談判，秘魯在一九九六年進行債務重組。艾略特基金（Elliott Associates）是由保羅・辛格（Paul Singer）經營的避險基金，而辛格是政治競選活動的主要贊助人。他用一千一百萬美元買下了約兩千萬美元未履行的秘魯債務，接著在紐約法院控告秘魯和其央行，要求支付原始的金額加利息。艾略特贏得了五千八百萬美元的和解金，淨利高達四千七百萬——這可是超過百分之四百的投資報酬率。不過，這筆橫財讓秘魯的環境和社福計畫付出了很大的代價。[16]

上一次全球經濟衰退和在大多數國家緊接發生的危機，使得禿鷹基金的剝削行為愈來愈加劇。除了秘魯這類國家或歐洲那些「已開發」的經濟體，在世界銀行重債窮國（Heavily Indebted Poor Countries）計畫中符合債務減免資格的三十九個國家裡（大部分都位於非洲），有三分之一都成了禿鷹基金的目標。[17]

在《經濟殺手的告白》中，我將世界銀行和其附屬組織描繪為利用債務奴役其他國家的機構。這一點從過去到現在都是正確的。但是從那時起，禿鷹基金便將這種手法玩到了新的高度。

如同經濟殺手推動的諸多活動一樣，禿鷹基金不只擊垮了目標國家，也讓全球經濟變得不穩定。

根據曾任世界銀行副總裁及首席經濟學家的諾貝爾經濟學獎得主約瑟夫．史迪格里茲（Joseph Stiglitz）所言：

> 阿根廷政府和一小群「投資者」（所謂的禿鷹資金）之間的戰鬥，使絕大多數債權人都自發同意進行的債務重組陷入了困境。在希臘……整個國家被迫施行撙節政策，讓國內生產毛額大幅下滑二十五個百分比，人民的生活變得更加困苦。在烏克蘭，主權債務危機帶來的潛在政治延伸性影響龐大到難以估算。[18]

❖ ❖ ❖

當我回顧過去幾十年的時光，將經濟殺手與其金權政體的雇主在七〇年代的作為拿來與現在比較，最令人害怕的觀察結果或許是那些惡行變得更加無所不在，不只最強大的公司企業的高層主管普遍接納這些作法，還包括為商學院設立標準的教育者，以及我們社會大眾。

一小群強盜貴族和他們的從屬與現代經濟殺手共謀，說服其餘人民相信他們有權做任何他們認為有必要的事，好維持以債務與恐懼為根本的信條。他們引述美國最高法院的判決，迂迴地稱頌他們眼中狹隘的資本主義，讓我們心服口服地允許他們中飽私囊、大發橫財。正是在我們的默許下，他們用我們的錢來達成自私自利的目的。

自二〇〇九年經濟大蕭條正式宣告結束後所創造出的財富，有百分之九十五都進了百分之一的美國人的口袋，而我們其餘百分之九十的人則變得更為窮困。每創造出十億美元的財富，一般的美國公民只拿得到一美元。從全世界來看，有八十五個人擁有超過世界一半人口的資源。[19]

本章舉出的案例，只是現今企業經濟殺手對美國及世界的經濟、政治、環境議題和社會造成的影響中的冰山一角。這些案例呈現了經濟殺手在改頭換面之後更加變本加厲，從我還是其中一員的時候開始，他們便接管了整個世界。

而同樣駭人的變化也發生在豺狼之中。

第四十四章　當代的豺狼是誰？

我到伊斯坦堡的某場企業會議發表演說時，在那裡認識了一位學生賈法（Jafar）。他告訴我：「我走在祖父母（在巴基斯坦）住的村子的一條街道上，突然間，旁邊的建築就爆炸了。被無人機發射的飛彈擊中。好多人尖叫著跑出來。一名帶著嬰兒的婦人身上著了火。我衝向她，抱走她的孩子，叫她在地上打滾滅火。」他的雙眼充滿淚水，「她活了下來，但好多人死了，好多好多人。」

那架無人機是由新品種的豺狼所操控。當我傾聽賈法這樣的人訴說他們的故事，或是閱讀無人機轟炸的報告時，我心中滿是難以言喻的感受。我從小聽著各式各樣二戰英雄的故事長大——美國大兵從著火建築中救出孩童、在諾曼第的海灘奮勇前進、解放納粹集中營。五〇年代，我將《三面間諜》中那種在共產黨組織臥底的聯邦探員視為勇氣十足的形象。因此，我過去也以同樣的心情看待滲透蘇聯祕密情報網的中情局探員及那些前往塞席爾的豺狼。就算是那些做了我無法苟同的行為的人——例如在羅爾多斯和杜里荷的飛機上設置炸彈——他們也是冒了極大的個人風險。

但是，無人機的操控者不會冒任何生命的危險，他們聽不到傷者或瀕死者的尖叫，也看不到無辜受害者的痛苦。他們不過就是坐在電腦螢幕前面。這些人一點都不勇敢，所作所為和英勇一點都沾不上邊。而將這種磨難帶給其他人的國家，也根本稱不上是英雄。

我確實為我們美國在今日對世界做的事感到羞愧，但或許最突出的感受是一種十足的困惑。我不斷問自己在河內監獄浮現腦海的問題：我們的領袖到底在想什麼？他們難道沒想過，如此無情地漠視生命，會讓這個在二戰獲得全世界尊敬的國家名譽毀於一旦嗎？

儘管無人機暗殺蓋達組織及其他恐怖分子領袖的新聞時有所聞，卻無法得知所有失誤的確實數據——五角大廈將這些過失稱為「附帶損害」（Collateral Damage），意指被錯殺的無辜平民。沒有人能精確統計得出來，最多只能估算，而這些數字非常驚人。

「在阿富汗、巴基斯坦、葉門、索馬利亞、伊拉克、菲律賓、利比亞和敘利亞，至少有六千條無辜生命不公地喪生在美國的無人機攻擊下。」幾十名美國退伍軍人在二〇一五年六月公開的一封信中表示。[1]這封信呼籲無人機操控者拒絕執行或對此種行動予以任何支持。這些退伍軍人明白，世界上大多數人將無人機對平民的無差別攻擊視為恐怖行動。

許多退伍軍人都親眼見證，無人機操控者和其他許多現代豺狼的行動，讓企業巨擘得以利用戰爭、破壞、重建、油田和其他資源中飽私囊，而許多衝突的核心正是這些資源。與此同時，這些行動也破壞美國的信用、與美國人民的利益產生衝突，並延續了以恐懼為基礎的經濟體。

歐巴馬總統的前最高軍事情報官員、前陸軍中將麥可·佛林（Michael Flynn）將無人機的使用描述為「失敗的戰略」，不過是激發了更多暴力和恐怖行動。「當你從無人機上投下一枚炸彈……你造成的傷害遠比造成的好處大。」他說。佛林早該知道這些事。直到二〇一四年夏天，他都是五角大廈國防情報局（Defense Intelligence Agency）的局長。[2]

現今的豺狼擁有許多偽裝身分，他們執行的任務在我那個時代會被視為不恰當、懦弱，甚至適得其反的。維基解密和愛德華·史諾登（Edward Snowden）近來釋出的文件，揭露了中情局使用的酷刑及特別引渡（Extraordinary rendition）黑獄、全球企業及政府雇用的準軍事武力、中情局及特種部隊的「高價值目標」（High-value targets）暗殺行動，正以令人擔憂的頻率增加。

不像單獨行動、仰賴自身機智和體能本領的祕密探員，這群全新品種的「豺狼群」擁有空中武力、衛星和其他現代科技的協助。儘管美國大眾被蒙在鼓裡，對五角大廈特殊軍事部隊的行動一無所知——主要由海豹部隊（SEAL）和三角洲部隊（Delta Force）人員組成——但受到他們攻擊的社群可是相當清楚他們的身分。

《紐約時報》在二〇一五年六月的一篇文章中，為這類部隊的神祕面紗感到惋惜。這篇文章〈海豹部隊第六分隊：暗殺及模糊道德界線的祕密歷史〉（SEAL Team 6: A Secret History of Quiet Killings and Blurred Lines）寫道：

> 他們在全世界活動，將監控站偽裝成商船、假扮成掩護公司組織的平民員工、男女成對地在大使館臥底，追蹤那些美國想要除掉或捉捕的人物。
>
> 這些行動都是海豹部隊第六分隊祕密歷史的一部分，而他們是美國最被神話化、最隱密，也最少受到檢視的軍事組織。這支分隊曾是專門用作特殊但罕見任務的小型部隊，他們最為人所知的任務是暗殺賓拉登。經歷超過十年的戰鬥，他們已變成一架全球性的追獵機器。

這篇文章繼續譴責美國如今有太多行動都是暗中執行。以下是《紐約時報》的調查小組做出其中一項結論：

如同中情局的無人機轟炸行動，特種行動提供了政策制定者另外一個選擇，不必總是用昂貴的戰爭行為來占領其他地方。但是，圍繞第六分隊的重重黑幕，使我們無法獲得完整的紀錄，也無法確知他們行動所導致的後果，包括平民死亡人數，或是遭受攻擊的國家究竟懷抱了多深的恨意。[3]

不只退役軍人或媒體對這種恨意感到擔憂。我曾發表演講的美國大學裡，也有學生表達同樣的擔心。他們提到和自己同齡的男男女女從澳洲、美國和歐洲跑到中東加入伊斯蘭國（ＩＳＩＳ）和其他伊斯蘭軍事恐怖組織。他們猜測，正是憎恨和絕望促使這些年輕人採取這種行動。他們擔心，美國採取的政策反而促進了恐怖主義的發展。

學生們時常提到，大多數被恐怖分子招募潛在成員的國家，長久以來都提倡用暴力作為解決辦法。就連在美國，政策制定者都會把與暴力相關的字詞放在看似與暴力毫無關係的語句裡，例如「與貧窮**搏鬥**」、「**征服**饑荒」及「與毒品**開戰**」。學生們也指出，電影和電視節目也頌揚用槍枝和硬漢的手法來解決困境。

我那個時代的豺狼通常都會被派到異地出任務，除非是牽涉到美國本土的反叛亂和滲透共產組織的行動。但這一點也變了。在九一一事件的餘波中，恐懼讓美國人同意犧牲隱私權和自由，讓國家安全局、中情局、聯邦調查局和其他機關獲得了空前的權力。那些在海外行動中磨練至完美的工具，包括無人機和偵察機，現在都用來監視身在美國的我們。

美國聯邦機關為回應一起《資訊自由法》訴訟案而提供的文件，揭露了至少六十三處的無人機設置點，遍布在美國的二十二個州進行活動（截至二〇一二年）。許多無人機的操控者都是士兵，而且是由美國本土的軍事設施所部署，其他則是由執法機關及美國邊境巡邏隊所操控。其中某些無人機的任務是執行暗殺行動。[4]

二〇一五年六月，美聯社（Associated Press）報導聯邦調查局擁有「一小支空中部隊，許多飛機帶著攝影機，有時還有監聽手機的設備，在美國境內四處低空飛行——而這一切都隱藏在為美國政府提供掩護的虛設公司裡。」這篇報導還指出，這些飛行任務通常都沒有獲得法官的許可，「在最近三十天的時間裡，他們在全國共十一州、超過三十座城市上方飛行。」[5]

我讀到這些報導時，心中想著我當時跟辛恩見完面以後，對自己許下的諾言。我承諾要更加勤奮，更仔細觀察我的社群、我的國家，以及這個世界正在發生什麼事。我看到公眾的態度開始產生改變。

❖　❖　❖

九一一事件嚇壞了整個國家，讓大家自願放棄許多自由。但報導不斷揭露在軍事基地和中情局黑獄發生的刑求虐待、吹哨者受到襲擊、警察暴力和竊聽私人手機通話，讓輿論開始轉向。愈來愈多媒體和部落格文章指出，這類行為有違本該保護我們隱私的法律。根據電子前線基金會（Electronic Frontier Foundation）表示：

二〇〇五年十二月的新聞報導第一次揭露了國安局對美國人民的手機和網路對話進行竊聽。這些報導和二〇〇六年五月《今日美國》的一篇文章，加上數名國會議員的聲明，揭露了國安局也拿到大量美國人民的電話及其他通聯紀錄的副本。這些監聽行動全數違反了美國憲法及國會所保護的隱私權益。[6]

維基解密和史諾登釋出的幾千頁文件揭露了豺狼所使用的苛刻手法，也道出了一個令人震驚、不安且悲傷的故事。許多美國人民了解到，他們的政府本該守護民主制度，卻背叛了民主；林肯所說的「民有、民治、民享」等民主基石，已經被掩埋在九一一原爆點的灰燼之下。

我震驚地得知，國安局每天監控約兩億條簡訊，還暗中在十萬台電腦植入間諜軟體，讓當局得以獲取電腦中的資訊。[7]也許只是我的自尊心作祟，但我想知道我的電腦是否也被植入了這種軟體……

我已經厭倦於豺狼機關那些不道德的犯罪活動（就算從技術層面來說是合法的），但當招募我的組織——國安局——的所作所為被揭露時，我還是激憤不已。他們監聽了三十五名世界領袖的電話，包括攔截阿根廷、巴西、法國、德國、英國和許多美國盟友的政府最高層機密對話。《衛報》指出，「國安局鼓勵在『客戶』部門裡任職的高層人員——例如白宮、各州政府及五角大廈——分享他們的人脈資訊，好讓國安局可以將外國政治人物的電話號碼加進他們的監控系統。」[8]

我認為這種作法完全令人無法接受，但同時也是愚蠢得不可思議的外交手段——造成的結果包含讓德國總理安格拉·梅克爾（Angela Merkel）表達了強烈的抗議，巴西總統迪爾瑪・羅賽芙（Dilma Rousseff）則延後了對華盛頓特區的國是訪問。

現代豺狼使用的另一種工具則是人格詆毀（Character Assassination）。每個總統、政治人物和政府官員都知道，醜聞可以讓他們的事業毀於一旦。柯林頓總統正是所有現在和未來的領導者的殷鑑。不管琳達・崔普（Linda Tripp）是否受雇對莫妮卡・陸文斯基（Monica Lewinsky）設圈套——許多人都有此懷疑——柯林頓都因為性醜聞而遭到了彈劾（政治刺殺）。在我那個年代，每個人都知道甘迺迪總統有好幾段婚外情，但沒人認為那跟人民有什麼關係。刺殺他用的方式是一顆子彈。如今，世界上有權有勢的人都知道現代竊聽科技能用來摧毀他們，或是被栽贓能摧毀他們的有罪證據。

在世界上許多地方，愈來愈多傭兵加入幫助豺狼的行列，他們是受雇的打手，不會遵守軍人那套規矩和標準。到了二〇一二年，光是在阿富汗，就有十一萬名傭兵，而美軍人數則是六萬八千人。拿來與越南比較的話，越南共有七萬名傭兵及三十五萬九千名國軍。[9]

全世界究竟有多少傭兵在拿美國納稅人的錢辦事？雖然相關的數據資訊並不公開，但我們知道至少有數百萬人。二〇一四年的一項調查中，名列世界前三十大私人保安公司的第一名是士瑞克保全集團（G4S），旗下有超過六十二萬名員工，二〇一二年時獲利超過一百二十億美元。除了提供武裝士兵，士瑞克還向政府及企業公司銷售最先進的監控設備。有趣的是，由於被指控涉入殺害伊拉克平民而最為大眾所知的黑水保全公司（Blackwater，後更名為阿卡德米公司〔Academi〕），排名是第三十名。[10]

雇用傭兵讓華盛頓得以聲稱軍隊規模正逐步縮減、美國軍人的死亡人數下降，以及政府不必為刑求或其他戰爭罪行負責。傭兵的存在也能避免像越戰時惡名昭彰的徵兵令——後來還引發了反戰運動。他們支援豺狼的非法活動，完全不需要向五角大廈、總統或國會報告。他們不需要向任何人負責。

金權政體不只樂意，也做得到監控每個人的一舉一動，如果我們威脅到他們受貪婪驅使的權力，他們就會採取行動——包括在沒有人身保護令狀（Habeas Corpus）的情況下拘禁，或是刺殺。這些都是有違民主的行為。我們的民選官員都操縱在金權政體的說客手中，還有特種部隊執行非法的暗殺行動，而低空飛行的無人機和遙控裝置監視著我們的手機和網路對話。這一切都是金權政體為達控制的目的而不擇手段所展現出來的決心。

不過，金權政體近來的行動升溫到幾乎是狂熱的程度，而主要原因是對一個新強權所抱持的恐懼——中國。

第四十五章 中國的教訓

二〇一五年，一位厄瓜多官員告訴我：「我們寧可向北京貸款，也不要跟華盛頓借錢。畢竟中國從來沒有推翻或殺死我們的領袖——跟美國不一樣。」

當我指出中國在歷史上也侵略亞洲不少次時，他回答：「沒錯，他們將那些地方視為他們古老王國的一部分，但他們沒有這麼對待拉丁美洲、非洲或中東——侵略這些地方的是美國人。」

我們正在討論那件債務審計任務——檢視當時那些有中情局撐腰的厄瓜多獨裁者欠下的債務是否具有正當性。審計的結果讓柯雷亞總統決定不履行價值超過三十億美元的債務。二〇一二年，總統拒絕為高達五億一千九百萬美元的全球債券支付三千零六十萬美元，而作為報復，標準普爾信用評等公司（Standard and Poor's Rating Services）和惠譽國際信用評等公司（Fitch Ratings）將厄瓜多的信用評等大幅下調。[1]

柯雷亞總統轉而向北京求助。中國向厄瓜多提供了十億美元的貸款，很快便又增加到了二十億美元。[2] 柯雷亞政府清償了債務，重新恢復了厄瓜多的全球信用評等，同時卻也讓他的國家對中國及它的經濟殺手有所虧欠。到了二〇一五年四月，厄瓜多向中國積欠的債務增加到將近五十四億美元——占了厄瓜多外債的百分之二十八。[3]

二〇一五年的夏天，我回到厄瓜多。帕查帕瑪基金會已經依法解散，但政府卻沒有試圖阻止總部設在美國的帕查帕瑪聯盟進行活動。我加入比爾和琳恩·特維斯特夫婦與丹尼爾·庫伯曼，每年帶領一群支持者進入阿丘阿爾人的領土。

我們踏上從基多前往殼城小型機場那段景色壯麗的旅程，到了殼城之後，飛機會帶我們深入雨林。在路上，我再次盯著阿格楊水力發電水壩的巨大混凝土牆看——對我來說，它象徵了我曾犯下的罪行，也讓我想起被暗殺的羅爾多斯，以及最近才遭遇政變，因此而改變了立場的柯雷亞。

我想著世界銀行、國際貨幣基金組織、華爾街、信用評等公司和其餘美國與歐洲的銀行業是如何無情剝削，迫使厄瓜多帶著豐厚的石油資源轉向投靠中國。我在二〇〇三年經過這座水壩時，當時大家都認為厄瓜多的大部分石油會流向美國。到了二〇一五年，這一切完全改變了。中國購買了將近百分之五十五厄瓜多出產的石油，而銷往美國的出口量從百分之七十五降低至零。[4]

我領悟到，比起其他事物，中國的角色——不只是對厄瓜多，而是對整個世界而言——或許更能讓我們洞察未來的局勢。

中國的擴張主義就如同美國和其他歷史上的帝國一樣，以借錢給其他國家為主軸，並掠奪它們的資源、用恐懼癱瘓它們的領導者。中國不只玩弄著柯雷亞這類人和厄瓜多與宏都拉斯這些國家的人民的恐懼，還包括世界上其他地方的人。

我們美國人被教導要恐懼中國、俄羅斯和恐怖分子，但世界上大部分地方都懼怕著**我們**。他們害怕五角大廈和華盛頓特區在超過一百個國家的軍事部署。他們害怕中情局、國安局和所有其他美國間諜機構。他們害怕無人機、飛彈和炸彈。他們害怕我們的美元化、以債務為基礎的貨幣體系。

除了這些顯而易見的恐懼，還有更多是更隱微的。發展中國家害怕它們在面對全球企業時的不堪一擊。由於貿易協議和債務協議附加的條件，它們的經濟似乎都需要仰賴這些企業。它們害怕，萬一沒有這些企業，國家就會凋亡。它們害怕那些企業會把製造工廠設立在別的地方，同時卻也害怕要是工廠設在國內，就會造成汙染，也會迫使工人不得不接受無法糊口的薪水。它們害怕這些企業最終會離開，前往環境與社會規範更寬鬆的國家，讓那些拋棄賴以為生的農場、跑去現已空無一人的工廠工作的人民落得窮途潦倒、飢寒交迫的下場。

以恐懼為債務的體制或許看似有效，但歷史已經告訴我們，帝國不會永遠存在。現代美國的興衰悲劇，象徵了政商領導者的慘烈失敗。

蘇聯解體後，新崛起的企業巨擘相信他們得到許可，能不計代價實現獲利最大化的目標，包括對政治人物行賄及操縱法律制度。世界銀行這類「援助」型組織提高了債務利率、提出政治要求、對債務國開出各種限制條件，影響它們治理國家的方式以及與美國和各個企業的關係。

不用多久，這些國家的人民就發現自己被剝削了。但他們求助無門，也沒有反擊的力量。蘇聯已成為了過去式。發展中國家只能被迫屈服，心中充滿怨恨。

然而，中國彷彿在一夕之間成為新的世界強權。這個國家迅速崛起，成為經濟強國和國際製造與貿易賽局的主要玩家，猛然成為世界舞台上的一股抗衡勢力。

中國看似從美國、其盟友和金權政體的錯誤中學到了許多。中國放出的貸款通常都沒有像世界銀行或國際貨幣基金組織一樣附帶嚴苛的要求，例如投票贊成特定的聯合國政策、限定用美元交易，或是允許在該國建立外國駐軍的軍事基地。中國承諾會讓由他們建造的工廠長久運作下去。這個承諾究竟會不會被打破，我們還不知道，不過由美國推動的「自由貿易」協議確實是一點都不自由。

不過，儘管中國看似比美國及其盟友更能將這種策略運用得宜，實際上中國仍然是用債務——而且是龐大的債務——來助長自家的經濟殺手系統，以控制其他國家和資源。

我們很難精準計算中國借貸出去的實際金額，但根據估計，二〇〇五年到二〇一三年間，中國已經向厄瓜多及拉丁美洲國家提供了將近一千億美元的貸款。目前這些地區向中國借貸的總金額可能已經成長了兩倍，也肯定超越了世界銀行、美國國際開發署、美洲開發銀行及美國進出口銀行（Export-Import Bank of the United States）所提供的債務的總和。中國是新金磚五國（BRICS，巴西、俄羅斯、印度、中國和南非）銀行與亞洲基礎建設投資銀行（Asian Infrastructure Investment Bank，簡稱亞投行）的驅動力，成員國家超過了五十國。這些銀行的資產與潛在權力遠遠超過世界銀行及其相關金融機構。不到十年，中國已經躍升為全球債務的主人。[5]

我在厄瓜多時，《紐約時報》報導了某些聽起來像是我那個時代的美國經濟殺手活動——只不過中國比我們做了更多建設計畫、花了更多的錢。

在安地斯山脈的山麓沉入亞馬遜叢林的交界處，將近一千名中國工程師和工人不斷將混凝土灌入水壩的基座，以及一條長達二十四公里的地下水管。這項二十二億美元的建設計畫將會將河水導入八臺巨型中國製渦輪發電機，產生能點亮超過三分之一個厄瓜多的電力。

接鄰太平洋的曼塔（Manta）港附近，中國銀行正在進行一項七十億美元的煉油廠建設貸款談判，這項計畫能讓厄瓜多成為全球汽油、柴油和石油產品產業的玩家。

中國的錢會在厄瓜多國內的村莊和城鎮裡建造道路、高速公路、橋樑、醫院，甚至會打造一個監視器網絡，一路延伸至加拉巴哥群島（Galápagos Islands）。國營中國銀行早已在厄瓜多投入一百一十億美元，而厄國政府還要更多。

厄瓜多只有一千六百萬人口，在世界舞台上毫不起眼。但中國在這裡留下不斷擴張的足跡，在在顯示了世界秩序正面臨轉變。北京正衝鋒陷陣，華盛頓則節節敗退。[6]

❖ ❖ ❖

我們的帕查帕瑪聯盟旅行團擠在殼城的停機坪裡，等待叢林暴雨過去，好飛向阿丘阿爾人的土地。當我提起中國的話題時，眾人似乎都同意中國正在施展奇蹟，而大家應該要畏懼中國。這個國家從文化大革命的灰燼中重生，從尼克森總統一九七二年初次造訪之後，歷經了「奇蹟般」的經濟成長。在歷史上，從未有任何國家經歷過這種事。

但是，環境和社會也付出了龐大的代價。中國讓自己陷入嚴重的汙染，數百萬國民也在低於標準的社會條件生活。許多人對中國躍升為世界強權表達了恐懼，也害怕中國模式會比美國帶來更嚴重的問題。

開始撰寫《經濟殺手的告白》後，我造訪了中國好幾次，最後一次是在上海舉行的企業管理碩班會議發表演講。與會的許多中國企管碩士生都是共產黨成員，被選中成為國家未來的領導者。他們強調自己非常重視國內的環境及社會問題，也致力要找出解決辦法。一位學生，曼蒂．張（Mandy Zhang）堅稱經濟成長是中國有能力創造經濟奇蹟的明證。「現在，」她說，「輪到我這一代人來創造綠色奇蹟了。」

擠在停機坪裡的其中一名帕查帕瑪聯盟成員問道：「我們該怎麼做？要怎麼阻止中國？」

如果我們真的誠實面對自己，我們美國人就得承認，與其說要阻止中國，不如說我們得改變自己的心態。我們必須承認，中國大部分造成的汙染都是**我們造成的**汙染，社會條件也是。美國人購買中國工廠製造的商品。我們尋找售價最低的商店，但這些商店大部分的商品都是來自排放汙染的中國工廠。

因此我們可以這麼說：中國的經濟奇蹟之所以能發生，是美國和全球企業的緣故。中國的那些關鍵人物加入了金權政體。中國是全世界最大的製造出口商。從二〇〇一年到二〇一〇年，中國的出口量每年平均增加百分之二十。二〇〇四年，中國出口到美國的商品總價不超過兩千億美元，到了二〇一四年，這個數字上升超過兩倍，來到四千六百七十億美元。[7]

與其猜測中國接下來會做什麼，我們必須悔悟、改變自己。我們美國人必須好好看看自己——還有我們那些成為跨國企業的公司——都幹了什麼好事。

中國正試圖仿效一個已然失敗的系統。如果世界上百分之五的人口（住在美國）消耗了超過百分之二十五的世界資源，那世界上百分之十九的人口（住在中國）怎麼能夠複製得了我們的生活方式？如果還要把印度、巴西和世界上其餘地方的人算進去，更是不可能的事。

我們一定要做出改變。

我們這些住在本土和全世界其他地方的美國人一定要停止把「他們」當作代罪羔羊。我們不該害怕「他們」，也不該責怪「他們」，或是期待「他們」可以解決問題，也就是掠奪性的企業資本主義、死亡經濟體造成的全球性問題。我們必須將「他們」視為我們自己。我們每一個人都必須負起責任。我們必須創造出新的模式，讓中國人、巴西人、印度人、我們美國總統、我們的政商領導者和所有人都能仿效。

這並非要改變經濟的運作方式，而是改變中心思想、改變數世紀來驅動經濟發展的信條——也就是債務和恐懼、匱乏，以及分化與征服。我們不能僅僅只是讓遭到農業、礦業和其他破壞性活動蹂躪的領域（包括再生能源領域）能繼續維持下去。我們需要革命。從死亡經濟體轉變為生命經濟體的真正關鍵在於改變我們的意識，也就是一場認知革命。

第四十六章——你可以做些什麼？

「約翰・藍儂（John Lennon）說過，『你需要的就是愛』。」莎曼珊・湯瑪斯（Samantha Thomas）對我說，「有什麼比一場反映他的理念的高峰會更能向這個和平獎致敬？」

小野洋子（Yoko Ono）將藍儂洋子和平獎（Lennon Ono Grant for Peace）頒給我，也捐了一大筆錢給夢想改變非營利組織。

夢想改變組織沉寂了好些年，但現在莎曼珊——一位聰明、有活力與充滿決心的二十幾歲女子——成為了執行長。她想主辦一場二〇一五年的會議，鼓勵企業追求更高尚、更有同理心的行事標準。她和我說服了威登與甘迺迪（Wieden+Kennedy）的共同創辦人兼董事長丹・威登（Dan Wieden）共同主辦這場會議——該公司是世界上最成功也最受尊敬的廣告公司。打從一開始，莎曼珊就將這場會議稱作「愛的高峰會」（Love

Summit），而我和丹最初抱持著反對的態度。我們擔心「愛」不適合用在商務會議上。但是，我們的態度很快就改變了。

如同許多與會者——成功的企業家與企業高層主管——一樣，丹和我了解到，只要我們愛自己、愛地球、愛彼此，一切都會好轉。好幾位講者指出，行銷的目的在於說服顧客愛上一間公司和它的產品。為了改變世界，我們需要讓顧客愛上為生命服務的公司及商品，並且要說服生意人，如果他們想要自己的公司和商品被大眾所愛，他們就得這麼做。

我聆聽講者一個接一個闡述讓企業改變認知的必要性，心中一邊想著通杜安姆，那位救了我一命、改變我心態的舒阿爾人巫醫。這世界的模樣正如我們所夢想——而我們的夢一直以來都結合了極端資本主義、分化與征服及「他們」對抗「我們」的心態。

「如果我想要擁有更多東西，」我們這麼告訴自己，「就要從**他們**手中拿走。」是時候改變這種心態了。是時候採取行動，以支持一個新的夢想了。

在高峰會的尾聲，莎曼珊說：「結果看來『愛』正是我們所需要的。」我領悟到，她所說的正是這個新夢想的基本理念。這個夢正是原住民和靈性導師們——從德蕾莎修女到達賴喇嘛、從佛陀到方濟各教宗——一直以來所夢想的。那是充滿愛的夢，對我們自己、對彼此、對大自然和整個星球的愛。這個夢告訴我們，要用生命經濟體的嶄新夢想，來取代過去死亡經濟體的夢想。

從這個新的夢想誕生的經濟體會將受汙染的水、土壤和空氣清理乾淨，讓飢餓的人民得以自給自足，打造不會耗盡資源的交通、通訊、製造和能源系統，使用能再利用的太陽能科技，創造出以社群為重心的市場、銀行和交易體系，而不是以債務或戰爭為基礎。

本質上來說，這是一個奠基在勇氣與愛的夢想，而不是恐懼與憎恨。

從本書的初版在二〇〇四年上市後，我就一直在各個企業經理人會議、搖滾演唱會及消費者高峰會演講。我和政府領導者會面，也在許多國家的大學裡發表演說。在這些場合中，我所聽聞的消息讓我愈來愈印象深刻。企業家、律師、經理人、農夫和主婦——來自各行各業的人——都改變了夢想。過去十年來，人們的夢想都是關於財富與權力，但現在更常見的夢想，是想要在一個擁有永續循環的環境、社會公義和自我成就的世界裡建立家庭。

世界各地的人都了解這場革命的必要性。我們知道，必須不擇手段來建立生命經濟體。我們也知道，每個人都一定要行自己所愛之事。你和我——我們——是讓這場革命發生的人。為了做到這件事，我們必須愛自己的模樣，也要愛自己在做的事。

本書說明了這個失敗的地緣政治／經濟系統的操作者是全球企業。要改變這個系統，我們一定要讓企業的夢想產生改變。

有些人主張我們應該抹去這世界上所有的公司組織，但是這種事的可能性——至少在我有生之年——微乎其微。我認為，我們應該採取巫醫的辦法，讓擁有和管理企業的人的態度和目標產生改變——變形。

企業特別擅長將傑出的點子付諸實行，但他們的夢想——不顧環境及社會成本，讓獲利最大化、掠奪資源、推廣債務及資本主義——卻能帶來十足的破壞。是時候打造一個新夢想了，一個奠基於服務地球、服務大眾及未來世代的夢想，並且不只是服務人類，而是所有的生命。

在不久前一段時間，我們為了改變企業所使用的諸多方法，讓消費者擁有了更多權力——抵制提倡種族隔離策略、汙染河流、拒絕雇用女性或弱勢人士的公司，以及那些反對同婚、有機農產品、食品標示等的企業。

知道許多企業主管及生意人也和其他人一樣關心這些議題，讓我們備受鼓舞。不論他們是《財富》世界五百大公司的員工還是家庭經營的雜貨店，他們都不是金權政體的一分子，因此也和我們一樣都成為被剝削的受害者。甚至連所謂的百分之一人口（實際上是百分之零點一）也深受威脅。如果地球這個太空站瓦解墜落，我們所有人都在劫難逃。

當我剛開始被邀請去企業會議與企管碩班的課程中演講時，我問那些主辦人，為什麼他們想聽我這種書的作者說話。他們告訴我，那些人夠聰明，知道目前的系統已經瀕臨崩潰。直到現在，商業人士或許並沒有視之為死亡經濟體與生命經濟體的對抗，但他們都明白，如果想要成功，就要採用新的模式。他們都在尋找創新的途徑和實踐的方式。

想要改變企業策略的執行長們告訴我，他們害怕若失去短期市占率或利潤，就會被只關心市占率或獲利的公司取代。他們覺得被困在一個古老的結構裡，因此渴望能看到消費者運動帶來的數千封信件或電子郵件，表明「我很喜歡你的產品，但除非你付給員工合理的薪資，我們才會購買」，這樣一來，他們就能把這項資訊傳遞給任何有權開除他們的人——執行委員會、主要股東或創辦人等。

聽到這些告白令我感到非常振奮，因為這讓我們消費者成了擁有真正力量的人。這告訴了我們，如果我們願意，市場就可以是一個民主的地方。我們每購買一樣東西，就是投下了一票。同樣地，這也提供了一個支持企業內部員工的方式。這場革命需要身在企業內部的同伴。在創造一個新的經濟型態時，他們是重要的角色。

我們都在同一條船上，所有人都是。我們一定要盡一切所能建立生命經濟體，現在就要開始著手。該是時候承認我們對抗的不是恐怖分子、企業或是「他們」了。我們採取的一系列行動，都是為了要終結經濟殺手系統。在這個辜負了我們的發展進程中，我們都是其中一分子。我們相信它、支持它，並予以讚揚與美化。現在，我們一定要動手改變它。

如同我們在本書第一章討論的安地斯製磚工人一樣，我們也必須面對自己的恐懼，對自身遭受的不公不義感到憤怒，也要停止向別人尋求解決之道。我們一定要盡一切可能確保下一代能擁有未來。

我在新罕布夏州長大時，曾希望自己是生在十八世紀，參加美國獨立戰爭（American Revolution）。但美國獨立戰爭只不過取得了部分的勝利。儘管英國人落敗，許多不公義之事仍然沒有結束，持續影響女性、弱勢族群、中產階級和窮人。現在，這些不公不義影響了我們所有人，對我們在這世界上熟悉的生活產生威脅。

如今的革命比當時的美國獨立戰爭還茲事體大，也比過去的農業與工業革命還影響深遠，更不亞於一場意識革命。我們必須將陽剛至上與僵化階級的心態與行為，轉變為更具流動性、更平等和更陰柔的認知。

我們必須承認，如今保護家園的方法就是要養育我們的家園，並且認知到整個世界就是我們的家。

❖　❖　❖

本書描繪了現代帝國的四大支柱：恐懼、債務、匱乏（引誘我們消費更多），以及分化與征服的心態。只要能繼續支撐帝國的四個支柱，我們就會將一切所作所為合理化──政變、刺殺、無人機攻擊、國安局的竊聽活動──這種心態讓我們被一個既封建又腐敗的系統給束縛住，但這個系統是無法永久持續下去的。

我們一定要盡其所能改變這種合理化心態背後的夢想。我們要將恐懼轉變為勇氣，打造更好的世界。我們要用慷慨來取代債務，也不必再對資源匱乏感到焦慮，而能對提供永續資源的生命經濟體抱持信心。我們必須將陽剛的侵略心態轉變為陰性的培育行動。我們必須要以同理心取代分化與征服的心態，並致力於重建遭蹂躪的環境。我們必須團結一致，將這艘太空站駛向真正繁盛的未來。

我在旅途中常常聽到人們說起，《經濟殺手的告白》讓他們得以「從一堆線索中理出頭緒」。二〇〇四年，這些線索彙集出一個結論：人們一直以來得到的都是錯誤的訊息，從未理解到美國與美國企業是如何欺騙、傷害、剝削開發中國家。二〇〇四年之後，線索愈來愈多。我們得知了美國人和所謂已開發國家的人民也受到了襲擊——我和其他經濟殺手在非洲、亞洲、中東和拉丁美洲所使用的手法，也被用來傷害、剝削我們自己。

將二〇〇四年後的線索串連起來，就會得到另外一個結論：我們必須盡一切所能改變。我們一定要採取行動了。

此種行動的第一步，是要認知到我們在生命中面臨了諸多選擇。命運、機會、意外、機遇。我們可能會認為這些事物有好有壞，但更重要的是，當我們面臨這些選擇時，我們會如何反應。

我曾接受一大筆錢，讓我不要把書寫出來。我選擇用這筆錢幫助我曾剝削過的國家。這個選擇讓我得以和亞馬遜地區的人重新連結起來、創辦了幾個非營利組織，讓作家兼公眾演說家成為我的新職業。

如果我們將發生在身上的事情視為一種訊息，就能打開通往機運的大門，採取行動。

地球正向我們傳遞一條強而有力的訊息。冰帽和冰川在融化，海平面上升，物種逐漸滅絕。這顆星球——我們的家——要求我們將她視為活生生的地球。她不僅僅只是一大團繞著冷漠太陽轉的石頭和土壤。她是活生生的宇宙中的一員。而她正在告訴我們：要悔改、要改革，要愛她。

你和我——我們要怎麼回應這個訊息？

我們有機會能創造出一個新的夢想，能探索新的生活方式，將失敗導正為成功，建立如同活生生的地球的有機系統，並以在地為基礎，同時將全球社群串連在一起。

你的天賦中包含了你自己的熱情和技能。不管你是木工、牙醫、作家、父母、學生或任何身分，這些天賦都是你的。真正的成功來自於追隨你的獨特熱情，使用你的技能，並加入這個正在逐漸壯大的社群，一起創造更好的世界。

你可以從個人行為開始（實踐資源回收、少開車、隨手關燈、在當地銀行與店家消費等等），但不要誤以為光做這些事就夠了。這些行動都很棒，但我們也要視其為與整個世界及周遭事物產生連結的新途徑。

幾年前，從拉達克（Leh Ledakh）飛往印度的查謨（Jammu）時，我所帶領的團隊剛好和達賴喇嘛坐在同一班航班上。當他知道自己喜歡的書——《化身為更高意識》，一本關於原住民巫醫的書——的作者也在飛機上時，他邀請我坐到他旁邊。我們熱烈討論了薩滿文化，而在飛機降落後，他提出了進一步的邀請，要我們拜訪他在達蘭薩拉（Dharamsala）的住所。

那天下午，他和我們談天時，他告訴我們為和平祈禱是件好事。「但是，」他補充道，「如果你僅僅只是祈禱，就是在浪費時間，甚至可能會讓你分心。你每天都要採取適當的行動。」他露出達賴喇嘛的招牌微笑，「你一定得採取行動，每天都要。」

達賴喇嘛說的話適用於創造生命經濟體的必要行動。資源回收、少開車、隨手關燈和其他實踐都很棒——但更重要的是，我們不能讓這些行動讓我們分心，忘了去創造更大的夢想，並「每天都採取適當的行動」，讓這個更大的夢想成真。

同樣地，儘管所有的老師都告訴我們只要正面思考就好，但事實上這一點都不夠。超過一百萬人生活在飢寒交迫之中，對他們來說，少開車根本不是選項，正面思考也不會讓他們有食物填飽肚子。我們需要做得更多，我們需要一場革命。

人們團結一致、採取行動時，革命就會發生。雖然有靈魂人物來啟發、領導他人，但革命成功的關鍵在於集體的行動。強壯、飽經風霜的英雄主角已經是過去式了，那種故事往往無法讓能產生真正改變的必要之物發生，也就是集體行動。達賴喇嘛很清楚這一點。佛教三寶的其中之一就是「僧團」（Sangha，意即團體）。每個宗教、每個社會及政治運動，都尊崇團體的力量。我那位銀行總裁舅公恩內斯特就了解佛蒙特州沃特伯里當地社群的重要性，並予以支持。

近年來，建立在地社群的動力愈發茁壯。強調在地消費的農夫市集、社區銀行再度開張，甚至連大型連鎖零售商店都開始提倡向鄰近地區的種植者購買商品，這些都是這股重要趨勢的一部分。與此同時，一種全新的全球社群開始逐步形成。

在本書初次出版前幾個月，我去了一趟喜馬拉雅山。我和一名住在超過海拔四千公尺的帳篷的部落長者談話。他哀嘆自己的族人永遠不可能擁有電話。「電話線沒辦法拉到這麼高的地方。」他透過翻譯對我說道。我也曾從一名住在亞馬遜雨林深處的阿丘阿爾領袖口中聽過類似的話。如今，在我撰寫這本增訂版的時候，這兩個男人——包括他們的社群——都有了衛星電話。

有史以來第一次，我們可以和全世界即時溝通，而我們都做出同一個結論——這世上每一個人都同樣受到海平面上升、嚴重汙染、冰帽融化、物種滅絕、人口過剩和自然資源遭到蹂躪的威脅。我們都知道要盡其所能逆轉這個情況，讓生命經濟體的夢想成為現實。

當觀眾問我，他們具體可以做些什麼事時，我會先告訴他們：「你一定要追隨你的熱情，並找到最令你滿足及享受的方式，來完整發揮你的才能。」接著我會建議每個人都做得到的合適的日常行動。

我們能加入非營利與非政府組織，也能參與抵制特定企業的消費者運動。我們能支持各種改革運動，例如向企業課稅、規範銀行業、防止選舉過程有金錢介入，以及抑止造成氣候變遷的因素。我們可以參加示威與遊行活動，撰寫部落格、書籍或文章，也能拍攝影片或製作電影。我們可以參選公職，或在工作地點發起運動，投身於公共服務。我們可以傳播生命經濟體的好消息。如果有雜誌或電視節目主打那些傳達新夢想的男男女女，我們就可以購買。我們幾乎有無限的選項。

每個人都可以用自己的方式來散播這個新的訊息。木工可以用在地生產、永續的建材來建造房屋，加上太陽能板或其他節省能源的科技——而且還要不斷向別人誇耀自己的作法。牙醫可以在幫病人補牙的時候談論生命經濟體。母親可以教導孩子購買在地商品、在社區銀行存款。

每一個人都能用自己的方式——只要我們的目標一致：創造出一個對每個人都有效

的經濟。就這方面而言，美國歷史教了我們很重要的一課。湯姆．潘恩並沒有試圖帶領軍隊；喬治．華盛頓沒有撰寫宣傳小冊；瑪莎．華盛頓（Martha Washington）也沒有撰寫宣傳小冊或領導軍隊。湯姆．潘恩對寫作有熱情；喬治．華盛頓對領導有熱情；瑪莎．華盛頓對帶領女人為士兵縫製衣服有熱情。他們都採取了不同的作法，但目標是一樣的：擺脫英國暴政的枷鎖。

你一定要採取對你來說最有效的作法，而這個作法也必須帶給你最大的喜悅。

在反越戰示威遊行中，他們邀請我們感受自己的「極樂因子」（Bliss factor）。全國各地紛紛舉辦了座談會、愛的集會、音樂會、舞會和各式節慶祭典。人們將花朵插在士兵的槍口裡；民歌歌手譜出向示威者致敬、讚頌和平的歌曲。這場運動之所以成功，是因為我們所有參與者都共聚一堂，並享受這個過程——也因為我們都對同一個目標懷抱著熱情。

我看著近來的社會、環境、和平運動一一消磨殆盡，因為眾人實踐熱情的方式並沒有帶來喜悅。夢想並非只關乎終點，而是與過程中的每一步都息息相關。路途上遇到的每一個阻礙——也必定會遇到——都可以是學習和增加力量的大好機會。

下一章節所列出的點子，都是你可以實踐的具體行動。不過，這份清單只是建議，也還不夠完備。剛開始我其實並不太想提供這些建議，因為我覺得它們會讓改變夢想的過程顯得平凡瑣碎。但接著我明白過來，只要我們視之為過程的一部分——視為起跑點、能啟發人心——它們就有其存在的目的。

我的朋友崔西・愛坡（Tracy Apple）告訴我，她不再使用塑膠袋之後，便感覺到與地球產生了更深的連結。這讓她進一步採取更多行動，包括成為帕查帕瑪聯盟的覺醒夢想家課程的主要開發者。在我撰寫本章的時候，這個課程已經擴及八十二個國家。她說：「我能明白，當我將某個行動付諸實踐時，我也正在為某種比我們的所作所為加起來還更偉大的事物作出貢獻。」拒絕使用塑膠袋這個行動本身就很重要，但同時它也可以讓我們得到新的認知。

第四十七章的內容分為六大類：(1)每個人都可以做的事；(2)學生可以做的事；(3)退休人士可以做的事；(4)年紀介於學生與退休人士間的人可以做的事；(5)企業可以做的事（消費者可以堅決要求他們）；(6)企業家可以做的事。這份清單所列出來的都是建議，希望能讓你得到啟發，願意盡一己之力追隨自己的熱情，並將我們都知道可能存在的世界創造出來。

你在閱讀下一章節的清單時，請記得，最重要的建議或許就是要享受整個過程。跟隨你的喜樂，讓過程變得有趣，別把自己消耗殆盡。只要遇上困難，就把它當作激發創意的機會，讓自己體驗解決問題時的喜悅。

就算有人批評你、告訴你生命經濟體根本就是天方夜譚，或是有警察擋住你的去路，不讓你繼續遊行示威時，你要能理解那只是一種陳年舊事的體現。你要像一個優秀的武術家，從那些行動中汲取力量，並利用那些能量來激發出自己的力量。

對你、我、我們來說，都是將死亡經濟體埋葬，讓生命經濟體誕生的時候了。

第四十七章 我們可以做的事

以下這份清單旨在激勵我們擬定自己的行動計畫，而非一份完整的指導手冊。這些建議也不僅只適用於標題所述的身分。如果你是學生，仍然可以參考給退休人士的建議，反之亦然。

記得，要確保你選擇的建議能符合你的熱情、激發你的極樂因子、為你的生命帶來喜悅。盡其所能創造生命經濟體的過程，一定要是有趣的。當然了，你還是會遇到阻礙和挫折，那就把這些困境視為激發創意的挑戰，讓你有機會體驗創造解決辦法的愉悅。

要理解，愛正是我們所需要的。當我們能愛自己、愛這顆星球、愛彼此——當我們做的事能增進我們愛人的能力，而我們也鼓勵他人這麼做——一切就能成功！

【十一件每個人都可以做的事】

1. **不斷講述一個新的故事：**這故事關於打造一個環境永續、資源再生、公平正義的世界，而這裡不會發生某一群人讓另一群人陷入絕望的情事。這故事的主旨在於將汙染清理乾淨，並把我們的星球視為活生生的生命；幫助飢餓的人用更有效率的方式種植、儲藏和運送食物；減少生活中的物質需求，選擇能充實心靈的生活方式；開發新的能源、運輸、通訊、金融、批發與零售的技術及科技；讓各個不同的社群凝聚一心，並理解到所有人都住在同一個脆弱的太空站上，而且我們沒有逃生艙。換言之，我們要講述一個將死亡經濟體轉變為生命經濟體的故事。將這個故事散播出去，只要逮到機會，就盡可能告訴更多人。不論是談話、寫作、拍影片、辦讀書會都好，你要盡一切可能去做。

2. **有意識地消費與投資：**停止消遣式和不經過思考的消費行為，用真正能支持你和你所愛之人的活動取而代之。當你非買東西不可時，請在附近地區消費，並到寄售商店或二手商店購買。東西用久一點。向承諾創造更好世界的商家購買商品或服務（以及投資）。沒有人是完美的，因此我們要找出每個領域的佼佼者。寫電子郵件讓這些商家知道他們做了哪些很棒的事，並鼓勵他們做得更好。你也要寄信給那些你不予支持的公司，告訴他們為什麼你拒絕光顧他們。要求任何你參與其中的組織、補助金和基金也要做到同樣的事。

3. **有意識地生活：**專心做那些能增進你和他人、社群、周遭世界的關係的事情上，包括向自然致敬——不論自然是以什麼形式出現在你身處的場所。打破舊有的物質主義與消費的模式，你可以住小一點的房子，買小一點的車和衣櫃，盡可能騎腳踏車或搭乘大眾運輸工具，避免需要使用化石燃料的活動。你也能在本地的學校、圖書館或其他集會場所裡演說。

4. **找到目標：**選擇一個最能迎合你內心深處熱情的目標，並定期予以支持。這個目標可以是改變一家企業，例如孟山都、雪佛龍或沃爾瑪，也可以是推廣某種社會運動、廣播電台、部落客、非營利或非政府組織。每天都要把一部分注意力放在它身上——不管是花時間、精力（就算只有幾分鐘也好）或金錢。利用社交媒體讓所有朋友知道你做的這些事。用電子郵件和信件解釋你的目標，並常常發給你在社交媒體上的友人，請他們再轉發給他們自己的朋友，依此類推下去。

5. **成為在地社群的一分子：**使用投資在地計劃、零售商和餐廳的當地銀行，並盡可能購買當地採用有機農法種植的食物。使用在地生產的原料和商品，或至少要是環境友善與負社會責任的產品。打造社區花園和都市綠地，並鼓勵身邊友人也這麼做。將選票投給開明的派系與其他在地領導者。參與或創立能讓大家一起享受箇中趣味的團體：腳踏車騎乘、親近大自然、讀書會或「改變世界」俱樂部——盡情發揮想像力吧。我們也能飲用過濾後的自來水，而非瓶裝水。

6. **將資訊大量提供給媒體、企業高層和政府官員：**讓他們知道捨棄死亡經濟體、追求生命經濟體的必要性。你可以分別或同時向當地、國內或國際間的相關人士傳遞這些訊息。

7. **支持改革運動：**你可以支持最吸引你的改革運動。這些運動可能是由國家或社群所發起，為了促進地緣政治、經濟和社會改革。你可以要求生活工資（living wages）或／與就業機會、健保、醫療照護和退休金都要受到保障。

8. **支持建立當地、國家或國際生態公園或／與保護區等園區：**如果你住在都會區或舊城區，你可以組織一群人，將閒置空地改造為公園或遊樂場，在這些地方與親朋好友享受美好時光，並鼓勵所有你認識的人也這麼做。

9. **在美國或其他地方為金融改革運動或／與氣候變遷相關規範而戰：**加入諸如修正行動聯盟（Move to Amend）、社區環境法律辯護基金管理機構（Community Environmental

Legal Defense Fund）、市民氣候遊說團（Citizens' Climate Lobby）、帕查帕瑪聯盟或其他吸引你的組織。

10. **避免債務：**採取正面行動來償還信用卡款項和其他債務，不要讓債務產生利息。盡可能使用現金。

11. **讓那些努力創造更好世界的人成為英雄和典範：**向上述第一點與第九點提及的機構或社會運動發起人與負責人致敬，包括那些打造環境永續、資源再生和社會公義的世界的幕後人士，以及幫助挨餓人口自力更生的人，還有推廣更好的商業模式與生活方式的人——而不要讚美那些不負責任的企業執行長、薪資過高的運動員和名人。

【九件學生可以做的事】

1. **盡可能學習世界上真正在發生的事：**要去了解我們得知的那些故事——還有我們告訴彼此的故事——所形塑出來的心態為何、影響力有多大，也要了解我們的孩子被教導的扭曲人類歷史是多麼強而有力。因此，我們要尋找不同的媒體，好好看看那些故事背後的故事究竟是什麼。

2. **質疑權威：**你要知道有許多為了欺騙你的陰謀存在。只要有機會，你就要提出質疑、對抗這些權威。這麼一來，你就能改變自己的心態，並且展開一個新的故事。

3. **了解自己的熱情所在：**你在生活中最享受的事物是什麼？專注在那些帶給你喜悅的活動上，也要更加欣賞、認識那些最吸引你的事物。你要下決心跟隨你的熱情而活，並且要認知到，自我認識和致力於活出幸福也是你最重要的教育之一。

4. **找出其他想改寫故事的人：**加入現有社群，或是發展新的團體，找到那些想要協助彼此提升認知、以更連結他人與地球的方式生活的人。

5. **表達意見：**協助不符合前述第四點定義的人去理解那些被餵給我們的騙局。教導你的同輩，並讓你的長輩知道你這一代人不想再被欺瞞下去了。

6. **採取反對債務的立場：**不要接受高額的學生貸款、信用卡與其他債務。如果有協助學生避免債務或／與償還現有債務的組織，就加入他們。

7. **挑選符合自己熱情的工作：**為符合你的熱情與哲學的組織或企業工作。如果你無法找到這類工作，就自己創造出來。成為一個自發的人——企業家——並拒絕被削減熱情與創造力的工作困住。

8. **加入組織：**參與非營利和其他非政府組織、協會或支持你熱情所在的社會運動，例如覺醒世代組織（Generation Waking Up）、修正行動聯盟、社區環境法律辯護基金管理機構、市民氣候遊說團、帕查帕瑪聯盟、夢想改變組織等。參與其中、採取行動，成為這些社群的一份子。提供你的創造力、才能或金錢，支持正向的改變。

9. **拍影片或電影：**拍攝終結死亡經濟體、建立生命經濟體的主題，可以聚焦在任何你最有興趣的事物上——人類、動物或植物的權利，或是消費者會社會運動、經濟、政治和歷史，抑或關於未來的科幻故事，以及其他毫無限制的題材。

【六件退休人士可以做的事】

1. **你再也不用擔心會被開除，大膽反抗吧：**參與你過去害怕投入的活動。不要害怕表達自己，甚至可以「瘋狂一點」。

2. **採取行動：**跟隨你內心的聲音，投入那些吸引你的目標。不要受別人誘導，誤以為自己的巔峰已經過了、無法為世界提供有意義的事物，也不要被自溺的活動所分心。好好享受高爾夫、撲克牌、網球、划船、看電視等休閒娛樂，但也要知道，更大的快樂來自於把你從人生中學到的事物貢獻給更遠大的目標，為未來的世代創造一個更好的世界。

3. **成為年輕人的導師：**你擁有很多可以教導別人的事物。不論你曾是木工、學校老師、護理人員、園藝師、企業主管或任何身分，請認知到你的經驗十分寶貴，而且可以幫助那些追隨同樣腳步的人。在原住民社群的傳統中，長者會因他們擁有的智慧而受尊敬。請讓自己成為受人尊敬的長者，教導年輕人要讓每份工作、每項行動都與滋養生命、建立生命經濟體有關。

4. **要求負責任的投資方式**：要堅持讓你的退休基金、共同基金和其他投資致力於為公眾利益服務，創造出環境永續、資源再生、社會公義的世界。讓你持有股份的企業與基金知道，你想要他們成功，而成功的關鍵在於投入創造一個生命經濟體。

5. **參與或發起能影響政府、政客和企業政策的活動**：參選公職或對候選人予以支持；加入消費者運動，或採取任何符合你喜好的行動，全心參與民主進程。請理解到這不僅僅只是身為民主制度的忠實擁護者會採取的行動，同時也是一個充滿樂趣和成就感的過程。

6. **分享你的故事**：告訴其他人——特別是年輕人——你的生命歷史和你成長的世界是什麼樣子。分享當時的世界是怎麼運作的、哪些地方失敗了，以及現在需要做哪些事來創造更有彈性、更尊重所有生命的社會。在家庭聚會、社區集會或大型場合（例如服務會社）分享你的故事，也可以透過寫作、電影、藝術、音樂或任何對你來說最有效的媒介。好好使用你獨特的天賦和才能。

【九件年紀介於學生與退休人士間的人可以做的事】

1. **意識到你的社群和整個世界正在發生什麼事：**揭開表象，挖掘底下的真相。不要讓自己被媒體、政客、企業或政府愚弄。

2. **磨練溝通技巧：**協助周遭的人更認識到這世上正在發生的事。要知道，總是把教條或批評掛在嘴邊，通常都沒什麼用。「你知道嗎？」比「你難道不知道……」還來得有效多了。同時也要記得提出問題，點燃其他人的好奇心與創造力。比起用你的想法和一大堆資訊淹沒其他人，這個作法還比較有效。請使用你最得心應手的工具：交談、寫作、電子郵件、簡訊、臉書貼文或推特……諸如此類。

3. **要求經濟與稅法改革：**要求改變諸如將成本內部化的會計準則、對華爾街與大型銀行採取更嚴格的監督、迫使有錢人與企業繳該繳的稅，並鼓勵對社會與環境有益的科技。把你的選票投給支持這些改革的候選人，在遵守與提倡這些改革的商家消費，並且要讓候選人和商家都知道你的選擇。寫信給媒體編輯、撰寫部落格文章、在臉書及推特上貼文……諸如此類。

4. **發起或加入消費者運動、非營利及非政府組織：**推廣那些為公眾利益服務的商家——他們支持百分之九十九點九的人，而不是那百分之零點一的人口。打電話和／與寄電子郵件給你的地區或國家代表，督促他們支持這些運動，並投票支持這類改革。
5. **協助組織和／或支持社區型商家：**例如消費合作社、社區企業、B型企業（Certified B Corporation）、在地公共銀行和員工持股企業。
6. **參與遊行、示威和勞工／學生／公民運動：**參與這些爭取更好的社會與環境條件的社會運動。你可以親自參與，或是提供財務及社交媒體上的支持。
7. **認知到自己抱持的偏見：**不論是關於種族、宗教、財務狀況、移民、性別或其他議題，都要意識到自己抱持了什麼樣的偏見，並努力克服。
8. **教導年輕人成為有靈魂的活動分子：**協助他們理解，民主制度的基礎是所有人都要被告知、被教導這世上發生的事情，並在受到啟發後採取行動。
9. **如果你為某間企業工作，或是持有股份，就要把意見表達出來：**讓大家知道，你想要自己效力或持有股份的公司能獲得成功，而只有那些為健全、有復原力的自然環境提供養分，並為自家員工與提供服務的社區帶來喜樂、和諧和平等的公司，才能成為未來的成功企業。請參見下一段「十一件企業可以做的事（消費者可以堅決要求他們）」。

【十一件企業可以做的事（消費者可以堅決要求他們）】

1. **在你的目標與願景描述中，加入對服務公眾、自然環境、社會和諧與正義的承諾：**當然了，這一點必須為公司的商品與服務量身定制，也應該要是所有行動背後的驅動力，並且內化到所有行銷策略中，成為強而有力的訴求。讓大家知道這間公司不只關心當下，也注重未來，而支持這間公司的消費者或投資者是在讓這世界成為更美好的地方。

2. **說服你的老闆（股東）、高階主管、員工和其他利益關係人：**告訴他們，前述第一點所列出的願景，以長遠而言能對公司產生最大的利益。讓所有利益關係人了解，我們已經進入了人類演化進程中的新時代，能夠生存下來、獲得成功的企業，只有那些覺醒並致力於轉型成生命經濟體的公司。

3. **啟動相關計畫，確保所有商品和服務的製造原料與資源都能持續生產：**製造用的原料與供應品都應該要來自可回收、以可再生方式生產的資源，也不能侵害到動物或自然的權利。公司裡的每個人應該都要知道每個原料的出處、其來源補充原料的方式，以及公司如何具體支持我們的地球。

4. **實施相關公司政策，確保所有員工和其他勞工擁有公平、足以生活且公正的報酬：**為薪資、獎金和其他報酬建立明確標準，將最高薪與最低薪員工之間的差距降到最低（例如最高薪員工的薪水不超過最低薪員工的三倍）。確保所有替合夥人、承包商、轉包商、供應商或海外工廠工作的人，都能收到公平公正的生活工資，並且保證勞工的工作環境符合最高標準。

5. **要認知到，如果想雇用並留住最優秀的人才，公司必須致力於打造生命經濟體：**愈來愈多員工想替做好事的公司工作。研究指出，X世代及Y世代的人渴望參與有創造力的工作，為他們和未來的世代維繫一顆富有生命力的地球。雇用並培育那些能夠因創新、社會及環境責任而茁壯成長的人，而不是那些只想維持現狀的人。

6. **打造一個能鼓勵創造力與喜悅，並激發同志情誼和社群意識的管理系統：**捨棄以命令與支配為基礎的領導榜樣，轉向集體決策的管理模式。管理系統的發展趨勢正朝向減少階層制度（甚至完全沒有階層制度）前進，這種作法也被證實能為個人和組織帶來極高的成就感。雖然這種作法必須為特定公司量身打造，我們還是得認知到，對想要從死亡經濟體轉型為生命經濟體的體制來說，傳統的線性管理系統可能已經不再有效。多元及社群才能讓生命成長茁壯。

7. **明智地投資在充分就業及公司營運所在地的社群裡：**而不是投資在買回股份及其他只

會幫到華爾街的投機事業上。投資在公司的內部營運，例如更新資安系統，保護員工的機密資料與旗下產品的資訊。為那些有助於你的企業供應鏈或營銷鍊的公司提供資金，並支持有益於社區的休閒娛樂設施、公園和其他計畫。

8. **認真看待出自合法來源的批評：**針對媒體、股東和其他來源所做出的環境與社會批判，要予以尊重與感謝，並承諾會持續改進。鼓勵對所有活動進行深度評估，並認知到，合理的批評、內省、評估和改進，都能對每個人和公司本身帶來好處。

9. **讓公司貫徹多元與包容的職場文化：**接受員工、董事會和管理團隊及商品與服務的多元化與多樣性，也包括利益關係人的團體。堅持所有合作組織和供應商也這麼做。要認知到，單一文化通常不會成功，而多元與包容才會是未來成功企業的特徵。

10. **支持一個合乎道德行為與負責任的文化：**鼓勵透明化和吹哨者行為，而不是盲目服從與保持沉默。

11. **將公司對服務公眾利益、體現生命經濟體的願景所做出的承諾，囊括在所有的訊息裡：**這會是非常有力的宣傳工具，除了能增加公司的利益，也能啟發、激勵、賦予其他人能力做出同樣的事。

【五件企業家可以做的事】

1. **跟隨你內心的聲音：**選擇能滿足你最強烈的熱情、發揮你最佳技能的事業。別被「專家」、父母、老師或其他從未嘗試過你心之所向的人所說的話給影響了。不要害怕嘗試去做跟你所熟悉的截然不同的事，尤其是有可能改善現有的產品與問題處理方法時，更該如此。放膽做個偉大的人吧，並相信自己能實現偉大的成就！

2. **著手開始：**愈早開始愈好。要知道，成功者與失敗者的差別在於前者多嘗試了一次。錯誤並不存在，有的只是教訓與機會，讓你可以將問題解決辦法磨練得更完善、讓目標更清晰，並深化你的啟發。

3. **建立可以支持自己的社群和網絡：**並讓你擁有更全面的世界觀（例如B型企業、公益公司、社會企業、盈利／非營利合作關係等）。利用這些網絡來啟發、鼓勵你，並強化你的供應鍊、徵才活動和銷售方式。爭取其他企業家的支持，讓他們有能力做同樣的事。當你的大學同學、朋友和家人看到企業家蓬勃發展，就能產生追求自身熱情的勇氣。

4. **成為符合你想像中的未來的公司：**使用能啟發他人的方法建立一個永續企業，你能藉此體現你的夢想，並成為一個榜樣，幫助其他人擁有實現自我的能力。你雇用員工的方式、你提供的產品與服務、你使用的資源、你針對被消耗的資源與被破壞的環境做出促進改善的承諾，以及你對社群做出的貢獻，都與你能否達到這個目標息息相關。

5. **實踐「十一件企業可以做的事」裡列出的行動：**只要你開始經營一家公司，就要開始這麼做。

附錄　二〇〇四年至二〇一五年的經濟殺手活動紀錄

本章旨在提供經濟殺手系統的活動規模和範圍的文件證據，從《經濟殺手的告白》初版上市後開始算起，並依照時間順序排列。以下紀錄包含非營利組織及政府機關所做的報告、洩漏出來的文件和機密資料、記者調查等。有些文件聚焦在單一特定的經濟殺手活動，其他則紀錄了長期進行的各個系統性行動。這份清單並非完備，只是為了要呈現出經濟殺手系統已經滲透了我們全球經濟的每一個面向。

我在本書中以直接引用、概述或改寫的方法呈現其中的內容，以下我會使用**粗體**將重點標示出來。我並未驗證過這些資料或其中提及的結論，因此，以下這些分析、意見和結論都是出自其作者、刊物和網站，並非是我自己的。各位讀者可以自行判斷、得出結論。

二〇〇四年

- 一份聯合國報告主張，有條件援助（tied aid）會讓受援國家「窒息」，就如同國際新聞社（Inter Press Service）所報導的：「據一份新的聯合國報告指出，援助捐款若是附帶條件，對受援國來說，其價值會減少百分之二十五到四十，因為他們不得不向更富有的國家用高昂的價格購買商品……**『美國確保讓每一美元的援助款中，有八十分美元能流回本國』**。『五十年足矣』（50 Years is Enough）的董事長娜約胡（Njoki Njoroge Njehu）如此表示，該組織是超過兩百個草根非政府組織組成的聯盟。」
www.ipsnews.net/2004/07/development-tied-aid-strangling-nations-says-un
- 權利與問責發展組織（Rights and Accountability in Development）釋出一份報告，針對先前的數份聯合國報告提出後續研究，紀錄了剛果民主共和國的「**企業、資源剝削和衝突之間的關聯**」。這份報告的標題為《未被回答的問題：公司、衝突與剛果民主共和國》（*Unanswered Questions: Companies, Conflict and the Democratic Republic of the Congo*），其中一個章節聚焦在檢視該國的金融業，文中引述了聯合國提出的其中一項指控（也有其他違法情事）：「**米巴公司〔Societé Miniére de Bakwanga，縮寫MIBA，剛果國營鑽石開採公司〕在比利時貝爾格萊斯銀行（Belgolaise Bank）開設**

的帳戶，被用來替剛果民主共和國進行購買軍火設備的交易。」

www.raid-uk.org/sites/default/files/unanswred-qq.pdf

聯合國報告：

daccess-dds-ny.un.org/doc/UNDOC/GEN/N03/567/36/IMG/N0356736.pdf

聯合國發布報告時的新聞稿：

www.un.org/apps/news/story.asp?NewsID=8706

- 非政府組織今日全球正義（Global Justice Now，前身為世界發展運動〔World Development Movement〕組織）發布了一份報告：《尚比亞：債務的詛咒——國際貨幣基金組織與世界銀行如何破壞發展》（*Zambia: Condemned to Debt — How the IMF and World Bank Have Undermined Development*）。這份報告「彰顯出**國際貨幣基金組織和世界銀行在尚比亞的行動並不成功、不民主，也不公正**。證據顯示了過去二十年來，國際貨幣基金組織和世界銀行的干預使尚比亞的債務危機更加惡化，而非緩解。諷刺的是，尚比亞為了回報獲得的債務減免，被要求要背負更多債款。」

www.globaljustice.org.uk/sites/default/files/files/resources/zambia01042004.pdf

二〇〇五年

- 在《美國就業機會大騙局》（*The Great American Jobs Scam*）一書中，作者葛瑞格·勒洛伊（Greg LeRoy）揭露了「大企業每年花費五百億美元──以『創造就業機會』為名的騙局──讓各州和各個城市彼此競爭，試圖贏得豐厚的補助──這些補助都是來自納稅人的錢──而往往每產生一個工作機會，就能拿到超過十萬美元的津貼。」後來勒洛伊的組織「好工作優先」發布了一份關於「鉅額協議」（Megadeals）的報告，公布了兩百四十個企業補助，「每一項都讓州和地區的總支出超過七千五百萬美元」──總計超過六千四百億美元。**這些補助的目的在於吸引產業進駐（以及創造就業機會）或留下，但實際上卻成為合法的賄賂**，平均每個工作機會就能拿到高達四十五萬六千美元的補助。這些協議都出自現今最無恥的經濟殺手之手──俗稱的選址顧問，他們「自詡為不可或缺的中間人，為想要尋找投資人的社群與尋找設廠地點的公司居中談判。」選址顧問最高能拿到最終補助金額中的百分之三十，**讓他們產生齷齪的動力，強迫州及地方政府拿出高得嚇人的補助方案，價值遠遠超過企業可提供的就業機會與稅金**。

www.greatamericanjobsscam.com

www.goodjobsfirst.org/megadeals

www.goodjobsfirst.org/corporate-subsidy-watch/site-location-consultants

- 今日全球正義組織發布了一份報告：《一體適用：國際貨幣基金組織與世界銀行的減少貧困策略研究》（*One Size for All: A Study of IMF and World Bank Poverty Reduction Strategies*）。在世界銀行與國際貨幣基金組織對發展中國家施行的「結構調整附帶條件」（structural adjustment conditionalities）受到排山倒海的批評之後，世紀銀行發表了一項新的措施，以促進減少貧困過程中的地區主導權：減低貧窮策略文件（Poverty Reduction Strategy Papers）。今日全球正義組織的報告分析了其中五十份文件的內容，**發現其中包含的政策實際上和先前的結構調整綱要中那些有傷害性的政策「驚人地相似」**。

www.globaljustice.org.uk/sites/default/files/files/resources/onesizeforall01092005.pdf

二〇〇六年

- 經濟學教授、世界銀行前經濟學家研究員威廉・伊斯特利（William Easterly）出版了《白人的負擔：為何西方世界對其他地區的援助往往造成惡果》（*The White

Man's Burden: Why the West's Efforts to Aid the Rest Have Done So Much Ill and So Little Good）。美國圖書館協會（American Library Association）的布萊斯・克里斯坦森（Bryce Christensen）在書評中如此描述此書：「雖然作者承認這類計畫確實成功達到了某些目標——例如降低嬰兒死亡率——作者舉出了慎重的證據，指出**西方國家花費了數兆美元在外國援助上，成果卻少得令人沮喪**。這些證據也顯示出在某些國家——包括海地、剛果和安哥拉——**外國援助實際上讓窮人的苦難更為惡化**。藉由檢視某些援助行動充滿苦難的歷史，作者展示了盲目又高傲的西方援助計劃官員如何**將後現代新殖民主義的政治操控與經濟依賴手段**，強加在無助的客戶身上，扼殺了民主和地方事業的發展。」

http://williameasterly.org/books/the-white-mans-burden

- 世界銀行核准了兩億一千五百萬美元的貸款與補助，為一項衣索比亞醫療衛生服務計畫提供協助。二〇〇九年，又增加了五億四千萬美元的財務援助。根據《赫芬頓郵報》（Huffington Post）一篇二〇一五年的報導和國際調查記者同盟（International Consortium of Investigative Journalists）指出，知情人士表示有數千萬美元的世界銀行資金被拿去資助「造村」（villagization）行動——根據二〇一二年人權觀察組織

（Human Rights Watch）發表的報告《原地等死：衣索比亞甘貝拉州的強迫遷移與「造村」行動》（*"Waiting Here for Death": Forced Displacement and "Villagization" in Ethiopia's Gambella Region*）所示，造村行動的過程中不乏**恐嚇、暴力和強暴**。

http://projects.huffingtonpost.com/worldbank-evicted-abandoned/new-evidence-ties-worldbank-to-human-rights-abuses-ethiopia

www.hrw.org/sites/default/files/reports/ethiopia0112webcover_0.pdf

二〇〇七年

- 根據《赫芬頓郵報》和國際調查記者同盟在二〇一五年發表的調查結果，由世界銀行在肯亞切蘭加尼丘陵區（Cherangani Hills）資助的一項計畫，**導致了數千名原住民桑沃人（Sengwer）的強制驅逐**。桑沃人的支持者表示：「這項由銀行資助的計畫重劃了切蘭加尼丘陵區的森林保護區，將數千位桑沃人也劃進了保護區的範圍裡，讓他們陷入危險。」肯亞政府因此就有藉口「驅逐他們，」並「拿世界銀行的錢替肯亞林務局（Kenya Forest Service）購買驅逐行動所需的設備。」

http://projects.huffingtonpost.com/worldbank-evicted-abandoned/worldbank-projects-leave-trail-misery-around-globe-kenya

- 為了一筆在一九七九年向羅馬尼亞申請的貸款，**尚比亞被迫向禿鷹基金「多尼戈爾國際」（Donegal International）支付一千五百五十萬美元**——多尼戈爾國際在一九九九年從羅馬尼亞手中用三百二十萬美元買下這筆貸款的債權。多尼戈爾國際曾提出控告，要求五千五百萬美元。

http://news.bbc.co.uk/2/hi/business/6589287.stm

二〇〇八年

- 由史蒂芬．海雅特（Steven Hiatt）編輯的《新帝國遊戲》（*A Game As Old As Empire*）中，十二位優秀的作者探討了**現代經濟殺手的諸多面向**，以及金權政體所造成的嚴重後果。

www.bkconnection.com/books/title/a-game-as-old-as-empire

- **經濟殺手造成了全球經濟危機**。二〇〇八年九月十六日，美國大型金融機構造成的破產——因次級貸款和信用違約交換而導致——演變為一場全球金融危機、歐洲銀行破產和全球股價下跌。合併其他因素，導致了一場被許多人視為自經濟大蕭條以來最嚴重的全球經濟衰退。

www.bloomberg.com/bw/stories/2008-10-10/stock-market-crash-understanding-the-panicbusinessweek-business-news-stock-market-and-financial-advice

www.telegraph.co.uk/finance/financialcrisis/3174151/Financial-crisis-US-stock-markets-suffer-worst-week-on-record.html

- 歐洲外債暨發展聯盟（European Network on Debt and Development）由五十一個來自十六個歐洲國家的非政府組織所組成，它發表了一份《危機狀態：國際貨幣基金組織持續掌控低收入國家的政權》（*Critical Conditions: The IMF Maintains Its Grip on Low-Income Governments*）報告。「這份報告發現，自國際貨幣基金組織核准了貸款條件指導方針（Conditionality Guidelines）後，並沒有試圖減少開發貸款中所附加的結構條件。不僅如此，國際貨幣基金組織持續大量使用極為敏感的條件，例如私有化和自由化的相關條件。歐洲外債暨發展聯盟的分析指出，國際貨幣基金組織在二〇〇二年後所核發的貸款，**有四分之一仍包含私有化及自由化改革的條件**。」

  www.eurodad.org/uploadedfiles/whats_new/reports/critical_conditions.pdf

- 禧年美國網絡組織（Jubilee USA Network）發布了一份簡報大綱：《國際貨幣組織和

世界銀行的經濟政策條件是否破壞了債務豁免的效果？》（*Are IMF and World Bank Economic Policy Conditions Undermining the Impact of Debt Cancellation?*）「自重債窮國倡議在一九九六年提出後，十二年來，世界銀行和國際貨幣基金組織的主要債務減免計畫都有嚴重的缺失。這些缺失包括**在國際貨幣基金組織及世界銀行的債務豁免與貸款中，都含有具傷害性的經濟政策條件**。這些有害的政策條件……破壞甚至抵銷了債務豁免帶來的益處……這些條件往往會傷害最窮困、最脆弱的人民，應當立即終止，並讓債務豁免能實際達到拯救人命的目的。」

www.jubileeusa.org/fileadmin/user_upload/Resources/Policy_Archive/208briefnoteconditionality.pdf

- 詹姆斯．S．亨利（James S. Hnery）是租稅正義聯盟（Tax Justice Network）的資深顧問，也是《血銀行：全球地下經濟》（*The Blood Bankers: Tales from the Global Underground Economy*）一書的作者，他在替《國家雜誌》（*Nation*）的文章中細述了境外金融產業的驚人規模。文中說道：「在過去三十年，在金融服務的全球化、大量的貸款、資金外逃和驚人貪腐現象的刺激之下，一**小群主要銀行、法律事務所、會計事務所、資產管理人、保險公司和避險基金已經經手了至少十兆至十五兆美元的洗錢**

金額，並藏匿起來。這些錢都是未課稅、私人、匿名的跨境財富。」

www.thenation.com/article/attack-global-pirate-bankers

二〇〇九年

- 包容性成長國際政策中心（International Policy Centre for Inclusive Growth）發表了一份一頁式報告，審查了國際貨幣基金組織的規定和貸款條件。題名為《華盛頓共識已死？》（*Is the Washington Consensus Dead?*）的這份報告明確描述了貸款附帶條件造成的有害影響：「這是一個簡單的事實：**貸款附帶條件是家長主義（paternalistic）。這些條件旨在修改經濟、政治和社會結構中的行為，或引起改變；它們同時也是某種擔保品，在某些案例中則被用作一種脅迫手段，確保那些令人難以接受的改革方式能被採納。**」

  www.ipc-undp.org/pub/IPCOnePager82.pdf

- 愈來愈多證據顯示出，經濟殺手為了「銷售」國際貨幣基金組織的政策，持續操弄經濟預測。經濟與政策研究中心（Center for Economic and Policy Research）發表了一篇名為《國際貨幣基金組織資助的宏觀經濟學政策與世界經濟衰退：四十一個借貸國家》（*IMF-Supported Macroeconomic Policies and the World Recession: A Look at Forty-One Borrowing Countries*）。這份報告檢視了國際貨幣基金組織與四十一國之間的「備用融資辦法」（Stand-By Arrangements）、「減貧暨成長融資辦法」（Poverty Reduction and Growth Facilities）以及「外部衝擊融資辦法」（Exogenous Shocks Facilities）。「這份報告發現，其中三十一國的協議包含了順景氣循環（pro-cyclical）的宏觀經濟政策。這些協議不是順景氣財政政策，就是貨幣政策——在十五個案例中則兩者皆有——在面臨較劇烈的經濟發展趨緩或經濟衰退的狀況時，將會使衰退情況更為惡化……**在許多案例中，國際貨幣基金組織的順景氣政策是建立在過於樂觀的經濟成長預測上。舉例來說，二十六個接受至少一次複審國家中，有十一份國際貨幣基金組織的報告必須將先前的國內生產毛額成長率預測下修至少三個百分點；其中有三份則必須將高估的預測值修正至少七個百分點**。未來可想見有更多向下修正的案例發生。」

www.cepr.net/documents/publications/imf-2009-10.pdf

- 豺狼還活著，而且一如既往活躍。宏都拉斯總統曼努埃爾・賽拉亞被迫下台，而有些人宣稱那是**由美國中情局主導的政變**。政變成功不久後，《紐約時報》報導了美國政府對中情局涉入政變所作出的否認。兩年後，前宏都拉斯文化部長魯道夫・帕斯多・法斯奎（Rodolfo Pastor Fasquelle）在新聞節目《民主吧！》上，以維基解密釋出的電報內容作為證據，簡述了美國是如何介入賽拉亞的政變。

www.nytimes.com/2009/06/30/world/americas/30honduras.htm

www.democracynow.org/2011/6/1/former_honduran_minister_us_undoubtedly_played

www.democracynow.org/2015/7/28/clinton_the_coup_amid_protests_in

- 《衛報》發布了數份外流的巴克萊銀行備忘錄，意圖揭露「巴克萊銀行的結構性資本市場（Structured Capital Markets）部門所策劃的數宗手法高明的國際避稅騙局。」根據這些文件的內容，**巴克萊銀行被控「系統性地協助客戶進行橫跨數個司法轄區、金額龐大的避稅行為。**」巴克萊銀行當晚便獲取了法院的禁制令，迫使《衛報》從網站上移除這些文件。維基解密發布了原始的外流備忘錄，並詳述了這些事件。

  www.WikiLeaks.org/The_Guardian:_Censored_Barclays_tax_avoidance_leaked_memos%2C_16_Mar_2009

- 以色列富豪丹・格特勒（Dan Gertler）被控從剛果共和國的採礦交易中，以中間人的身分賺取了高達百分之五百的回扣，**並被控欺騙剛果共和國政府，獲得了六千萬**

美元的利益（這只是格特勒在剛果的許多交易的其中一項，更多詳情請見Bloomberg.com）。www.bloomberg.com/news/articles/2012-12-05/gertler-earns-billions-as-mine-deals-leave-congo-poorest

- 《衛報》的一篇專欄文章**將國際貨幣基金組織懲罰發展中國家的方式喻為冷血殺手的手段**。該文針對國際貨幣基金組織懲罰拉脫維亞的行動評論道：「拉脫維亞因降低的預算不夠，便無法拿到國際貨幣基金組織在三月的兩億歐元支付款。根據媒體報導，拉脫維亞政府原想讓今年度的預算赤字占國內生產毛額的百分之七，而國際貨幣基金組織想要的是百分之五。拉脫維亞早已將預算刪去了百分之四十，現在則計畫關閉某些醫院和學校，以符合國際貨幣基金組織的目標，導致人民走上街頭抗議。」www.theguardian.com/commentisfree/cifamerica/2009/may/13/imf-us-congress-aid

二〇一〇年

- 維基解密釋出了與伊拉克和阿富汗發生的戰事有關的大量文件與檔案，這些文件稱為「戰爭紀錄」（war logs）。Alternet.org 網站總結道：「這些『阿富汗戰爭紀錄』和之後的伊拉克戰爭紀錄，以及許多維基解密近期釋出的外交電報，都揭露了**美國行**

政部門的宣戰行為充滿了大量對美國人民的欺瞞——尤其是謊報(1)美國造成的大量平民死亡人數，以及(2)聲稱美軍採取的「鎮暴戰略」旨在設立一個民主的阿富汗政府。《紐約時報》及《衛報》的報導描述了這些美國政府官方文件揭露了美國行政部門不斷欺騙美國人民。」

www.alternet.org/story/149393/WikiLeaks%27_most_terrifying_revelation%3A_just_how_much_our_government_lies_to_us

- 在聯合公民訴聯邦選舉委員會案（Citizens United v. Federal Election Commission）的判決中，美國最高法院宣告「對於企業資助候選人的禁令是違反憲法的，**法庭認定在聯邦選舉中，獨立資助於憲法上是不可受到限制的**，企業對其他團體的支出可以完全沒有上限，只要這些支出是獨立於其所支持的候選人即可」——超級政治行動委員會因此而崛起。

  www.cnn.com/2012/02/15/opinion/wertheimer-super-pacs

- 今日全球正義發布了一份報告：《饑荒大樂透：銀行業投機交易如何導致食物危機》（*The Great Hunger Lottery: How Banking Speculation Causes Food Crises*）。這份報告檢視了「主食類食品在二〇〇七至二〇〇八年的價格飛漲，期間有數百萬人挨餓、全世界各大城市也出現糧食短缺引起的暴動，」並指出「金融投機者的行為在背後推動了」這場危機。**對食品商品持續不斷的投機交易**，**「使食品價格變得讓全球的低收入戶不再能負擔得起**，特別是高度依賴食品進口的發展中國家。」

www.globaljustice.org.uk/sites/default/files/files/resources/hunger_lottery_report_6.10.pdf

- 非營利組織「為了公民」（ProPublica）針對華爾街「金錢機器」（money machine）啟動了一項調查（持續到二〇一五年），研究華爾街是如何「利用複雜的抵押貸款工具獲利數十億，更加劇了最後的崩盤。」一篇較近期發表的文章（二〇一四年四月）檢視了前投資銀行家卡里姆・薩拉傑丁（Kareem Serageldin）的定罪，試圖理解「為什麼這場**自經濟大蕭條以來最嚴重的人為經濟災難中，最後只有一位投資銀行家入獄**——此人還只是一間二流金融機構的主管職。」

  www.propublica.org/series/the-wall-street-money-machine

  www.propublica.org/article/the-rise-of-corporate-impunity

- 《瓊斯夫人》雜誌（*Mother Jones*）的一篇文章「大型石油公司為您贊助播出：美國政府」（US Government, Brought to You By Big Oil）刊載了美國政府長期對大型石油公司唯命是從的證據。這篇文章提出了大量的證據，以佐證他們的主張：「**石油公司**

不只制定自己的規範，還成為自己的監督者。他們也能擬定能源政策、起草法條。」

www.motherjones.com/mojo/2010/06/us-government-brought-you-big-oil

- **禿鷹基金的債務償還訴訟案偷走了賴比瑞亞政府急需用在衝突後建設的資金。**賴比瑞亞在同年獲得了國際貨幣基金組織與世界銀行的四十六億美元的債務豁免，迫使賴國必須與兩間所謂的禿鷹基金——漢莎投資（Hamsah Investment）和沃爾資本（Wall Capital）——達成和解。這兩間基金為一筆在一九七八年美國華友銀行（Chemical Bank）發出的六百五十萬美元貸款，在二〇〇九年對賴比瑞亞提出控告。它們要求的金額據稱在二〇一〇年來到了驚人的四千三百萬美元。賴比瑞亞同意支付百分之三的金額。

www.bbc.com/new/world-africa-11819276

二〇一一年

- 歐洲外債暨發展聯盟發表了一篇名為《怎麼花：用聰明的方法獲得更有效的援助》（*How to Spend It: Smart Procurement for More Effective Aid*）的報告，對「有條件援助」提出了譴責，並估計每年支出的六百九十億美元中，「有超過五成的正式開發援助資金，是用來向外國供應商購買開發計畫所需的商品與服務……援助資金所附帶的條件要求，所有採購行為都要向捐款國的公司進行，而這是效益最低的採購方式。這種援助方式成了迴力鏢式援助（boomerang aid）——金流只在帳面上流向發展中國家，實際上卻並非如此。雖然經濟合作暨發展組織在二〇〇一年簽署了解除附帶條件的初步協議……仍有百分之二十的雙邊援助包含正式附帶的條件。有條件援助所資助的開發計畫的成本也比一般高出了百分之十五到四十。不僅如此，**雙邊代理機構所經手的有條件援助合約，實際上絕大部分都會被捐款國的企業拿到。有三分之二都會落到經濟合作暨發展組織成員國手裡，而百分之六十都是落在『國內』，也就是那些資助開發計畫的捐款國企業。**」

www.theguardian.com/global-development/2011/sep/07/aid-benefits-donor-countries-companies

完整的報告請見歐洲外債暨發展聯盟的網站：

http://eurodad.org/files/pdf/5284d26056f24.pdf

- 維基解密釋出了「加勒比石油檔案」（PetroCaribe Files），提供了「**美國如何嘗試——並失敗了——一宗委內瑞拉石油交易**，儘管這宗交易能為海地的貧窮人口帶來莫大幫助。」

www.thenation.com/article/161056/petrocaribe-files

- 維基解密公布的一份電報「指出美**國和國際捐款人如何堅持推動有舞弊情事的海地總統大選**。」

www.thenation.com/article/161216/WikiLeaks-haiti-cable-depicts-fraudulent-haiti-election

- 奈及利亞一份主要報紙《今日報》（*ThisDay*）報導了**美國國務院與殼牌石油公司聯手，將情報員安插進奈及利亞政府，以影響奈國對國內與外國政策的制定**。根據《今日報》的報導，「殼牌石油在奈及利亞的高階主管對美國大使表示，殼牌石油將員工調派至相關政府部門，因此能知道『這些局處的一切所作所為』。據稱，她也吹噓奈國政府『忘記』了殼牌石油的滲透，也毫不知情該公司掌握情資的程度。」

http://beforeitsnews.com/african-american-news/2011/01/after-WikiLeaks-u-s-outlines-africa-priorties-amid-revelations-338594.html

- 巴勒斯坦一位前開發部門員工兼顧問哈利勒・納赫約（Khalil Nakhleh）出版了《全球化的巴勒斯坦：被國家出售的家園》（*Globalized Palestine: The National Sell-Out of a Homeland*）一書。亞馬遜網站上的書介中寫道：「本書聲稱，巴勒斯坦被占領期間所獲得的援助是一種政治援助，目的是讓巴勒斯坦人默許並屈服於被強加的政治理念和綱領。**這種援助利用政治及經濟債務來束縛當今的巴勒斯坦社會與未來的世代，將整個社會視為人質**。這種援助旨在消耗人民，並讓巴勒斯坦人民負債累累。這種援助既反生產，也反自由化。」

www.amazon.com/Globalized-Palestine-National-Sell-Out-Homeland/dp/1569023557

- 今日全球正義聯盟發表了一篇名為《人民的能源？世界銀行資助的風力發電廠如何讓墨西哥人民失望》（*Power to the People? How the World Bank-Financed Wind Farms Fail Communities in Mexico*）的報告。這份報告檢視了在墨西哥瓦哈卡（Oaxaca）的瑪塔（La Mata）與文多薩（La Ventosa）風力發電廠案例研究後——世界銀行的「清潔科技基金（Clean Technology Fund）在墨西哥的旗艦計畫」——「指出**清潔科技基金是具有瑕疵的氣候融資模式**，對中收入國家的能源設施與私部門的融資本身便存在了偏見。乾淨能源基金採用核發貸款，而非補助的方式，便增加了使窮困國家背負更多債務的風險，違背了氣候融資的原意。」這份報告特別聚焦在瑪塔和文多薩的風力發電廠，發現這項計畫產生的所有電力會「以折扣價賣給沃爾瑪，」而這項計畫也「**造假了財務狀況**，以獲得聯合國清潔發展機制（Clean Development

Mechanisms）的額外資金，」並進一步用來推動私部門在特萬特佩克地峽（Isthmus of Tehuantepec）的風力發電計畫——這些計畫「受到當地居民的強烈反對……憂心這是為了『**奪取原住民土地**，作為能源市場的資源來使用。』」www.globaljustice.org.uk/sites/default/files/files/resources/mexico_oaxaca_la_ventosa_-_final.pdf

- 《經濟學人》雜誌的封面標題寫著：「遊說行為會導致金融危機嗎？」（Did Lobbying Cause the Financial Crisis?）這個問題的答案——「顯然會」——出自三位國際貨幣基金組織的經濟學家在美國國家經濟研究理事會（National Bureau of Economic Research）發表的報告中。這份名為《一大把美金：遊說行為與金融危機》（*A Fistful of Dollars: Lobbying and the Financial Crisis*）的報告替遊說活動、撤銷管制、較高風險的貸款及最終的——當前述作為都無效時——紓困手段，建立了強烈的關聯。這份報告發現「**銀行在鬆綁管制中扮演了積極的角色，推動實施較寬鬆的法規，讓劣質房貸得以存在**……國際貨幣基金組織的經濟學家發現，最常進行遊說的放款人，也傾向於核發風險較高的貸款。他們也發現，國內由最常遊說的放款人掌控的地區，也傾向於出現更高的呆帳率。最後，如果你認為華盛頓和紓困貸款之間有關係，那你是對的。經濟學家發現，**最常遊說的企業也最容易拿到紓困現金。**」

http://business.time.com/2011/05/26/did-lobbying-cause-the-financial-crisis/print

www.nber.org/papers/w17076

- **剛果民主共和國千鈞一髮地逃過被迫支付一億美元的非法債務給美國禿鷹基金。**FG基金公司（FG Hemisphere）在澤西島對剛果提出訴訟，並贏得了這場官司，法庭判決剛果要為這筆原先以三百萬美元售出的債務支付一億美元。可喜的是，那筆交易在隔年被判違法，英國樞密院（UK Privy Council）在最終判決中裁定，這間禿鷹基金公司不得收取一億美元的付款。但不幸的是，這項判決來得太晚，剛果政府不得不和另一間美國禿鷹基金——紅山融資公司（Red Mountain Finance）——在二〇〇二年取得和解。剛果政府同意為一筆據稱由紅山融資公司以八十萬美元買下的債務，支付八百萬美元，而該公司提出控告時，要求了兩千七百萬美元。

http://cadtm.org/FG-Hemisphere-vulture-fund-s

www.bbc.com/news/business-18894874

www.jubileeusa.org/vulturefunds/vulture-fund-country-studies.html

- 蘇黎世的聯邦理工學院（Swiss Federal Institute of Technology）的一組複雜系統理論學

家發現**由僅僅一百四十七個巨型跨國公司組成的「超級實體」，控制了全球百分之四十的營業收入**。根據研究指出，這些公司大部分都是金融機構。科學家將這份經濟力量地圖描述為「領結」的形狀，中心處是個極為集中的核心。

www.newscientist.com/article/mg21228354.500-revealed-the-capitalist-network-that-runs-the-world.html#.VYzJhqYyFLj

http://arxiv.org/PS_cache/arxiv/pdf/1107/1107.5728v2.pdf

二〇一二年

- 調查記者葛瑞格·帕勒斯（Greg Palast）在他的著作《禿鷹的野餐》（*Vultures' Picnic: In Pursuit of Petroleum Pigs, Power Pirates, and High-Finance Carnivores*）中，揭發了石油工業、銀行業和政府機關之間的齷齪聯繫。本書踢爆了「墨西哥灣漏油事件、阿拉斯加港灣漏油事件，以及較不為人所知的塔蒂特利克鎮（Tatitlek）、托雷峽谷號（Torrey Canyon）沉船事件這類環境災難，是由企業貪腐、不成功的立法，以及——最有意思的是——金融產業和能源巨頭之間隱藏的聯繫所造成的。」帕勒斯譴責國際貨幣基金組織、世界銀行、世界貿易組織（World Trade Organization）和各國央行是

「石油巨頭的小木偶。」

www.gregpalast.com/vulturespicnic

- 占領華爾街運動展開後的隔年，《彭博》雜誌在一篇報導指出，「根據研究美國國稅局數據資料的加州大學經濟學家伊曼紐爾．賽斯（Emmanuel Saez）在三月發表的論文，在二○一○年，**美國最頂層的百分之一人口的收入，就占了全國收入增長的百分之九十三。**」

www.bloomberg.com/news/articles/2012-10-02/top-1-got-93-of-income-growth-as-rich-poor-gap-widened

- 印度政治運動家阿蘭達蒂．洛伊（Arundhati Roy）在她發表於《展望印度雜誌》（*Outlook India*）的文章「資本主義：一個鬼故事」（Capitalism: A Ghost Story）中主張，**企業的慈善行為只是另一種用來支配與產生影響力的手段**。文中指出：「在國際貨幣基金組織實施了結構調整，強迫各國政府縮減在健康、教育、育兒、開發方面的支出後，非政府組織便進駐了。『把一切民營化』同時也意味著『把一切變成非政府組織』。工作職缺和維生方式逐漸消失，而非政府組織成了重要的工作來源，就連對那些清楚他們真面目的人來說也是……受到企業或基金會捐助的非政府組織是全球金融界收購抵抗運動（resistance movements）的方式，就如同股東購買公司股份一樣，試圖從內部獲取控制權。」

www.outlookindia.com/article/capitalism-a-ghost-story/280234

- **倫敦同業拆放利率醜聞揭露了「由數間銀行共同策劃、牽涉範圍廣泛的陰謀**——特別是德意志銀行（Deutsche Bank）、巴克萊銀行、瑞銀、荷蘭合作銀行（Rabobank）和蘇格蘭皇家銀行——**從二〇〇三年起就為了獲利而開始操控倫敦同業拆放利率**。」二〇一五年，調查行動持續揪出涉案的主要機構，讓他們面臨了民事訴訟，公眾對全球金融系統的信任也搖搖欲墜。」摩根士丹利證券公司（Morgan Stanley）的前交易員指出，「至少從一九九一年開始，謊報倫敦同業拆放利率就已經是常態了。」

www.cfr.org/united-kingdom/understanding-libor-scandal/p28729

www.informath.org/media/a72/b1.pdf

- 為了公民非營利組織發布了一系列報告，稱為《買下你的選票：黑錢和大數據》（*Buying Your Vote: Dark Money and Big Data*）。最初的調查聚焦在二〇一二年總統大選的造勢支出。調查行動持續到二〇一五年，期間發表的調查報告包含了超級政治行動委員會崛起、「科克八爪章魚」（Kochtopus，據稱是由科克兄弟資助的機構所形成的大型黑暗網絡），以及競選活動資助法規中的漏洞。這些報告呈現了**企業對政府政策進行遊說的恐怖影響力**。

www.propublica.org/series/buying-your-vote

- 今日全球正義組織發表了一篇簡報，描述**英國的援助金「被用來促進開發中國家私部門的參與**，其形式可能是支持有利市場的政策，或是直接讓援助金在公司間流通。」這份簡報也提及，英國為世界銀行在孟加拉成立的「經濟特區」和「加工出口區」提供了一百一十億英鎊的援助金，而對跨國公司而言，這些特區根本就是境內避稅天堂。」根據這份報告指出，新的經濟特區會限縮工會活動及結社自由。

www.globaljustice.org.uk/sites/default/files/files/resources/supporter_briefing_print.pdf

- 一份世界銀行對九個計畫進行的內部審查報告指出，**世界銀行系統性地低估了會受到開發行動不利影響的人數**：「受到不利影響的人數比世界銀行在核准開發行動前估計的數字平均還高了百分之三十二——九個計畫的受影響人數被低報為只有七萬七千五百人。」一份一九九四年的內部審查報告檢視了一百九十二項計畫，發現「受影響的真實人數平均比原先的估計值還高了百分之四十七。」

http://projects.huffingtonpost.com/worldbank-evicted-abandoned/india-uncounted

二〇一三年

- 安德魯·羅斯·索爾金（Andrew Ross Sorkin）在《紐約時報》「交易錄」（Dealbook）刊登的一篇文章「曼德拉總統如何改變了對自由市場的態度」（How Mandela Shifted Views on Freedom of Markets）。這篇文章揭露了曼德拉總統前往瑞士達佛斯（Davos）參加世界經濟論壇時，在一場會議上被經濟殺手系統的擁護者說服，開放南非的市場，讓南非的不平等現象從一九九三年開始加劇。索爾金指出，曼德拉的決定讓跨國公司得以支配南非的主要公司。「舉例來說，巴克萊銀行在二〇〇五年得到了南非最大的零售銀行，阿布薩銀行（Absa）。南非最大的鋼鐵廠伊斯科（Iscor）在二〇〇四年賣給了拉克希米·米塔爾（Lakshmi Mittal）的米塔爾公司（LNM）。中國工商銀行（Industrial and Commercial Bank of China）在二〇〇八年買下了渣打銀行的大量股份，該銀行是南非最大的金融服務公司。南非最大的零售商大眾超市（Massmart）在二〇一一年將多數股權賣給了沃爾瑪。」
http://dealbook.nytimes.com/2013/12/09/how-mandela-shifted-views-on-freedom-of-markets/?_r=1
- 摩根大通和美國司法部以一百三十億美元達成了和解。據稱，摩根大通承認「**貸款詐騙**

是該公司和其他所有美國大型銀行長年使用的例行手段，為次貸危機埋下導火線。」

www.globalresearch.ca/jpmorgan-chase-engaged-in-mortgage-fraud-the-securitization-fraud-that-collapsed-the-housing-market/5371764

- **企業對華盛頓的影響**：據《紐約時報》報導，一項法案遭指控實質上是由花旗集團所擬定：「這個月，一項法案在眾議院金融服務委員會順利通過——無視財政部的反對——而根據《紐約時報》檢視的電子郵件內容，這份法案實際上是出自花旗集團之手。這項法案將免除許多交易受到新的規範限制。」

  http://dealbook.nytimes.com/2013/05/23/banks-lobbyists-help-in-drafting-financial-bills/?_r=2

- 國際包容性發展組織（Inclusive Development International）、國際問責計畫（International Accountability Project）、銀行資訊中心（Bank Information Center）和國際居住聯盟——住房與土地權利網絡（Habitat International Coalition–Housing and Land Rights Network）向世界銀行遞送了一份名為《改革世界銀行的迫遷政策》（*Reforming the World Bank Policy on Involuntary Settlement*）的報告。這份報告指出，受到世界銀行的強制驅逐所影響的人，他們付出的代價「高得不合理。大規模的重新安置一次又一次顯示出，要以維護人權的方式實施這類行動，是極為困難的事，也會導致受影響的人民陷入極端的貧困和不公義的處境。」

http://www.mediafire.com/file/yjluyteklkm7wfo/Reforming_the_World_Bank_Policy_on_Involuntary_Resettlement.pdf/file

- 今日全球正義組織發布了一篇名為《在婆羅洲受苦受難時撒錢：英國金融業如何資助印尼的化石燃料熱潮》（*Banking While Borneo Burns: How the UK Financial Sector Is Bankrolling Indonesia's Fossil Fuel Boom*）的報告。這份報告分析了印尼化石燃料產業背後的資金狀況，而該產業讓印尼的人民和土地都受到了社會、經濟和環境上的破壞性衝擊。**分析結果指出英國金融業的「股權發行、聯合貸款、股票上市」和「驅逐、森林砍伐和氣候變遷」有直接的關聯**。今日全球正義組織發布的第二篇報告則聚焦在一項計畫：「必和必拓礦業公司（BHP Billiton）計畫要建造一系列大型煤礦礦場，將會摧毀原始雨林，剝奪原住民的土地，汙染一百萬人民所依賴的水資源。」

http://www.globaljustice.org.uk/sites/default/files/files/resources/banking_while_borneo_burns_0.pdf

http://www.globaljustice.org.uk/sites/default/files/files/resources/indo-met_project_factsheet_lowrez.pdf

- 今日全球正義組織發表了一份簡報，探討哥倫比亞賽雷洪（Cerrejón）煤礦場的濫採活動。擴張礦場規模導致了侵犯人權的情事（包括摧毀村落、剝削廉價勞工），而開採出來的煤礦「幾乎都是賣給富有的國家。」這份簡報計算了礦場的三名所有人（必和必拓、英美資源集團〔Anglo American〕和斯特拉塔礦業公司〔Xstrata〕）從英國銀行、投資者和退休基金獲得的資金（包括巴克萊銀行、匯豐集團、駿懋銀行集團〔Lloyds〕及蘇格蘭皇家銀行），自二〇〇九年起，已高達約兩百五十億英鎊。

  http://www.globaljustice.org.uk/sites/default/files/files/resources/cerrejon_media_briefing.pdf

- 今日全球正義組織發表了一份簡報：《權力之網：英國政府與能源金融複合體加速了氣候變遷》（*Web of Power: The UK Government and the Energy-Finance Complex Fuelling Climate Change*）。這份報告揭露了「英國政府中，有三分之一的部長與驅動氣候變遷的金融與能源公司有所牽連。」**「能源金融複合體」的規模之大和防護嚴密的本質，能從其驚人的價值得知**：九千億英鎊（即倫敦證券交易所中化石燃料所占的股份價值，比整個撒哈拉以南非洲的國內生產毛額還多）與一**千七百億英鎊**（英國前五大銀行從二〇一〇年至二〇一二年承銷的證券與發行股票的價值總和；「比英國為開發中國家所做的氣候融資金額還多出十一倍」）。

http://www.globaljustice.org.uk/sites/default/files/files/resources/web_of_power_media_briefing.pdf

- 在「人權戰線與禿鷹基金：讓第三世界窮國為ＬＧＢＴ權益付錢」（HRC and the Vulture Fund: Making Third World Poverty Pay for LGBT Rights）一文中，人權活動家兼學者史考特・隆恩（Scott Long）檢視了美國最大的同志權益組織「人權戰線」獲捐贈的三百萬美金的不堪來源。這筆捐款來自兩位共和黨主要贊助人，其中一位是保羅・辛格，他經營一間禿鷹基金公司，據稱「是從第三世界國家的債務中贏利……以及從因債務而受苦的人民身上賺取不義之財。」隆恩檢視了禿鷹基金可說是狡詐陰險的本質以及造成的影響：「禿鷹基金旨在購買放款人準備註銷的不良債權——根據《衛報》的說法，通常是在借款國『已經一團混亂』的時候。一旦該國經濟情況穩定後，禿鷹基金就會要求支付原始債務的利息和費用，金額高達數百萬美元。」根據禧年美國網絡組織表示，「二〇一一**年下旬，國際貨幣基金組織調查了四十個重債窮國，其中有十六國面臨七十八件訴訟案，都是由營利事業債權人提出告訴。其中有三十六件訴訟案被法院裁定重債窮國需支付高達約十億美元的債務，而原本的債務價值大約五億美元。**」

http://paper-bird.net/2013/11/04/hrc-and-the-vulture-fund-making-third-world-poverty-pay-for-lgbt-rights/

www.theguardian.com/global-development/2011/nov/15/vulture-funds-jersey-decision

www.jubileeusa.org/ourwork/vulturefunds.html

- 為了公民組織啟動了一系列調查，使用了當時的聯邦銀行審查員卡門．塞加拉（Carmen Segarra）暗中錄下的錄音檔，對高盛和紐約聯邦儲備銀行進行報導。塞加拉聲稱，她在面臨壓力之下仍拒絕維護高盛的利益衝突政策之正確性，因此遭到開除。「聯邦銀行錄音檔」調查（持續到二〇一五年）將**聯邦銀行「服從」華爾街的一段可憎歷史**揭露了出來。

www.propublica.org/series/fed-tapes

- 租稅正義聯盟的資深顧問兼《血銀行：全球地下經濟》作者詹姆斯．S．亨利在TEDx-RadboudU的演講中，探討了**避稅天堂和境外銀行業如何對開發中國家造成破壞**。

https://www.youtube.com/watch?v=znYA0yIQMq0

二〇一四年

- 歐洲外債暨發展聯盟發表了一份名為《境外：開發融資機構如何利用全球最機密的金融中心來協助企業》（*Going Offshore: How Development Finance Institutions Support Companies Using the World's Most Secretive Financial Centres*）的報告。摘要中寫道：「開發中國家每年因為避稅或逃稅損失數十億美元。避稅天堂在其中扮演了關鍵的角色，提供較低的稅金，甚至不需繳稅，也提供了保密機制，讓企業得以避稅，並不需為大多數行為承擔責任。開發融資機構（Development Finance Institutions）是由國家把持，而這份報告指出，這些機構常常使用珍貴的公帑，資助設立在避稅天堂的私部門所經手的計畫。開發融資機構的這種資助方式讓境外產業更為鞏固，因為它們為國家帶來收入與合法性。」

  www.eurodad.org/goingoffshore

- 歐洲外債暨發展聯盟發表了一篇名為《隱藏的獲利：歐盟在資助一個不公義的全球租稅系統中所扮演的角色，二〇一四年》（*Hidden Profits: The EU's Role in Supporting an Unjust Global Tax System 2014*）這份報告將每個國家「與歐盟成員友國進行了四個關鍵議題的比較：與開發中國家的租稅協定是否公平、是否願意終結匿名空殼公司與信託的存在、是否支持增進經濟活動和跨國企業繳稅的透明度，以及是否願意在協商全球租稅標準時，也讓窮國有發言的權利。」這份報告的研究結果包含了幾項證據，顯示出「協助跨國企業和個人避稅行為的手段被廣泛使用，在某些案例中，政府因此能自稱是『租稅競爭力高』的國家。」這種情況製造出「逐底競爭」（race to the bottom）——意即**許多國家將標準下修，試圖吸引跨國企業進駐自己的國家**。有些最能吸引企業進駐的國家——愛爾蘭、盧森堡和荷蘭——同時**也因私下與跨國企業達成扭曲競爭的協議**，而正受到歐盟執行委員會（European Commission）的調查。

www.eurodad.org/hiddenprofits

- 今日全球正義組織發布了一篇名為《瓜分大陸：英國政府如何協助企業支配非洲的食品系統》（*Carving Up a Continent: How the UK Government Is Facilitating the Corporate Takeover of African Food Systems*）的報告。這份報告呈現了英國的援助款本欲「用來改善非洲的農業與食品安全……實際上卻是用來資助跨國公司取得資源，並影響政策的改變，讓他們得以在非洲擴大勢力版圖。」這份報告舉出了證據，揭露了「**這些對企業有利的行動**……很有可能藉由愈來愈多奪取土地的行為、不穩定且低薪的工作、種子私有化、重心放在出口市場而非餵飽當地人民，**而使得饑荒和貧窮更為**

加劇。」
www.globaljustice.org.uk/sites/default/files/files/resources/carving_up_a_continent_report_web.pdf

- 普林斯頓大學的政治學教授馬丁・吉倫斯（Martin Gilens），和西北大學的決策科學教授班雅明・佩吉（Benjamin Page）發表了一篇名為「觀點與政治」（*Perspective and Politics*）的文章，並在文中舉出證據，呈現了「**經濟菁英和代表企業利益的組織化團體對美國政府政策有巨大的獨立影響，而代表公眾利益的團體和一般公民能產生的獨立影響則微乎其微，或根本毫無影響。**」
http://scholar.princeton.edu/sites/default/files/mgilens/files/gilens_and_page_2014_-testing_theories_of_american_politics.doc.pdf

- 維基解密釋出的文件揭露了澳洲總理東尼・艾伯特（Tony Abbott）正在進行「**祕密交易的談判，將會大大鬆綁對澳洲銀行與金融產業的規範**。」《雪梨晨鋒報》（*Sydney Morning Herald*）的報導指出：「服務貿易協定（Trade in Services Agreement）的高度敏感細節……呈現了澳洲貿易談判員正在著手進行的金融服務議程，將會終結澳洲政府在銀行政策上的『四大支柱』，並讓外國銀行在澳洲營運時能有更多自由。澳洲的銀行帳戶及金融資料也能不受限制地傳輸到海外，並允許大量金融與資訊科技的外國工作者湧入。」

www.theage.com.au/politics/federal/secret-deal-bank-freeforall-20140619-3ah2w.html

- 大型銀行交易員被踢爆**操控外匯**，在不利於他們的證據中，也發現他們將聊天室命名為強盜俱樂部、黑手黨和卡特爾，聊天室成員則在對話中誇耀自己操作匯率的行為。CNN的報導指出：「花旗集團、巴克萊銀行、摩根大通和蘇格蘭皇家銀行在承認共謀操控美元及歐元的匯率後，被美國判處超過二十五億美元的罰款。這四間銀行，加上瑞銀集團，也被聯邦儲備銀行罰款十六億美元，而巴克萊銀行將會支付額外的十三億美元給監管機構，為其他指控達成和解。這四間銀行最早從二○○七年就開始進行他們所謂的『卡特爾』行為，使用線上聊天室和暗語來影響每天兩次的基準設定，以增加獲利。」

www.forbes.com/sites/leoking/2015/05/21/forex-barclays-citi-ubs-jpmorgan-online-chat-instant-messenger/

http://money.cnn.com/2015/05/20/investing/ubs-foreign-exchange

- 國際遷移與安置網絡組織（International Network on Displacement and Resettlement）

理事長席奧多・唐寧（Theodore Downing）發現，科索沃電力計畫（Kosovo Power Project）「為了開發露天褐煤礦場」而提出遷移超過七千名科索沃人的建議，卻沒有依循「國際安置標準……如果想要獲得國際融資，就得先符合這項標準才行。」儘管如此，科索沃電力計畫仍在世界銀行的帶領下繼續推進，「誤使科索沃行政機構與立法者準備了不符合標準的法律、政策與制度架構，以指導遷移行動的進行。」

Http://action.sierraclub.org/site/DocServer/Final_Draft_Downing_Involuntary_Resettlement_at_KPP_Repo.pdf?docID=15541

- 為了公民組織與新聞調查節目《前線》（*Frontline*）進行了一項聯合調查，揭露了明確的**證據，指出美國泛世通（Firestone）公司和賴比瑞亞的冷血軍閥查爾斯・泰勒（Charles Taylor）在九〇年代早期過從甚密**：「根據訪談、企業內部文件及解密後的外交電報所示，泰勒把泛世通當作叛軍的食物、燃料、貨車和現金的供應來源。這間公司在一九九二年簽署了一項交易，同意向泰勒的叛軍政府繳稅。根據法庭文件的一份帳單，**泛世通在隔年發放了超過兩百三十萬美元的現金、支票和食物給泰勒**」以交換叛軍的保護。

https://www.propublica.org/article/firestone-and-the-warlord-intro

- 《國家雜誌》在「說客都去哪兒了？」（Where Have All the Lobbyists Gone?）這篇文章中揭露了**美國遊說產業的欺瞞行為與祕密**。法律上的漏洞讓遊說產業從業人員不必正式登記為說客，讓整個產業得以「地下化」。二〇一三年，只有一萬兩千兩百八十一人登記為說客，而專家表示：「真實的人數接近十萬名。」此外，雖然美國政府官員於二〇一三年在說客身上的支出是三十二億美元，這篇文章估計非正式的總金額是九十億美元。傑佛瑞．薩克斯（Jeffrey Sachs）在著作《文明的代價》（*The Price of Civilization*）中拆解分析，估計出非正式的金額高達三百億美元。說客造成的最主要的經濟影響，是讓大型企業能將政府補助金牢牢抓在手上，不論是以稅收抵免、手續費優惠、發錢政策的形式，或單純只是補助。
www.thenation.com/article/archive/shadow-lobbying-complex/
- 紐約一間地區法院裁定剛果民主共和果必須向兩間禿鷹基金——西密斯資本（Themis Capital）和狄蒙投資（Des Moines Investments）——支付七千萬美元，其中的五千萬美元為原始債務的利息。這兩間禿鷹基金在二〇〇八年從花旗銀行和其他債權人手中買下這筆債務時，價值大約一千八百萬美元。
www.jubileeusa.org/vulturefunds/vulture-fund-country-studies.html

二〇一五年

- 一個超過五十名記者的團隊，成員來自《赫芬頓郵報》相關人士與國際調查記者同盟，啟動了一項名為「遭驅逐與拋棄」（Evicted & Abandoned）的調查計畫。這項持續進行中的深度報導——《世界銀行沒有信守保護窮人的承諾》（*How the World Bank Broke Its Promise to Protect the Poor*）——紀錄了在衣索比亞、宏都拉斯、印度、肯亞、奈及利亞、秘魯和其他地方被世界銀行的計畫強迫遷移的人民。這項報導的引言揭露了其延伸性影響的可怕規模：「據國際調查記者同盟對世界銀行的紀錄所做的分析，**顯示出從二〇〇四年到二〇一三年，估計有三百四十萬人因世界銀行的計畫遭受物理上或經濟上的遷移**，強迫他們搬離家園、奪走他們的土地、傷害他們的生計。」http://projects.huffingtonpost.com/worldbank-evicted-abandoned
- 今日全球正義組織發表了一份名為《能源私有化：英國援助資金在奈及利亞的私有化》（*Privatising Power: UK Aid Funds Privatization in Nigeria*）的簡報。這份報告指出：「由亞當．史密斯國際顧問公司（Adam Smith International）經手的一項一億英鎊的計畫中，**英國將五千萬英鎊的援助款用來資助奈及利亞能源部門的私有化**。雖然程序尚未完成，卻已經造成了災難性的結果：奈及利亞人民面臨了物價上漲、公部門服務品質低落和常態性停電。牽涉私有化行動的公司解雇了許多員工，還在二〇一四年不得不接受中央銀行的紓困。」
www.globaljustice.org.uk/sites/default/files/files/resources/nigeria_energy_privatisation_briefng_online_0.pdf

- 《紐約時報》報導了「**美國軍備的銷售如何助長阿拉伯國家的戰爭**」：「為了在葉門開戰，沙烏地阿拉伯使用了向波音公司購買的F－15戰鬥機。阿拉伯聯合大公國的飛行員駕駛洛克希德馬汀的F－16戰鬥機，轟炸葉門和敘利亞。不久之後，聯合大公國就要完成與通用原子公司（General Atomics）的交易，使用一隊掠食者（Predator）無人機在鄰近地區進行情報任務。如今中東地區淪為代理人戰爭、宗派衝突與反恐網絡的區域，儲備了美國軍武的中東各國將武器投入實際使用，需求不斷成長。在五角大廈的軍備預算逐漸縮減的情況下，美國國防承包商因此而爭先恐後地尋求外國生意——但這也可能讓這個盟友版圖劇烈轉變的地區，在未來出現一場危險的新軍備競賽。」
www.nytimes.com/2015/04/19/world/middleeast/sale-of-us-arms-fuels-the-wars-of-arab-states.html

- 德意志銀行在近來的倫敦同業拆放利率醜聞中，達成了二十五億美元的和解。這個國際金融巨頭被控「**共謀操弄全球利率基準**」。

http://money.cnn.com/2015/04/23/news/deutsche-bank-libor-settlement/?iid=EL

- 跨國企業研究中心（Centre for Research on Multinational Corporations）是歐洲外債暨發展聯盟的成員組織，發表了一篇名為《愚人金：加拿大礦業公司埃爾拉多黃金如何摧毀希臘的環境，並利用荷蘭郵務公司避稅》（*Fool's Gold: How Canadian Mining Company Eldorado Gold Destroys the Greek Environment and Dodges Tax through Dutch Mailbox Companies*）的報告。據歐洲外債暨發展聯盟所說：「這份報告揭露了**希臘的經濟重建被大規模的逃稅行為破壞，而荷蘭正是協助逃稅行為的共犯**。與此同時，希臘正忍受歐盟執行委員會、歐洲中央銀行和國際貨幣基金組織實施，並由荷蘭支持的嚴厲撙節措施。」

www.eurodad.org/Entries/view/1546374/2015/04/01/Fool-s-Gold-How-Canadian-mining-company-Eldorado-Gold-destroys-the-Greek-environment-and-dodges-tax-through-Dutch-mailbox-companies

- 維基解密釋出了一份出自「跨太平洋夥伴全面進步協定」的一個章節的草案，其中敘述了美國意圖利用外國的公平貿易與當地企業的錢來資助企業。根據《Yes!雜誌》

（*Yes! Magazine*）的報導，「這份文件證實了反對者認為**跨太平洋夥伴全面進步協定不過是一個企業權利協議**的指控，意圖讓美國工作機會外移、允許企業因政府制定勞工及環境保護法規而提出控告、使政府支持當地企業的活動成為非法行為，以及促進跨國企業與金融業者殖民該國經濟的行為。」

www.yesmagazine.org/economy/2015/04/16/trade-rule-illegal-favor-local-business-tpp-leak-wikileaks?utm_source=YTW&utm_medium=Email&utm_campaign=20150417

- 今日全球正義組織發布了一份關於跨大西洋貿易投資夥伴協定的簡報，稱之為「對當地民主體制的威脅，並在當地政府機關做出影響到美國企業利益的決策時從中作梗。」這份報告進一步指出，這項協議「可能威脅到公眾服務，使可疑的仲裁委員會得以成立，能夠駁回英國法庭系統的判決，破壞健康與安全的標準等規範。」

  www.globaljustice.org.uk/sites/default/files/files/resources/local_authorities_briefing_0.pdf

- 國家廣播公司十一頻道（NBC 11）報導了全美議會交流理事會（American Legislative Exchange Council）是「公司法案製造機」，讓企業能對立法產生重大的影響。在「踢爆全美議會交流理事會」（ALEC Exposed）網站中可以看到大量的證據，指出「**全球企業和各州政治人物進行閉門投票，試圖改寫影響我們權利的州立法律**」。

https://secure2.convio.net/comcau/site/Advocacy?pagename=homepage&page=UserAction&id=650&autologin=true

www.alecexposed.org/wiki/ALEC_Exposed

- 維基解密釋出了**自一九七八年起超過五十萬條的美國外交電報內容**。據《民主吧！》報導，「這些文件包含了美國與幾乎所有國家的大使館及進行任務時發送的外交電報及其他外交通訊內容。『現今發生的許多地緣政治因素實際上是從一九七八年開始發展的，』維基解密創辦人阿桑奇表示，『一九七八年是伊朗革命的開始……也是桑地民族解放陣線（Sandinista movement）開始進行大眾形式的活動……阿富汗戰爭時期也是從一九七八年開始，至今仍未停止。』」

www.democracynow.org/2015/5/28/WikiLeaks_releases_500k_us_cables_from

- **國際足球總會醜聞**：二〇一五年五月：美國官員宣布了「一項對十四名國際足總高層及行銷專員的重大起訴，指控他們在二十年間進行見不得光的交易、收受一億五千萬美元的賄賂，腐化了這項運動。當局將這些國際足球員類比為黑手黨家族或毒品卡特爾集團，並依據通常用在這類犯罪組織上的敲詐勒索法來提出控告……不論是以迂迴的金融交易，還是把現金裝滿手提箱的老派方法，只要想使用國際足總源源不絕的金流和名聲，你就要付錢。聯邦起訴書中詳列了四十七項罪狀，包含**賄賂、詐欺和洗錢**。」
www.nytimes.com/2015/05/28/sports/soccer/fifa-officials-arrested-on-corruption-charges-blatter-isnt-among-them.html?_r=1

- 國際問責計畫發表了一篇名為《回到開發：開發到底可以是什麼樣子》（*Back to Development: A Call for What Development Could be*）的報告，檢視了發生在柬埔寨、埃及、蒙古、緬甸（Myanmar）、巴拿馬、菲律賓、辛巴威和其他地方，與世界銀行出資的計畫有關的強迫驅逐與其他違反人權的活動。這份報告的其中一項結果，計算出「在四項世界銀行出資的計畫中，有百分之七十一的迫遷民眾沒有得到任何補償。」
www.mediafire.com/view/zw1g9k4wr83jr5v/IAP_FOR_WEB_R013.pdf
https://medium.com/@accountability/in-chennai-india-residentsdemand-the-world-bank-respect-human-rights-43a4d121b8f2
- 為了公民組織發表了一篇重創紅十字會的調查報導，檢視了紅十字會在海地的「開發」計畫——或者該說是毫無開發作為的開發計畫。這篇報導的標題為「何以紅十字會為海地募款了五億美元，卻只蓋了六間住房」（How the Red Cross Raised Half a Billion Dollars for Haiti and Built Six Homes）。簡而言之，這份報導指出：「紅十字會的工作普遍受到大眾讚揚，但他們實際上卻在海地不斷失敗。擔憂的高層所寫的機密備忘錄和電子郵件，以及來自失望的內部人士的陳述，**顯示出這間慈善機構無法信守承諾、浪費善款，還發表可疑的成功宣言**……紅十字會不願公開他們如何使用數億善款的細節。但我們的報導顯示出，那些需要的人們收到的金額，實際上比紅十字會宣稱的還少。」

https://www.propublica.org/article/how-the-red-cross-raised-half-a-billion-dollars-for-haiti-and-built-6-homes

- 今日全球正義組織發布了一篇報告：《又一次從貧窮獲利：英國國際發展部門協助將教育與健康部門私有化》（*Profiting from Poverty, Again: DFID's Support for Privatising Education and Health*），指出英國的援助預算「愈來愈多被用來在非洲及亞洲成立私人醫療與教育部門。」根據報導內容所述：「許多私人服務是由英國企業經營，而這些公司和英國國際發展部門有不恰當的緊密關係。其他公司則是由跨國企業巨頭聯合經營，例如可口可樂公司——該公司顯然不只著眼於這個『綠漂』（greenwash）品牌形象的機會，也覬覦直接的商業好處。」簡而言之，「**援助款被當作一個工具，用來說服、誘騙與強迫大部分的國家採取對大企業有幫助的政策，卻破壞了剛起頭或成**

長中的公眾服務。」

www.globaljustice.org.uk/sites/default/files/files/resources/profiting_from_poverty_again_dfid_global_justice_now_1.pdf

- 國際調查記者同盟在《赫芬頓郵報》發表了一份報告，發現**世界銀行及國際金融公司（International Finance Corporation）「大幅增加」了針對「被銀行業者歸類為對社會與環境造成『不可逆且空前』的衝擊的計畫」所做的投資**。這份報告表示：「從二〇〇九年至二〇一三年，這兩間放款機構將五百億美元挹注到兩百三十九項這種高風險的『A級』計畫，包括水壩、銅礦場和石油輸送管——紀錄檢視，這個數量比過去五年間的投資計畫高出了兩倍。許多開發計畫都是在秘魯這些聯邦政府較無力、規範寬鬆的國家。」

http://projects.huffingtonpost.com/worldbank-evicted-abandoned/how-worldbank-finances-environmental-destruction-peru

- 樂施會發布了一份名為《他者的苦難：國際金融公司透過金融中介機構放款的人命代價》（*The Suffering of Others: The Human Cost of the International Finance Corporation's Lending through Financial Intermediaries*）的簡報。這份報告指出，二〇〇九年至二〇

一三年間，國際金融公司投資了三百六十億美元到所謂的「金融中介機構」（包括商業銀行、私募股權基金和避險基金），但根據樂施會在華盛頓特區的辦公室指出，國際金融公司「並不知道在這個新模式底下，大部分的投資款會流向哪裡，以及是否會造成傷害。」這份報告進一步揭露，「自二〇一二年起，國際金融公司與金融中介機構所做的四十九項被歸類為『高風險』的投資中，只有向大眾公布其中三項交易的附屬計畫。這篇報導的共同作者娜塔麗．布爾加斯基（Natalie Bugaalski）說：『這就表示，沒有任何公開資料可以告訴我們，在國際金融公司對中介機構所做的「高風險」投資裡，百分之九十四的款項究竟去了哪裡。』」

www.oxfam.org/files/file_attachments/ib-suffering-of-others-international-finance-corporation-020415-en.pdf

www.oxfam.org/en/press-releases/billions-out-control-ifc-investments-third-parties-causing-human-rights-abuses

- 截至二〇一五年七月（數據資料則是截至二〇一四年十一月），美國國際開發署的前十大供應商都是跨國企業：化學經濟公司（Chemonics，第三名）、約翰．斯諾公司（John Snow, Incorporated，第七名）、ＤＡＩ華盛頓公司（DAI Washington，第八名）、健康管理科學公司（Management Sciences for Health, Inc.，第九名）、霍普金斯大學國際公司（Jhpiego Corporation，第十名）。美國國際開發署擁有超過二十億美元「承付款」（amounts obligated）的第一名供應商是誰呢？世界銀行。

www.usaid.gov/results-and-data/budget-spending/top-40-vendors

- 《新共和》雜誌（*New Public*）在「華爾街付錢給銀行員工，要他們到政府上班，而且不想讓其他人知道」（Wall Street Pays Bankers to Work in Government and It Doesn't Want Anyone to Know）這篇文章中，揭露了金融機構向員工提供誘因，鼓勵他們接下具有影響力的政府職位——並隱瞞這些誘因的真正性質。這篇文章指出：「有三間華爾街銀行付給高階主管數百萬美元，作為進入政府任職的獎勵，並試圖向大眾隱瞞這個作為，而花旗集團就是其中之一……批評者主張，這些『金色降落傘』（golden parachutes）讓更多金融圈內部人士掌握政策相關的職位，使華爾街得到有利的待遇。」一篇《彭博》雜誌的相關報導顯示出，一九八八年至二○一三年間，從監管職位跑到銀行工作的人愈來愈多，反之亦然，說明了監管機構和其監管的公司對象之間存在著所謂的「旋轉門」（revolving door）。政府監督計畫（Project on Government Oversight）在二○一三年的調查中揭露的證據，讓這篇報導的調查結果更為可信：「主要公司……以有利於財務的動機，讓高階主選擇到政府任職……透過補償政策，這些公司促進旋轉門的存在，並讓離職員工更輕易能對政策產生影響。」比利・陶津（Billy Tauzin）是一個主要例子，他是前共和黨眾議員，協助起草並通過了《醫療保險現代化法案》（*Medicare Modernization Act of 2003*）——這項法案對製藥公司來說相當有利。同年的不久之後，「在布希總統簽署法案的同一個月裡，代表了美國最大的藥品與生技公司的美國藥品研究及製造商協會（Pharmaceutical Research and Manufacturers of America）力推陶津坐上協會會長的位置。」十個月後，陶津接下了這個職位，根據報導，他的年薪有兩百萬美元。

www.newrepublic.com/article/120967/wall-street-pays-bankers-work-government-and-wants-it-secret

www.bloomberg.com/news/articles/2015-01-30/fed-s-revolving-door-spins-faster-as-banks-boost-hiring

www.pogo.org/our-work/reports/2013/big-businesses-offer-revolving-door-rewards.html

www.nbcnews.com/id/11714763/t/tauzin-aided-drug-firms-then-they-hired-him/#.VZ3V46YyFLg

- 《衛報》進行的一項調查揭露了殼牌石油、埃克森美孚和馬拉松石油獲得了總額十六億兩千萬美元的補助，而這些補助「都是那些從化石燃料產業收受大筆競選捐款的政治人物所核發。」這項報導同時也發現，在二〇〇三年，「**煤炭、石油和天然氣產業獲得了五千五百億美元的補助**，比再生能源產業獲得的補助還高了四倍。」
www.theguardian.com/environment/2015/may/12/us-taxpayers-subsidising-worlds-biggest-fossil-fuel-companies
- 不斷有報導指出由美國政府支持的豺狼所扮演的角色愈來愈廣。一項《紐約時報》的調查揭露了**海豹部隊第六分隊的「暗殺與模糊道德界線的祕密歷史」**，這個分隊是「美國史上最被神話化、最隱密，也最少受到檢視的軍事組織。」換句話說，第六分隊就是現代豺狼，但他們不只暗殺造成不便的外國領袖，更將目標擴及所有「可疑的激進分子」。事實上，**豺狼已經建立了他們自己的產業——私人保全公司**。丹佛大學謝壽康中心（Sié Chéou-Kang Center）的私人保全監控計畫（Private Security Monitor project）指出，美國是「世界上最大的私人武力與保全服務的消費者」。許多私人保全公司都牽涉到嚴重瀆職與殺害平民的指控。最知名的醜聞「黑水門」（Blackwatergate），涉及了黑水公司被控在尼蘇爾廣場（Nisour Square）的伊拉克平民大屠殺事件（以及其他暴行）。黑水公司是首屈一指的美國傭兵公司，除了黑水門事件以外，**也被指控系統性地躲過這些暴力犯罪的起訴**。

www.nytimes.com/2015/06/07/world/asia/the-secret-history-of-seal-team-6.html?_r=1

http://psm.du.edu/articles_reports_statistics/data_and_statistics.html#usdata

www.thenation.com/article/blackwatergate#

- 《新左派評論》（*New Left Review*）在「德國的動力不足？」（Germany's Faltering Motor?）一文中，細細剖析了遍及歐元區的經濟殺手態度和活動。據文章內容所述：「在『歐洲三頭馬車』（Troika）的核可下，由德國帶頭的一個小型北方國家陣營享有經常帳盈餘（*current account surpluses*），也主導了南方負債國家的經濟重組條件。」歐洲三頭馬車是由歐盟執行委員會、歐洲中央銀行和國際貨幣基金組織所組成，共同監督「接受歐盟和國際貨幣基金組織提供的金融貸款、發生嚴重經濟危機的國家。」三頭馬車監管組織（Troika Watch）解釋道：「三頭馬車的作為實質上是在確保為金融機構所造成的錯誤與系統性的經濟問題付出代價的人是平民老百姓，而這才是造成經濟危機的真正原因。與此同時，在過去幾年間，歐洲立法者不斷鬆綁針對這些金融機構與大企業的規範和控制。」這些如同經濟殺手的北方國家對歐盟其他國家產生了嚴重的傷害，使那些國家必須接受嚴厲的撙節措施。根據《新左派評論》的文章所述，「**在希臘**，二○○八年世界經濟危機帶來的衝擊因撙節措施而加劇，導致國家經濟**遭到空前絕後的破壞**。如今希臘正遭受比三○年代還嚴重的經濟蕭條，在歐元架構底下絲毫看不見未來。西班牙、葡萄牙和義大利也被困在經濟衰退之中——而義大利可是歐洲合併成歐盟過程中的元老國之一。二○一二年起，這三國的失業率便來到了二位數——西班牙是百分之二十五——青年失業率甚至還要更高。」

http://newleftreview.org/II/93/joshua-rahtz-germany-s-faltering-motor

www.troikawatch.net/what-is-the-troika

- 禧年美國網絡組織形容喀麥隆共和國（Cameroon）可能感受到正被「數家禿鷹基金」追獵，「包括慈恩教會資本（Grace Church Capital，開曼群島）、安特衛普（英屬維京群島）、史康賽有限公司（Sconset Limited，英屬維京群島）和溫斯洛銀行（Winslow Bank，巴哈馬）……慈恩教會資本以九百五十萬美元買下了一筆喀麥隆的債務，接著提出告訴，追討四千萬美元；史康賽有限公司買下了一千五百萬美元的債權，並提出控告，要求賠償六千七百萬美元。**安特衛普用一千五百萬美元買下一筆債務，卻要求這個在歐盟的人類發展指數（Human Development Index）上排名第一百**

五十名、國內生產毛額只有兩百二十億美元的國家支付高達一億九千六百萬美元的賠償。同時，溫斯洛銀行也提出告訴，要求喀麥隆替價值只有九百萬美元的債務支付五千萬美元的賠償，並試圖沒收喀麥隆的海外資產，以強制執行法庭的勝訴判決。」

www.jubileeusa.org/vulturefunds/vulture-fund-country-studies.html

- 根據《華爾街日報》的報導，美國貿易與發展會議（United States Conference on Trade and Development）指出，**許多企業利用境外銀行系統，以避免支付每年兩千億美元的稅金**。

  www.wsj.com/articles/companies-avoid-paying-200-billion-in-tax-1435161106

- 在「世界銀行、貧窮的創造和平庸的邪惡」（The World Bank, Poverty Creation and the Banality of Evil）一文中，《真相報》（*Truthout*）仔細分析了世界銀行以及與它有所關聯的微型菁英團體——這些菁英掌控了全球經濟系統。

  www.truth-out.org/news/item/29851-the-world-bank-poverty-creation-and-the-banality-of-evil

- 在「國際發展之死」（The Death of International Development）一文中，倫敦經濟學院（London School of Economics）研究員傑森・希克爾（Jason Hickel）提醒我們，最富國和最窮國之間的財富比不斷增加：「一九七三年的差距大約是四十四比一，而如今的差距將近八十比一。不平等現象變得如此極端，現在，**世界上最富有的六十七個人所擁有的財富——就算把這些人裝進一台倫敦巴士，大家都還是有足夠的空間——比最窮的三百五十萬人加起來還多。**」

www.thoughtleader.co.za/jasonhickel/2014/11/24/the-death-of-international-development

- 艾瑞克·霍德（Eric Holder）卸任司法部長後，回到了前東家科文頓·柏靈法律事務所（Covington & Burling）任職——該事務所的客戶包括「許多霍德時任司法部長時，未能成功因在金融危機中所扮演的角色而受到起訴的大型銀行。這些銀行包括美國銀行、摩根大通、富國銀行和花旗集團。」《滾石雜誌》（*Rolling Stone*）的記者馬特·泰比（Matt Taibbi）在和《民主吧！》的主持人艾咪·古德曼訪談時表示：「這可能是**史上最大的旋轉門案例**。」

www.democracynow.org/2015/7/8/eric_holder_returns_to_wall_street

- **兩起主要的債務危機——發生在希臘和波多黎各——在國際舞台上瀕臨引爆關頭**。由於這些危機在這個章節完成時（二〇一五年七月）仍在快速演變，請讀者自行參考後續新聞。欲了解希臘債務危機，《紐約時報》的文章是個不錯的開始。

www.nytimes.com/interactive/2016/business/international/greece-debt-crisis-euro.html

柏金斯生平記事

一九六三　私立預科中學畢業，進入明德大學就讀。

一九六四　結交某伊朗將軍之子法哈德為友。自明德大學輟學。

一九六五　進入波士頓赫斯特報系工作。

一九六六　進入波士頓大學商學院就讀。

一九六七　與前明德大學同學結婚，其「法蘭克叔叔」乃國安局高階主管。

一九六八　國安局之人格分析顯示為一名理想的經濟殺手。加入和平工作團，分發至厄瓜多爾境內的亞馬遜河工作，並得到法蘭克叔叔的鼓勵。當地古老的原住民正與石油公司奮戰。

一九六九　在熱帶雨林及安地斯山脈一帶生活。親身經歷石油公司及政府機構的狡詐詭計，親眼目睹他們對當地文化與環境造成的負面衝擊。

一九七〇　於厄瓜多爾會見ＭＡＩＮ國際顧問公司副總裁兼國安局聯絡官。

一九七一　加入ＭＡＩＮ，在波士頓接受克勞汀的經濟殺手訓練，參與十一人小組，前往印尼爪哇出任務。受到壓力而捏造不實之經濟研究，良心掙扎。

一九七二　由於願意「合作」，被晉升為首席經濟學家，且被視為「天才小子」。會見重要領袖，包括世界銀行總裁麥納瑪拉。派往巴拿馬從事特別任務，與深具魅力的領導人，巴拿馬總統杜里荷成為朋友；獲悉美國帝國主義由來，及杜里荷欲將運河所有權自美國手中奪回的決心。

一九七三　事業一路攀升巔峰。在ＭＡＩＮ內部建立帝國；繼續巴拿馬工作；密集出訪亞洲、拉丁美洲與中東等地，並於上述各地進行研究。

一九七四　成為沙烏地阿拉伯一項空前成功的經濟殺手案幕後的重要推手。沙國皇家同意投資數十億油元購買美國債券，並允許美國財政部運用該投資利息，聘請美國公司在沙國興建電力及水利系統、高速公路、港口和城鎮。交換條件：美國保證皇家將持續統領沙國。該案成為未來經濟殺手的作業模式，包括伊拉克最終失敗一案。

一九七五　再次升遷，成為ＭＡＩＮ百年來最年輕之合夥人，被任命為經濟及區域規畫處經理。發表一系列具影響力之論文；在哈佛大學及其他機構演說。

一九七六　主持非洲、亞洲、拉丁美洲、北美及中東等地的主要計畫案。自伊朗國王手下的口中，獲悉經濟殺手以革命的手段建立帝國。

一九七七　透過在哥倫比亞的個人關係，了解鄉下農民的苦楚，他們被貼上共產黨恐怖分子的標籤，實則是在保護家族與家園。

一九七八　被法哈德匆忙帶出伊朗，兩人飛至法哈德父親位於羅馬的住處。其父為伊朗前將軍，預言伊朗國王即將被驅逐，並將中東蔓延的仇恨意識歸咎於美國政策、領導人的腐敗以及暴虐政權。法哈德父親警告，美國如果不具同情心，情勢將趨惡化。

一九七九　伊朗國王流亡美國，伊朗人攻擊美國大使館、挾持五十二位人質等事件，使得良心交戰。領悟美國乃一極力否認自身為帝國主義之國家。歷經長年的緊張關係與分離，與首任妻子離異。

一九八〇　飽受沮喪和罪惡感的折磨，幡然醒悟，金錢與權力的誘惑使其深陷MAIN。辭職。

一九八一　厄瓜多爾總統羅爾多斯（曾策動反石油政策）及巴拿馬總統杜里荷（因其巴

拿馬運河與美國軍事基地所持立場，引發華府利益人士的報復）雙雙喪生飛機失事，所有跡象均顯示該事件乃出自中情局暗殺；為此，內心深受困擾。二度結婚，岳父乃貝泰總建築師，負責沙烏地阿拉伯新市鎮的規畫與興建——該工程的資金來源，歸功於一九七四年經濟殺手的交易成功。

一九八二　成立獨立電力系統公司（IPS），以有利環保的方式生產電力。獲女潔西卡，升格為父親。

一九八三～一九八九　任獨立電力公司總裁，有賴高層人士、免稅等諸多「巧合」，使得公司非凡成功。身為一名父親，對於世界危機及前經濟殺手的角色深感煩憂。著手寫書透露全盤故事，然而有人提供優渥顧問待遇作為條件，使得他中輟書寫。

一九九〇～一九九一　繼美國入侵巴拿馬、諾瑞加被捕入獄後，他出售了獨立電力公司，於四十五歲退休。重新考慮撰寫經濟殺手的故事卻受到勸阻，因而將精力轉向成立非營利組織。友人忠告，此類書籍將使非營利組織的努力遭受負面衝擊。

一九九二～二〇〇〇　眼看經濟殺手在伊拉克挫敗導致第一次波斯灣戰爭。三度動筆撰寫經濟殺手的故事，又因為受到威脅利誘而讓步。改而撰寫原住民相關書籍、支援非營利組織、任教於新世紀論壇、探訪亞馬遜河與喜瑪拉雅山脈、會見達賴喇嘛等，試圖藉此減輕罪惡感。

二〇〇一～二〇〇二　二〇〇一年九月十一日當天，帶領一組北美人士深入亞馬遜河，與當地原住民部落生活。在世貿原址度過整日，下定決心寫出經濟殺手背後的真相，並藉此療傷。

二〇〇三～二〇〇四　回到厄瓜多爾的亞馬遜河流域，會見決心向石油公司宣戰的原住民部落。撰寫《經濟殺手的告白》。

二〇〇五～二〇一六　國際暢銷書《經濟殺手的告白》出版後，展開了全球巡迴演講前往企業高峰會、總裁與其他企業領袖組成的大型團體、消費者會議、音樂祭和超過五十所大學，傳達用生命經濟體取代死亡經濟體的訊息。撰寫《美國帝國的祕密歷史》（*The Secret History of the American Empire*）、《欺瞞》（*Hoodwinked*），以及《經濟殺手的告白（全新暢銷增訂版）》。

致謝

沒有那些我有幸與之分享人生，以及出現在本書的人，這本書就不可能完成。我對這些經驗和教訓都滿懷感激。

除此之外，我要感謝那些鼓勵我勇於冒險、訴說我最原本的故事的人：Stephen Rechtschaffen、Bill 和 Lynne Twist、Ann Kemp 與 Art Roffey，還有許多參與夢想改變組織的旅行和工作坊的人，特別是我的共同主持人 Eve Bruce、Lyn Roberts 和 Mary Tendall，以及我那美好得令人難以置信的前妻、長達三十年的伴侶 Winifred，與我們的女兒 Jessica。

我要感謝許多男男女女，在跨國銀行、國際企業及許多國家的政治暗諷方式上提供了許多洞見和資料，這裡要特別感謝 Michael Ben-Eli、Sabrina Bologni、Juan Gabriel Carrasco、Jamie Grant、Paul Shaw 和其他人——他們希望不被提及姓名，但都很清楚自己的身分。

最初版本的原稿完成後，Berrett-Koehler 出版社的創辦人 Steve Piersanti 不只有勇氣簽下我，還奉獻了無數個小時編輯，協助我反覆擬定本書的架構。我向 Steve 獻上最深的感激，以及 Richard Perl——是他把我介紹給 Steve——還有 Nova Brown、Randi Fiat、Allen Jones、Chris Lee、Jennifer Liss、Laurie Pellouchoud 和 Jenny Williams——她閱讀了我的原稿，並提出批評；還有 David Korten，他不只閱讀原稿、提出批評，還強迫我不斷挑戰自我，以符合他優異的高標準；還有我的經紀人 Paul Fedorko；還有擔綱本書視覺設計的 Valerie Brewter；還有 Todd Manza，他是文字職人、非凡的哲學家。

我想為這本《新經濟殺手的告白》感謝 Kiman Lucas，她鼓勵我繼續前行，並籌劃旅程、陪伴我造訪她熟知的各個國家，在本書的寫作過程中扮演了舉足輕重的角色，她也毫不畏懼地對我的意見提出挑戰，帶給我無可估量的幫助。我也要感謝我的前妻 Winifred，她在許多方面都持續支持我，擁有一顆無比仁慈的心，也是所有人都夢寐以求、最睿智的顧問。還有我的女兒 Jessica 和孫子 Grant，他們一直是讓我全力以赴的動力來源。Ali Yurtsever 和 Umut Tasa Yurtsever，Alper 與 Filiz Utku，以及 Berna Baykal，他們協助我在伊斯坦堡的旅程，也不遺餘力地改變企業和政府領袖。Daniel Koupermann 是第一個讓我聯繫上阿丘阿爾部落的人，他也讓帕查帕瑪聯盟得以成形，是我的朋友和許多冒險旅程的旅伴。我也要感謝阿丘阿爾人的部族領袖和人民。我要再一次向我的文學經紀人 Paul Fedorko 致上謝意，沒有他的想法、編輯技巧、耐心和堅持不懈，我就不可能寫成這本書。我的公關 Peg Booth 和 Jessica Muto，她倆安排了許多我的巡迴演講和媒體活動；Becky Robinson 和她在「編織影響力」（Weaving Influence）組織的團隊對我的網站和社交平台施展奇蹟；感謝 Cathy Lewis 和路易斯公司（C.S. Lewis & Co.）的公關專業；還有我親愛的朋友、傑出的生意人 Dan Wieden；我的知己、天才企業家 Scott James；還有夢想改變組織的指路明燈與執行長 Samantha Thomas，以及 Llyn Roberts，她亟需她協助的關鍵時刻，回到了我的生命中。

我深受 Berrett-Koehler 出版社的 Steve Piersanti 之恩，他身為編輯指導、啦啦隊的傑出才華，以及形塑這本書所付出的心力，讓我銘感五內。我也要感謝 Jenny Williams 協助我研究及準備規模龐大的「經濟殺手活動紀錄」章節；還有 Alana Price，她也為「經濟殺手活動紀錄」貢獻了許多條目和其他研究；ＢＫ出版社實習生兼審稿人 Anita Simha 和 Claire Pershan；Charlotte Ashlock、Anna Maillet 和 Steve Piersanti（ＢＫ出版社編輯部）；Kristen Frantz、Katie Sheehan、Michael Crowley、Shabnam Banejree-McFarland、Matt Fagaly、Zoe Mackey 和 Marina Cook（ＢＫ出版社業務與行銷部）；

María Jesús Aguiló、Catherine Lengronne、Johanna Vondeling 和 Leslie Crandell（BK出版社國際業務和版權部）；Lasell Whipple、Courtney Schonfeld 和 Edward Wade（BK出版社設計與印務部）。

我要特別感謝 David Korten、Anita Simha、Lorna Garano、Mal Warwick、Maria Lewytzky-Milligan、Nic Albert 和 Claire Pershan，他們閱讀草稿、提出許多深刻的建議和編輯，以及電台播報員兼作家 Zohara Hieronimus，她建議我使用「死亡經濟體」與「生命經濟體」。

我一定要感謝和我在ＭＡＩＮ共事的男男女女，他們當時並不知道自己扮演了協助經濟殺手打造全球帝國的角色。我特別要感謝那些當時在我手下工作，以及陪我造訪遙遠國度、與我共享珍貴時刻的人。我也要感謝 Ehud Sperling 和他在「內在傳統國際組織」（Inner Traditions International）的員工，他們出版了我早期關於原住民文化及薩滿教的書籍，也是讓我走上作家之路的好友。

我要特別感謝帶領我走進他們家園的男男女女——位在叢林、沙漠、群山、雅加達運河區的紙板小屋、世界上無數城市裡的貧民窟——並與我分享他們的食物與人生，他們一直是我最大的啟發。

團（Sinohydro Corp）建造，未來將供應厄瓜多百分之七十五的電力需求。」(Alvaro, “China, Ecuador Sign $2 Billion Loan Deal”). 我選擇使用厄瓜多債務的官方數字：*El Commercio*, July 29, 2015, “La prensa de EE.UU. alerta la dependencia de Ecuador a China.”

4. “Ecuador: Over 50% of Oil Exports Went to China in September,” *Latin American Herald Tribune*, May 23, 2015, http://laht.com/article.asp?ArticleId=434747&CategoryId=14089.
5. Andrew Ross, “Why Is Ecuador Selling Its Economic and Environmental Future to China?,” *The Nation*, December 18, 2014, www.thenation.com/article/193249/why-ecuador-selling-its-economic-and-environmental-future-china.
6. Clifford Krauss and Keith Bradsher, “China’s Global Ambitions, with Loans and Strings Attached,” *New York Times*, July 24, 2015, www.nytimes.com/2015/07/26/business/international/chinas-global-ambitions-with-loans-and-strings-attached.html.
7. “Total Value of US Trade in Goods (Export and Import) with China from 2004 to 2014,” Statista, accessed July 24, 2015, www.statista.com/statistics/277679/total-value-of-us-trade-in-goods-with-china-since-2004.

第四十五章

1. Daniel Cancel and Lester Pimentel, "Ecuador's Audit Commission Finds 'Illegality' in Debt (Update 5)," Bloomberg.com, November 20, 2008, www .bloomberg.com/apps/news?pid=newsarchive&sid=a8suBA8I. 3ik.; and Mick Riordan et al., "Daily Brief: Economics and Financial Market Commentary," *Global Economic Monitor*, December 16, 2008, www-wds.worldbank.org/ external/default/WDSContentServer/WDSP/IB/2011/05/31/000356161_ 20110531005514/Rendered/PDF/612410NEWS0DEC0BOX0358349B00PUBLIC0.pdf.
2. Mercedes Alvaro, "China, Ecuador Sign $2 Billion Loan Deal," *Wall Street Journal*, June 28, 2011, www.wsj.com/articles/SB10001424052702304314404576412373916029508.
3. 針對厄瓜多債務和中國的融資方式，外界抱持的看法有所分歧。某部分原因是由於對「貸款」有不同的解釋方式，而非視之為「投資」。亞當・祖克曼（Adam Zuckerman）提出的詮釋是：「厄瓜多總統科雷亞從上週的中國之旅得到不少收穫，但對於亞馬遜河流域和其居民而言，可能會造成嚴重的衝擊。北京在星期三同意借給厄瓜多七十五億三千萬美元，協助這個高度依賴石油的國家度過近期的全球原油價格下跌。這筆金額一中國史上借給厄瓜多的最大一筆貸款一讓中國在厄瓜多融資的總金額達到幾乎兩百五十億美元，大約是厄瓜多四分之一的國內生產毛額。二〇一三年，北京就占了厄瓜多外部融資的百分之六十一，並收購了百分之八十三厄瓜多生產的石油。這筆貸款無疑會讓這兩個數字成長得更高。」(Zuckerman, "Eye on Ecuador: Racking Up the China Debt and Paying It Forward with Oil," Amazon Watch, January 13, 2015, http://amazonwatch.org/news/2015/0113-racking-up-the-china-debt-and- paying-it-forward-with-oil).《華爾街日報》的分析指出：「中國貸款給厄瓜多的金額在最近超過了六十億美元，包括融資科卡柯多－辛克雷水力發電的十七億美元——將由中國水利水電建設集

Damage,'" *Democracy Now!*, July 17, 2015, www.democracynow.org/2015/7/17/headlines/ top_us_general_drones_are_failed_strategy_that_cause_more_damage.

3. Mark Mazzetti et al., "SEAL Team 6: A Secret History of Quiet Killings and Blurred Lines," *New York Times*, June 6, 2015, www.nytimes.com/2015/06/07/ world/asia/the-secret-history-of-seal-team-6.html.
4. "Is There a Drone in Your Neighbourhood? Rise of Spy Planes Exposed after FAA Is Forced to Reveal 63 Launch Sites across US," *Mail Online*, April 2012, www.dailymail.co.uk/news/article-2134376/Is-drone-neighbourhood-Rise- killer-spy-planes-exposed-FAA-forced-reveal-63-launch-sites-U-S.html.
5. "AP: FBI Using Low-Flying Spy Planes over US," CBS News, June 2, 2015, www .cbsnews.com/news/ap-fbi-using-low-flying-spy-planes-over-us.
6. "NSA Spying on Americans," Electronic Frontier Foundation, accessed July 24, 2015, www.e .org/nsa-spying.
7. "Obama Bans Spying on Leaders of US Allies, Scales Back NSA Program," Reuters, January 17, 2014, www.reuters.com/article/2014/01/18/us-usa-security-obama-idUSBREA0G0JI20140118.
8. James Ball, "NSA Monitored Calls of 35 World Leaders after US Official Handed over Contacts," Guardian, October 25, 2013, www.theguardian.com/ world/2013/oct/24/nsa-surveillance-world-leaders-calls.
9. "Statistics on the Private Security Industry," Private Security Monitor, University of Denver, accessed August 12, 2015, psm.du.edu/articles_reports_statistics/ data_and_statistics.html.
10. "30 Most Powerful Private Security Companies in the World," Security Degree Hub, January 11, 2013, www.securitydegreehub.com/30-most-powerful-private-security-companies-in-the-world.

13. Deirdre Fulton, "Exposed: How Walmart Spun an 'Extensive and Secretive Web' of Overseas Tax Havens," Common Dreams, June 17, 2015, www.commondreams.org/news/2015/06/17/exposed-how-walmart-spun-extensive- and-secretive-web-overseas-tax-havens.
14. Clare O'Connor, "Report: Walmart Workers Cost Taxpayers $6.2 Billion in Public Assistance," *Forbes*, April 15, 2014, www.forbes.com/sites/clareoconnor/ 2014/04/15/report-walmart-workers-cost-taxpayers-6-2-billion-in-public- assistance.
15. Greg Palast, Maggie O'Kane, and Chavala Madlena, "Vulture Funds Await Jersey Decision on Poor Countries' Debts," *Guardian*, November 15, 2011, www.theguardian.com/global-development/2011/nov/15/vulture-funds-jersey- decision.
16. "Vulture Funds Case Study," Jubilee USA Network, 2007, www.jubileeusa.org/ vulturefunds/vulture-fund-country-studies.html.
17. Palast, O'Kane, and Madlena, "Vulture Funds Await Jersey Decision."
18. Joseph Stiglitz, "Sovereign Debt Needs International Supervision," *Guardian*, June 16, 2015, www.theguardian.com/business/2015/jun/16/sovereign-debt-needs-international-supervision.
19. Laura Shin, "The 85 Richest People in the World Have as Much Wealth as the 3.5 Billion Poorest," *Forbes*, January 23, 2014, www.forbes.com/sites/laurashin/ 2014/01/23/the-85-richest-people-in-the-world-have-as-much-wealth-as-the- 3-5-billion-poorest.

第四十四章

1. Sarah Lazare, "'You Have a Choice': Veterans Call On Drone Operators to Refuse Orders," Common Dreams, June 19, 2015, www.commondreams.org/ news/2015/06/19/you-have-choice-veterans-call-drone-operators-refuse-orders.
2. "Top US General: Drones Are 'Failed Strategy' That 'Cause More

7. Niraj Chokshi, "The United States of Subsidies: The Biggest Corporate Winners in Each State," *Washington Post*, March 18, 2015, www. washingtonpost .com/blogs/govbeat/wp/2015/03/17/the-united-states-of-subsidies-the-biggest-corporate-winners-in-each-state.
8. 請參見 Jim Brunner, "Labor Group Disinvites Inslee over Boeing Tensions," Seattle Times, July 20, 2015, www.seattletimes.com/seattle-news/politics/labor-group- disinvites-inslee-over-boeing-tensions; and Mike Baker, "Boeing to Throw Party to Thank Washington Lawmakers for $8.7B," *St. Louis Post-Dispatch*, February 4, 2014, www.stltoday.com/ business/local/boeing-to-throw-party- to-thank-washington-lawmakers-for-b/article_6d191691-9f07-5063-8e67- c2808ad4b302.html.
9. Greg LeRoy, "Site Location 101: How Companies Decide Where to Expand or Relocate," chap. 2 in *The Great American Jobs Scam: Corporate Tax Dodging and the Myth of Job Creation* (San Francisco: Berrett-Koehler, 2005); and Leroy, "Fantus and the Rise of the Economic War among the States," chap. 3 in *The Great American Jobs Scam*.
10. Philip Mattera and Kasia Tarczynska, with Greg LeRoy, "Megadeals: The Largest Economic Development Subsidy Packages Ever Awarded by State and Local Governments in the United States," Good Jobs First, June 2013, www .goodjobsfirst.org/sites/default/files/docs/pdf/megadeals_ report.pdf.
11. Damian Carrington and Harry Davies, "US Taxpayers Subsidising World's Big- gest Fossil Fuel Companies," *Guardian*, May 12, 2015, www.theguardian.com/ environment/2015/may/12/us-taxpayers-subsidising-worlds-biggest-fossil- fuel-companies.
12. Andrea Germanos, "'Corporate Influence Has Won': House Passes Anti-GMO Labeling Bill," Common Dreams, July 23, 2015, www. commondreams.org/ news/2015/07/23/corporate-influence-has-won-house-passes-anti-gmo- labeling-bill.

7. “Poverty Overview,” World Bank, updated April 6, 2015, www.worldbank.org/en/topic/poverty/overview.
8. James S. Henry, “Where the Money Went,” *Across the Board*, March/April 2004, 42–45. For more information, see James S. Henry, *The Blood Bankers: Tales from the Global Underground Economy* (New York: Four Walls Eight Windows, 2003).
9. Jacob Kushner et al., “Burned Out: World Bank Projects Leave Trail of Misery Around Globe,” *Huffington Post*, April 16, 2015, http://projects.huffngtonpost .com/worldbank-evicted-abandoned/worldbank-projects-leave-trail-misery-around-globe-kenya.

第四十三章

1. Lee Fang, “Where Have All the Lobbyists Gone?,” *The Nation*, February 19, 2014, www.thenation.com/article/shadow-lobbying-complex.
2. Brooks Barnes, “MPAA and Christopher Dodd Said to Be Near Deal,” *New York Times*, February 20, 2011, mediadecoder.blogs.nytimes.com/2011/02/20/m-p-a- a-and-christopher-dodd-said-to-be-near-deal.
3. Center for Responsive Politics, “Former Members,” OpenSecrets.org, accessed July 24, 2015, www.opensecrets.org/revolving/top.php?display=Z.
4. Fang, “Where Have All the Lobbyists Gone?”
5. Lee Drutman, “How Corporate Lobbyists Conquered American Democracy,” *Atlantic*, April 20, 2015, www.theatlantic.com/business/archive/2015/04/how-corporate-lobbyists-conquered-american-democracy/390822.
6. Conn Hallinan and Leon Wofsy, “‘The American Century’ Has Plunged the World into Crisis. What Happens Now?,” Common Dreams, June 22, 2015, www.commondreams.org/views/2015/06/22/american-century-has-plunged- world-crisis-what-happens-now.

13, 2015, www.telesurtv.net/english/news/The-Hague-Rules-against-Chevron-in-Ecuador-Case-20150313-0009.html.
3. "Data: Ecuador," World Bank, updated September 17, 2015, http://data.worldbank.org/country/ecuador.
4. Daniel Cancel and Lester Pimentel, "Ecuador's Audit Commission Finds 'Illegality' in Debt (Update 5)," Bloomberg.com, November 20, 2008, www.bloomberg.com/apps/news?pid=newsarchive&sid=a8suBA8I.3ik.

第四十二章

1. Virginia Harrison and Mark Thompson, "5 Big Banks Pay $5.4 Billion for Rigging Currencies," CNN Money, May 20, 2015, http://money.cnn.com/2015/05/ 20/investing/ubs-foreign-exchange/index.html.
2. Leo King, "Bandits, Mafia, Cartel. Bank Traders' Astonishing Online Messages," *Forbes*, May 21, 2015, www.forbes.com/sites/leoking/2015/05/21/ forex-barclays-citi-ubs-jpmorgan-online-chat-instant-messenger.
3. Harrison and Thompson, "5 Big Banks Pay $5.4 Billion."
4. Stephanie Clifford and Matt Apuzzo, "After Indicting 14 Soccer Officials, US Vows to End Graft in FIFA," *New York Times*, May 27, 2015, www.nytimes .com/2015/05/28/sports/soccer/fifa-officials-arrested-on-corruption-charges-blatter-isnt-among-them.html.
5. Laura Shin, "The 85 Richest People in the World Have as Much Wealth as the 3.5 Billion Poorest," *Forbes*, January 23, 2014, www.forbes.com/sites/laurashin/2014/01/23/the-85-richest-people-in-the-world-have-as-much- wealth-as-the-3-5-billion-poorest.
6. Ricardo Fuentes-Nieva and Nick Galasso, "Working for the Few: Political Capture and Economic Inequality," 178 Oxfam briefing paper–Summary, January 20, 2014, www.oxfam.org/sites/www.oxfam.org/files/bp-working-for-few-political-capture-economic-inequality-200114-summ-en.pdf.

第三十七章

1. Mark Weisbrot, "Who's in Charge of US Foreign Policy?, *Guardian*, July 16, 2009, www.theguardian.com/commentisfree/cifamerica/2009/jul/16/honduras-coup-obama-clinton.
2. Amy Goodman, "Exclusive Interview with Manuel Zelaya on the US Role in Honduran Coup, WikiLeaks and Why He Was Ousted," *Democracy Now!*, May 31, 2011, www.democracynow.org/2011/5/31/exclusive_interview_with_manuel_zelaya_on.

第三十八章

1. Nicholas Kristof, "A Banker Speaks, with Regret," *New York Times*, November 30, 2011, www.nytimes.com/2011/12/01/opinion/kristof-a-banker-speaks-with- regret.html.
2. James McBride, Christopher Alessi, and Mohammed Aly Sergie, "Understanding the Libor Scandal," Council on Foreign Relations, May 21, 2015, www.cfr .org/united-kingdom/understanding-libor-scandal/p28729.

第四十章

1. "Use It and Lose It: The Outsize Effect of US Consumption on the Environment," *Scientific American*, September 14, 2012, www.scientificamerican.com/ article/american-consumption-habits.

第四十一章

1. Oliver Balch, "Buen Vivir: The Social Philosophy Inspiring Movements in South America," *Guardian*, February 4, 2013, www.theguardian.com/sustainable-business/blog/buen-vivir-philosophy-south-america-eduardo-gudynas.
2. "The Hague Rules against Chevron in Ecuador Case," teleSUR, March

第三十四章

1. American men fear China more than they fear ISIS. 見"What Are Americans Most Afraid of?" Vanity Fair, January 2015, www.vanityfair.com/culture/2015/01/fear-60-minutes-poll

第三十五章

1. 儘管任何人都可以從紀錄上查到他的名字，我還是決定依照他的要求使用「傑克」這個假名。他總說自己並沒有為中情局工作，而嚴格來說，他確實是沒有。"Indian Ocean Isle Repulses Raiders," *New York Times*, November 27, 1981, www.nytimes.com/1981/11/27/world/indian-ocean-isle-repulses-raiders.html.
2. 欲知更多詳情，請參見 "Trial Gives Peek at South African Intelligence Web," by Joseph Lelyveld, *New York Times*, May 10, 1982, http://select.nytimes.com/gst/ abstract.html?res=FB0A11FA3F5C0C738DDDAC0894DA484D81&scp=1&sq= TRIAL+GIVES+PEEK+AT+SOUTH+AFRICA+INTELLIGENCE+WEB+&st=nyt, and Mike Hoare, *The Seychelles Affair* (Paladin Press, 2009).

第三十六章

1. *Encyclopaedia Britannica*, s.v. "Rafael Correa," updated October 23, 2014, www.britannica.com/biography/Rafael-Correa.
2. Sandy Tolan, "Ecuador: Lost Promises," National Public Radio, *Morning Edition*, July 9, 2003, www.npr.org/programs/morning/features/2003/jul/latinoil.
3. Juan Forero, "Seeking Balance: Growth vs. Culture in Amazon," *New York Times*, December 10, 2003.
4. Abby Ellin, "Suit Says ChevronTexaco Dumped Poisons in Ecuador," *New York Times*, May 8, 2003.

第三十一章

1. Morris Barrett, "The Web's Wild World," *Time*, April 26, 1999, p. 62.

第三十二章

1. 更多關於華拉尼部落的資料，請參見 Joe Kane, *Savages* (New York: Alfred A. Knopf, 1995).

第三十三章

1. "Venezuela on the Brink," editorial, *New York Times*, December 18, 2002.
2. "Venezuelan President Forced to Resign," Associated Press, April 12, 2002.
3. Simon Romero, "Tenuous Truce in Venezuela for the State and Its Oil Company," *New York Times*, April 24, 2002.
4. Bob Edwards, "What Went Wrong with the Oil Dream in Venezuela," National Public Radio, *Morning Edition*, July 8, 2003.
5. Ginger Thompson, "Venezuela Strikers Keep Pressure on Cháavez and Oil Exports," New York Times, December 30, 2002.
6. 更多關於豺狼和經濟殺手類型的資料，請見 P. W. Singer, *Corporate Warriors: The Rise of the Privatized Military Industry* (Ithaca, NY: Cornell University Press, 2003); James R. Davis, *Fortune's Warriors: Private Armies and the New World Order* (Vancouver and Toronto: Douglas & McIntyre, 2000);以及Felix I. Rodriguez and John Weisman, *Shadow Warrior: The CIA Hero of 100 Unknown Battles* (New York: Simon and Schuster, 1989).
7. Tim Weiner, "A Coup by Any Other Name," *New York Times*, April 14, 2002.
8. "Venezuela Leader Urges 20 Years for Strike Chiefs," Associated Press, February 22, 2003.
9. Paul Richter, "US Had Talks on Cháavez Ouster," *Los Angeles Times*, April 17, 2002.

隆的高級職員聯手欺騙消費者、安隆員工和美國大眾，從中得利數十億美元的不法行為東窗事發。戰爭期間，巴林在小布希的戰略中扮演了重要角色。

第二十九章

1. Jim Garrison, *American Empire: Global Leader or Rogue Power?* (San Francisco: Berrett-Koehler, 2004), 38.

第三十章

1. Manuel Noriega and Peter Eisner, America's Prisoner: *The Memoirs of Manuel Noriega* (New York: Random House, 1997), 56.
2. David Harris, *Shooting the Moon: The True Story of an American Manhunt Unlike Any Other, Ever* (Boston: Little, Brown and Company, 2001), 31–34.
3. Harris, *Shooting the Moon*, 43.
4. Noriega and Eisner, *America's Prisoner*, 212. See also Craig Unger, "Saving the Saudis," *Vanity Fair*, October 2003, 165.
5. Noriega and Eisner, *America's Prisoner*, 114.
6. 請參見"George H. W. Bush," Famous Texans, accessed August 12, 2015, www.famoustexans.com/georgebush.htm.
7. Noriega and Eisner, *America's Prisoner*, 56–57.
8. Harris, *Shooting the Moon*, 6.
9. "George H. W. Bush," Famous Texans.
10. Harris, *Shooting the Moon*, 4.
11. Noriega and Eisner, *America's Prisoner*, 248.
12. 同上, 211.
13. 同上, xxi.

3. 一九七三年水門案聽證會期間，約翰·迪恩（John Dean）在參議院作證時，是第一位揭露美國策畫暗殺杜里荷的人。一九七五年，參議院質詢中情局時（主席為參議員法蘭克·丘奇〔Frank Church〕），更多計畫殺害杜里荷和諾瑞加的相關證詞和文件證據紛紛出爐。請參見例如 Manuel Noriega and Peter Eisner, *America's Prisoner: The Memoirs of Manuel Noriega* (New York: Random House, 1997), 107.

第二十八章

1. 更多關於獨立能源公司、其子公司 Archbald Power Corporation 以及前執行長柏金斯，請參見 Jack M. Daly and Thomas J. Du y, "Burning Coal's Waste at Archbald," *Civil Engineering*, July 1988; Vince Coveleskie, "Co-Generation Plant Attributes Cited," *Scranton Times*, October 17, 1987; Robert Curran, "Archbald Facility Dedicated," Scranton Tribune, October 17, 1987; "Archbald Plant Will Turn Coal Waste into Power," *Wilkes-Barre (PA) Citizens' Voice*, June 6, 1988;以及 "Liabilities to Assets: Culm to Light, Food," editorial, *Wilkes-Barre (PA) Citizens' Voice*, June 7, 1988.
2. Joe Conason, "The George W. Bush Success Story," *Harper's Magazine*, February 2000; and Craig Unger, "Saving the Saudis," *Vanity Fair*, October 2003, p. 165.
3. Unger, "Saving the Saudis," 178.
4. 請見George Lardner Jr. and Lois Romano, "The Turning Point after Coming Up Dry," *Washington Post*, July 30, 1999; Conason, "The George W. Bush Success Story"; and Sam Parry, "The Bush Family 'Oiligarchy,'" Consortiumnews.com, June 12, 2015, https://consortiumnews.com/2015/06/12/ the-bush-family-oiligarchy.
5. 這個理論產生了新的意義，似乎也準備好要攤在公眾面前檢視，但多年之後，信譽良好的安達信會計事務所（Arthur Andersen）和安

Evangelism in the Age of Oil (New York: HarperCollins, 1995); and Joe Kane, Savages (New York: Alfred A. Knopf, 1995). For information on Rachel Saint, see Kane, Savages, 85, 156, 227.

3. John D. Martz, Politics and Petroleum in Ecuador (New Brunswick, NJ: Transaction Books, 1987), 272.
4. José Carvajal Candall, "Objetivos y políticas de CEPE" (Quito: Primer Seminario, 1979), 88.

第二十六章

1. John D. Martz, *Politics and Petroleum in Ecuador* (New Brunswick, NJ: Transaction Books, 1987), 272.
2. Gerard Colby and Charlotte Dennett, Thy Will Be Done: *The Conquest of the Amazon–Nelson Rockefeller and Evangelism in the Age of Oil* (New York: HarperCollins, 1995), 813.
3. Martz, *Politics and Petroleum*, 303.
4. 同上, 381, 400.

第二十七章

1. *Graham Greene, Getting to Know the General* (New York: Pocket Books, 1984), 11.
2. 喬治・舒爾茲是尼克森任內的財政部長與經濟顧問委員會主席（一九七二年至一九七四年），擔任貝泰公司總裁（一九七四年至一九八二年），隨後又在雷根總統任內出任國務卿（一九八二年至一九八九年）。卡斯帕・溫柏格是尼克森任內的預算管理局（Office of Management and Budget）局長，也是衛生教育福利部（Department of Health, Education, and Welfare）部長（一九七三年至一九七五年），曾經出任貝泰的副總裁暨法務長（一九七五年至一九八〇年），後來在雷根任內作了國防部長（一九八〇年至一九八七年）。

Iran Conspiracy," New York Review of Books, September 23, 2003; and Stephen Kinzer, *All the Shah's Men: An American Coup and the Roots of Middle East Terror*, 2nd ed. (Hoboken, NJ: John Wiley & Sons, 2008).

2. 請參見《時代雜誌》關於何梅尼的封面故事文章，February 12, 1979, January 7, 1980, and August 17, 1987.

第二十一章

1. Gerard Colby and Charlotte Dennett, Thy Will Be Done: The Conquest of the Amazon–*Nelson Rockefeller and Evangelism in the Age of Oil* (New York: HarperCollins, 1995), 381.

第二十二章

1. 欲了解專家意見，請參見 Dylan Matthews and Kimberly Ann Elliot, "Poor Countries Can Keep Workers Safe and Still Escape Poverty," *Washington Post*, April 25, 2013, www.washingtonpost.com/blogs/wonkblog/wp/2013/04/25/ poor-countries-can-keep-workers-safe-and-still-escape-poverty. 欲了解中國的血汗工廠，請特別參見 "Sweatshops in China," War on Want, accessed August 12, 2015, www.waronwant.org/sweatshops-china.

第二十四章

1. Maria Guadalupe Moog Rodrigues, "Environmental Activism Beyond Brazil I–The Struggle against Oil Exploitation in Ecuador," in Global Environmentalism and Local Politics: Transnational Advocacy Networks in Brazil, Ecuador, and India (Albany: State University of New York Press, 2004), 93–114.
2. 欲更了解夏季語言學院與其歷史、活動，以及與石油公司、洛克菲勒家族的關聯，請參見 Gerard Colby and Charlotte Dennett, Thy Will Be Done: The Conquest of the Amazon–Nelson Rockefeller and

"Markov Method Applied to Planning," presented at the Fourth Iranian Conference on Engineering, Pahlavi University, Shiraz, Iran, May 12–16, 1974; and John M. Perkins, foreword to *Economic Theories and Applications: A Collection of Technical Papers* (Boston: Chas. T. Main, Inc., 1975).

3. Perkins, "Colonialism in Panama."
4. Graham Greene, *Getting to Know the General* (New York: Pocket Books, 1984), 89–90.
5. Greene, *Getting to Know the General*.

第十八章

1. William Shawcross, *The Shah's Last Ride: The Fate of an Ally* (New York: Simon and Schuster, 1988). For more about the Shah's rise to power, see H. D. S. Greenway, "The Iran Conspiracy," *New York Review of Books*, September 23, 2003; and Stephen Kinzer, *All the Shah's Men: An American Coup and the Roots of Middle East Terror*, 2nd ed. (Hoboken, NJ: John Wiley & Sons, 2008).
2. 更多關於亞敏、「沙漠繁榮計畫」和伊朗，請參見 John Perkins, *Shapeshifting* (Rochester, VT: Destiny Books, 1997).

第十九章

1. Erich Kolig, *Conservative Islam: A Cultural Anthropology* (Lanham, MD: Rowman & Littlefield, 2012).
2. Saeed Kamali Dehghan and Richard Norton-Taylor, "CIA Admits Role in 1953 Iranian Coup," Guardian, August 19, 2013, www.theguardian.com/world/2013/ aug/19/cia-admits-role-1953-iranian-coup.

第二十章

1. 欲知道更多關於伊朗國王的崛起，請參見 H. D. S. Greenway, "The

7. Craig Unger, "Saving the Saudis," Vanity Fair, October 2003. 更多關於布希家族的涉入與貝泰集團等，請參見 "Zapata Petroleum Corp.," *Fortune*, April 1958, p. 248; Darwin Payne, *Initiative in Energy: Dresser Industries*, Inc. 1880–1978 (New York: Simon and Schuster, 1979); Nathan Vardi, "Desert Storm: Bechtel Group Is Leading the Charge," *Forbes*, June 23, 2003, pp. 63–66; Rob Wherry, "Contacts for Contracts," Forbes, June 23, 2003, p. 65; Graydon Carter, "Editor's Letter: Fly the Friendly Skies...," *Vanity Fair*, October 2003; 以及 Richard A. Oppel Jr. with Diana B. Henriques, "A Nation at War: The Contractor," *New York Times*, April 18, 2003, www.nytimes.com/2003/04/18/business/a- nation-at-war-the-contractor-company-has-ties-in-washington-and-to-iraq.html.

第十七章

1. 請參見例如 John M. Perkins, "Colonialism in Panama Has No Place in 1975," letter to the editor, *Boston Evening Globe*, September 19, 1975; and John M. Perkins, "US–Brazil Pact Upsets Ecuador," letter to the editor, *Boston Globe*, May 10, 1976.
2. 關於柏金斯在科技學術期刊所發表之論文，請參見 John M. Perkins et al., "A Markov Process Applied to Forecasting–Part 1: Economic Development," Institute of Electrical and Electronics Engineers, Conference Papers C 73 475-1 (July 1973), 以及 "Part II: The Demand for Electricity," Conference Papers C 74 146-7 (January 1974); John M. Perkins and Nadipuram R. Prasad, "A Model for Describing Direct and Indirect Interrelationships between the Economy and the Environment," Consulting Engineer, April 1973; Edwin Vennard, John M. Perkins, and Robert C. Ender, "Electric Demand from Interconnected Systems," *TAPPI Journal* (Technical Association of the Pulp and Paper Industry), 28th Conference Edition, 1974; John M. Perkins et al., "Iranian Steel: Implications for the Economy and the Demand for Electricity" 以及

第十四章

1. "Robert S. McNamara: 8th Secretary of Defense," accessed August 12, 2015, www.defense.gov/specials/secdef_histories/SecDef_08.aspx.

第十五章

1. 造成一九七三年石油禁運的相關事件詳情，以及禁運所造成的衝擊，請參見 Thomas W. Lippman, *Inside the Mirage: America's Fragile Partner- ship with Saudi Arabia* (Boulder, CO: Westview Press, 2004), 155–159; Daniel Yergin, *The Prize: The Epic Quest for Oil, Money & Power* (New York: Free Press, 1993); Stephen Schneider, The Oil Price Revolution (Baltimore: Johns Hopkins University Press, 1983); 以及Ian Seymour, OPEC: *Instrument of Change* (London: Macmillan, 1980).
2. Lippman, *Inside the Mirage*, 160.
3. David Holden and Richard Johns, *The House of Saud: The Rise and Rule of the Most Powerful Dynasty in the Arab World* (New York: Holt, Rinehart & Winston, 1981), 359.
4. Lippman, *Inside the Mirage*, 167.

第十六章

1. Robert Baer, *Sleeping with the Devil: How Washington Sold Our Soul for Saudi Oil* (New York: Crown Publishers, 2003), 26.
2. Thomas W. Lippman, *Inside the Mirage: America's Fragile Partnership with Saudi Arabia* (Boulder CO: Westview Press, 2004), 162.
3. Lippman, *Inside the Mirage*, 2.
4. Henry Wasswa, "Idi Amin, Murderous Ugandan Dictator, Dies," Associated Press, August 17, 2003.
5. "The Saudi Connection," *US News & World Report*, December 15, 2003, p. 21.
6. "The Saudi Connection," 19, 20, 26.

of *Manuel Noriega* (New York: Random House, 1997); Omar Torrijos Herrera, Ideario (Editorial Universitaria Centroamericano, 1983); Graham Greene, *Conversations with the General* (New York: Pocket Books, 1984).

4. Greene, *Conversations*; and Noriega and Eisner, *Memoirs*.
5. Derrick Jensen, *A Language Older Than Words* (New York: Context Books, 2000), 86–88.
6. Greene, *Conversations*; and Noriega and Eisner, Memoirs.

第十一章

1. 更多運河區的相關資料，請見 John Major, *Prize Possession: The United States Government and the Panama Canal 1903–1979* (New York: Cam- bridge University Press, 1993); 以及 David McCullough, *The Path Between the Seas: The Creation of the Panama Canal, 1870–1914* (New York: Simon and Schus- ter, 1999).

第十三章

1. William Shawcross, *The Shah's Last Ride: The Fate of an Ally* (New York: Simon and Schuster, 1988); 以及 Stephen Kinzer, *All the Shah's Men: An American Coup and the Roots of Middle East Terror*, 2nd ed. (Hoboken, NJ: John Wiley & Sons, 2008), 45.
2. 坊間有大量關於阿本斯、聯合水果公司及瓜地馬拉暴力歷史的文獻資料。例如 Howard Zinn, *A People's History of the United States* (New York: Harper & Row, 1980); 以及 Diane K. Stanley, *For the Record: The United Fruit Company's Sixty-Six Years in Guatemala* (Guatemala City: Centro Impresor Piedra Santa, 1994). 概括性的介紹請參見 "CIA Involved in Guatemala Coup, 1954," last modified May 31, 2007, www.english.upenn.edu/ ~afilreis/50s/guatemala.html. 更多關於布希家族的涉入，請參見 "Zapata Petroleum Corp.," *Fortune*, April 1958, p. 248.

第六章

1. Susan Rosegrant and David R. Lampe, *High-Tech Community* (New York: Basic Books, 1993).

第七章

1. Theodore Friend, *Indonesian Destinies* (Cambridge, MA: BelknapPress, 2003), 5.

第八章

1. Arnold Toynbee and D. C. Somervell, *Civilization on Trial and The World and the West* (New York: Meridian Books, 1958).

第十章

1. 請見David McCullough, *The Path Between the Seas: The Creation of the Panama Canal, 1870–1914* (New York: Simon and Schuster, 1999); William Friar, *Portrait of the Panama Canal: From Construction to the Twenty-First Century* (New York: Graphic Arts Publishing Company, 1999);以及Graham Greene, *Conversations with the General* (New York: Pocket Books, 1984).
2. 請見 "Zapata Petroleum Corp.," Fortune, April 1958, p. 248; Darwin Payne, *Initiative in Energy: Dresser Industries, Inc. 1880–1978* (New York: Simon and Schuster, 1979); Stephen Pizzo, Mary Fricker, and Paul Muolo, *Inside Job: The Looting of America's Savings and Loans* (New York: McGraw-Hill, 1989); Gary Webb, *Dark Alliance: The CIA, the Contras, and the Crack Cocaine Explosion* (New York: Seven Stories Press, 1999);以及Gerard Colby and Charlotte Dennett, *Thy Will Be Done: The Conquest of the Amazon–Nelson Rockefeller and Evangelism in the Age of Oil* (New York: HarperCollins, 1995).
3. Manuel Noriega and Peter Eisner, *America's Prisoner: The Memoirs*

註釋

第一章

1. 欲大略了解此種策略造成的長期結果，請見 “A Rainforest Chernobyl,” ChevronToxico, accessed July 24, 2015, chevrontoxico.com/about/rainforest-chernobyl.

第三章

1. Stephen Kinzer, *All the Shah's Men: An American Coup and the Roots of Middle East Terror*, 2nd ed. (Hoboken, NJ: John Wiley & Sons, 2008).
2. Jane Mayer, “Contract Sport: What Did the Vice-President Do for Halliburton?” New Yorker, February 16 & 23, 2004, p. 83.

第四章

1. Jean Gelman Taylor, *Indonesia: Peoples and Histories* (New Haven, CT: Yale Uni- versity Press, 2003); 以及Theodore Friend, *Indonesian Destinies* (Cambridge, MA: Belknap Press, 2003). 同樣請見 Rex Mortimer, *Indonesian Communism under Sukarno: Ideology and Politics, 1959–1965* (Sheffeld, UK: Equinox Publishing, 2006).

第五章

1. Tim Weiner, “Robert S. McNamara, Architect of a Futile War, Dies at 93,” *New York Times*, July 7, 2009, www.nytimes.com/2009/07/07/us/07mcnamara.html.

People 464

經濟殺手的告白（全新暢銷增訂版）

The New Confessions of an Economic Hit Man

作者	約翰・柏金斯（John Perkins）
譯者	戴綺薇、黃亦安
主編	王育涵
特約編輯	江諮潤
責任編輯	鄭莛
責任企畫	林進韋
封面設計	吳郁嫻
內頁設計	張靜怡
總編輯	胡金倫
董事長	趙政岷
出版者	時報文化出版企業股份有限公司 108019 臺北市和平西路三段 240 號 7 樓 發行專線｜02-2306-6842 讀者服務專線｜0800-231-705｜02-2304-7103 讀者服務傳真｜02-2302-7844 郵撥｜1934-4724 時報文化出版公司 信箱｜10899 台北華江橋郵局第 99 號信箱
時報悅讀網	www.readingtimes.com.tw
電子郵件信箱	ctliving@readingtimes.com.tw
人文科學線臉書	http://www.facebook.com/jinbunkagaku
法律顧問	理律法律事務所｜陳長文律師、李念祖律師
印刷	勁達印刷有限公司
初版一刷	2021 年 4 月 16 日
定價	新臺幣 580 元

版權所有 翻印必究（缺頁或破損的書，請寄回更換）

The New Confessions of an Economic Hit Man by John Perkins

Copyright © 2016 by John Perkins

Copyright Licensed by Berret-Koehler Publishers arranged through

Andrew Nurnberg Associates International Limited

Complex Chinese translation copyright © 2021 by China Times Publishing Company

All rights reserved.

ISBN 978-957-13-8707-9｜Printed in Taiwan

經濟殺手的告白（全新暢銷增訂版）／約翰・柏金斯（John Pakins）著；戴綺薇、黃亦如譯．
-- 初版．-- 臺北市：時報文化，2021.04｜544 面；14.8×21 公分．
譯自：The New Confessions of an Economic Hit Man.｜ISBN 978-957-13-8707-9（平裝）
1. 柏金斯（Perkins, John, 1945-） 2. 國際金融 3. 傳記 4. 美國｜785.28｜110002503

時報文化出版公司成立於一九七五年，並於一九九九年股票上櫃公開發行，於二〇〇八年脫離中時集團非屬旺中，以「尊重智慧與創意的文化事業」為信念。